Si usted desea estar informado de nuestras publicaciones, sírvase remitirnos su nombre y dirección, o simplemente su tarjeta de visita, indi-
cándonos los temas que sean de su interés.

Ediciones Martínez Roca, S. A.
Dep. Información Bibliográfica
ia, 774   08013 Barcelona

Gaia: la Tierra inteligente

Paul Devereux

John Steele y David Kubrin

Gaia: la Tierra inteligente

NUEVA ERA

Ediciones Martínez Roca, S. A.

Traducción de Jordi Beltrán

Cubierta: Geest/Høverstad

Título original: *Earthmind*

© 1989, Roxby Productions Ltd.
© 1989, Paul Devereux (texto)
© 1989, J. Steele (capítulo 1)
© 1989, D. Kubrin (capítulo 2)
© 1991, Ediciones Martínez Roca, S. A.
Gran Via, 774, 7.°, 08013 Barcelona
ISBN 84-270-1565-8
Depósito legal B. 27.726-1991
Fotocomposición de Pacmer, S.A., Lepanto, 264, 3.° F, 08013 Barcelona
Impreso por Libergraf, S. A., Constitució, 19, 08014 Barcelona

Impreso en España – Printed in Spain

Agradecimientos

Ante todo, deseo expresar mi agradecimiento a los coautores del presente libro, John Steele y David Kubrin. John escribió el capítulo 1 y el material sobre James Lovelock que aparece en el capítulo 5, John y yo intercambiamos muchas opiniones durante el tiempo que pasó con el Proyecto Dragón (véase el capítulo 4) y durante las primeras etapas de preparación del libro. Fueron momentos agradables y productivos. David ha aportado amablemente el capítulo 2, desarrollado de modo especial a partir de su propia investigación para sacar el doctorado. El resto de la obra lo he escrito yo y, si bien pienso que en su mayor parte mereceré la aprobación de John y David, ello no significa necesariamente que se les deba considerar responsables de todas las ideas y puntos de vista que he expresado; y, como es natural, ese comentario es aplicable a todas las personas cuyo material he citado o mencionado.

Doy las gracias a Colin Smythe por permitirme citar extensamente las obras de G. W. Russell (AE). Gracias también a Robin Williamson (ex componente de la Incredible String Band) por autorizarme a citar una de sus canciones. Otras citas que ha utilizado en el libro tienen la extensión que suele considerarse permisible y se atribuyen como es debido, pero, a pesar de ello, deseo expresar mi agradecimiento a todos los interesados.

Por su ayuda en la búsqueda de informaciones y fuentes de investigación, doy las gracias a Chris Ashton, John Barnatt, Paul Bennett, David Clarke, Michael de Styrcea, Cosimo y Ann Favaloro, Bethe Hagens, Rodney Hale, David Ironside, Brian Larkman, Jo May, Paul McCartney, Nigel Pennick, Michael Persinger, Trish Pfeiffer, Bevan Reid, Andy Roberts, Bill Rudersdorf, George Sandwith, Michael Sayers, Michael Shallis, Jeanne Sheridan, Keith Stevenson, Caroline Wise y los numerosos voluntarios que participaron en el Proyecto Dragón. A lo largo de los años otras muchas personas han aportado ideas e información que inevitablemente pasan a engrosar el contenido de un libro cuyo alcance sea como el del presente. Mi gratitud a todas ellas.

7

Albert Li y mi hijo Solomon me ayudaron mucho con los misterios de la moderna interacción informática de un punto a otro del globo. Les doy las gracias y también se las doy a PeaceNet (EE.UU.) y GreenNet (Reino Unido) por proporcionar medios de comunicación electrónica a escala mundial. También expreso mi gratitud a nuestro agente Jonathan Tootell.

Finalmente, he contraído una deuda de gratitud con mi esposa, Charla, por ser el catalizador que hizo que por fin pusiera en marcha este proyecto y por prestarme su apoyo durante la totalidad del mismo.

PAUL DEVEREUX

Quisiera expresar mi agradecimiento a Marija Gimbutas, Chris y Leila Castle, Donald Hughes, Jim Swan, Terence McKenna, Rupert Sheldrake, Joan Price, Ami Markel, Michael Poe, Dave Ironside, Richard Bird y otros amigos, demasiado numerosos para mencionarlos a todos. Mi agradecimiento especial al doctor y la señora Burns Steele, Gigi Coyle y Albert Li.

JOHN STEELE

Desearía agradecer la ayuda que me han prestado las siguientes personas: Anne Brannen, Barbara Clow (de Bear and Co., editores), Carolyn Merchant, John Michell, Arthur Evans, Starhawk, Rose Mary Dance y Riva Enteen.

DAVID KUBRIN

Prólogo

Todo cambió en 1969.

Fue el año en que nos vimos por primera vez en aquellas gloriosas fotografías de toda la Tierra, igual que un mono se ve en un espejo. Sabíamos que el mundo era redondo, por supuesto, pero comprobarlo con nuestros propios ojos era diferente y, al verlo, ocurrió algo asombroso. Ocurrió algo sináptico que nos hizo conscientes de nuestro planeta de un modo nuevo y especial.

Fue el año en que James Lovelock dio a esta conciencia un foto y un nombre, llamando la atención sobre Gaia; dijo de ella que era el mayor de los seres vivos del sistema solar, haciendo que fuese necesario y posible pensar en el mundo de forma más creativa.

El punto de vista centrado en Gaia va resultando uno de los más influyentes del siglo, un punto de vista que obliga a cosmólogos, biólogos, geólogos y geógrafos a ocuparse del mundo en términos holísticos, no de manera aislada, sino como parte de una compleja ecología galáctica.

Debido a ello, cada vez es más frecuente que se hable de la fisiología del planeta, de su nutrición y su digestión. Se están realizando estudios de geometabolismo y de curación telúrica. Y, con mayor prudencia, también se estudian el crecimiento y la maduración de un sistema nervioso del globo. Es en este contexto en el que *GAIA: la Tierra inteligente* me parece tan oportuno.

Como miembros fundadores del Proyecto Dragón, Paul Devereux y John Steele se hallan bien situados para examinar con perspectiva científica la posibilidad de que exista una inteligencia planetaria. Y, con la ayuda de David Kubrin en la vertiente histórica, han puesto toda la cuestión de un mundo que piensa y vive en su apropiado lugar cultural. Recibo con alegría esta colaboración y considero que es un paso audaz en la dirección correcta, es decir, hacia la creación y el reconocimiento de un mundo que no sólo es consciente, sino que también siente y se percata de su propia existencia.

LYALL WATSON

9

Introducción

Es una ironía suprema que tuviéramos que salir de nuestro planeta antes de que realmente pudiésemos verlo. Cuando los astronautas nos mostraron el aspecto que tenía nuestro mundo desde el espacio, fue como si nos hubieran acercado un espejo para que contemplásemos nuestro reflejo. La imagen de la Madre Tierra, bella, frágil, bailando en el espacio, fue enviada de un punto a otro del globo por los sistemas electrónicos de comunicación y se grabó de forma indeleble en nuestro cerebro.

Este acontecimiento fue como una señal que nos decía que acababa de llegar un momento determinado: la hora final de decidir cómo debemos contemplar nuestro mundo y la relación que tenemos con él. La creencia contemporánea de que la Tierra es una estructura muerta y puede explotarse de modo indefinido, sencillamente no concordaba con lo que sentíamos al ver las imágenes televisivas del planeta azul y blanco flotando en el vacío. Fue como si la vida reconociera a la vida.

Quizá constituya una paradoja que fuese la tecnología moderna, y en particular la tecnología espacial, la que nos permitió obtener esa visión de la Tierra y la transmitió al cerebro de miles de millones de personas. Pero el triunfo de esa tecnología no consistió en el hecho de colocar una máquina en órbita, o unos hombres en la Luna, sino en la sacudida emocional y filosófica que resultó posible a escala masiva abajo en la Tierra. Supuso un momento crucial en la historia del planeta, un momento que tenía que llegar; la tecnología fue necesaria para obligarnos a contemplar de nuevo nuestro hogar.

La imagen fantasmal de la Tierra vista desde el espacio se ha convertido en un verdadero icono de los medios de comunicación; la vemos virtualmente todos los días en la televisión, en los periódicos, en libros, revistas y anuncios. Esta conciencia subliminal de nuestro planeta ha provocado un aceleramiento de la preocupación ecológica, de la «conciencia verde». Se ha catalizado un proceso. El resultado de ello es que dos filosofías se hallan enzarzadas ahora en una lucha. Por un lado tenemos la visión del mundo llamada «económica», la visión arraigada que dice que debemos explotar el planeta en aras del «progreso» y que cambiar los procedimientos que empleamos para ello, cambiarlos de un modo fundamental, resulta demasiado caro. La visión contraria, la que va apareciendo, dice que lo que es demasiado caro es *no* cambiar nuestra forma de proceder, porque el tejido de la vida en nuestro planeta, ese tejido fino y lleno de vinculaciones intrincadas, corre un peligro obvio; se percibe un desastre en potencia.

Esta nueva filosofía va adquiriendo rápidamente mayor entidad, y existe la confianza creciente de que el punto de vista verde quizá se imponga a su adversario, que es tozudo y se encuentra bien atrincherado. Pero todavía no se han percibido del todo los cambios que hacen falta. Para modificar toda una actitud cultural, tenemos que cambiar algo más que nuestros procesos industriales: tenemos que cambiar nuestra forma de pensar. No bastará con limitarnos a tratar de adoptar un comportamiento diferente en un planeta que seguimos conceptualizando como antes. Si queremos que nuestra especie sobreviva, hemos de reformar literalmente nuestra visión del mundo.

Muchas personas del movimiento verde y del de la Nueva Era se dan cuenta de que, en el fondo, la nueva filosofía es una sabiduría muy antigua que afirma que la Tierra en algún sentido está viva. La mayoría de las culturas que precedieron a la nuestra pensaban lo mismo. Parece probable que de un modo u otro tengamos que recuperar esa creencia, para que todos nuestros actos futuros se rijan por ella.

Las palabras «Tierra viva» tienen un significado diferente según quien las use u oiga. Varios grupos las emplean con frecuencia, virtualmente como si fuera un lema, sin ahondar empero en su significado implícito. Algunos miembros de la Nueva Era las usan sólo a modo de baño emocional, sencillamente como algo que provoca un escalofrío. Otros interpretan el concepto de la Tierra viva en el sentido de que el planeta es la base de una complicada madeja de cosas vivas. También hay quienes usan palabras de esta clase para denotar la teoría de que la Tierra regula sus procesos –el clima, la interacción de las cosas vivas con su hábitat, etcétera– como si fuese un organismo vivo. James Lovelock, el científico cuya hipótesis relativa a Gaia se comenta en el presente libro, es el decano de este grupo. Opina que la biología y la geología realmente no pueden separarse, que la vida y su hábitat se han influido de modo recíproco en un solo «proceso muy acoplado». Aunque esto no equivale a decir que la Tierra esté literalmente viva, Lovelock utiliza palabras tales como «autorregulación» cuando se refiere a procesos planetarios; ahora bien, ¿cómo puede un planeta *auto*rregularse si no posee alguna forma de conciencia? Sin duda el asunto merece considerarse en serio, porque un proceso de regulación, un proceso de frenos y equilibrios, sólo puede conseguirse mediante el uso de una base de referencia, de algún tipo de memoria. Esto no puede efectuarse sin que en algún punto del proceso intervenga la conciencia. Cabría decir que hay cosas que no viven, que no sienten, y que, pese a ello, tienen memoria: los ordenadores, por ejemplo. Pero la analogía no es válida. El mecanismo no es la memoria. Por avanzado que sea el ordenador, es la inteligencia humana la que pone en marcha sus procesos.

La idea de una Tierra viva constituye un anatema total para el pensamiento convencional en la sociedad contemporánea, e incluso hace que algunos «verdes» se sientan incómodos. Pero, a pesar de los riesgos que ello entraña, el propósito del presente libro es formular la pregunta directa: «¿Vive la Tierra?». Toda consideración de un aspecto tan profundo y escurridizo del planeta será forzosamente una aventura intelectual en esta etapa, y pedimos al lector que empiece el libro con tal espíritu. Sin embargo, en todo momento debemos tener presente que la idea de una Tierra viva hubiese sido un concepto perfectamente normal, incluso evidente, para la mayoría de las personas que vivían en nuestro planeta hace sólo unos cientos de años. Es nuestra cultura actual la que se muestra excéntrica al considerar la idea como una fantasía estrafalaria. Así pues, la primera parte del libro examina cómo se veía la Tierra en épocas anteriores y en las sociedades tradicionales y cómo hemos llegado virtualmente a olvidar esa visión.

La segunda parte trata de identificar de qué manera las perspectivas de antaño han empezado a penetrar de nuevo en nuestra conciencia durante el siglo xx. Estos recuerdos se han presentado de muchas formas inesperadas: en el creciente conocimiento científico de la relación entre las diferentes zonas o «esferas» del planeta, así como de la forma en que estamos vinculados electromagnéticamente –cuerpo, cerebro y es probable que mente– con procesos y ritmos del globo; en el estudio de los yacimientos arqueológicos correspondientes a pueblos de la Antigüedad; y en las ideas de pensadores modernos e influyentes tales como el científico Lovelock, el sacerdote-filósofo Teilhard de Chardin, que imaginó una «noosfera» o zona de conciencia planetaria, y el místico de la naturaleza irlandés George William Russell, que escribió sobre sus experiencias en torno a la naturaleza mágica del paisaje.

La última parte del libro constituye una investigación especulativa de cómo podría ser la naturaleza de la conciencia de la Tierra, cómo podría estar estructurada y qué relación podría haber entre la sensibilidad planetaria y la humana. Inevitablemente, estas cuestiones no pueden estudiarse sin tener en cuenta la naturaleza de nuestra propia conciencia.

Tanto si vemos en ello un simple ejercicio mental como si lo consideramos un requisito imprescindible para la supervivencia futura, la naturaleza misma de la tarea de cotejar el concepto de

Tierra viva obliga a juntar muchos campos de la actividad humana, aun cuando sea todavía demasiado pronto para efectuar una síntesis completa. Hay un sinfín de especialismos estrechos dentro de la ciencia, e incluso los campos alternativos y vanguardistas de investigación y conciencia tienden a ser fragmentarios. Así pues, desde un punto de vista puramente pragmático, en las páginas siguientes no es posible profundizar en la totalidad de los diversos aspectos del asunto. Las cuestiones complejas se han simplificado en la medida de lo posible, procurando que haya un mínimo justo de tecnicismos, con el objeto de que tanto los académicos como los no especialistas puedan compartir ideas y argumentos. Sin embargo, en el texto aparecen todas las referencias necesarias para los que deseen seguir más detalladamente determinados aspectos.

Varias cosas que se comentan en el libro –por ejemplo, las nuevas exploraciones de yacimientos antiguos– se encuentran en una etapa de investigación tan temprana que poco se ha escrito sobre ellas hasta ahora. Por tal motivo, estas páginas contienen material que se hace público por primera vez.

Puede que las conclusiones provisionales que se saquen al terminar esta aventura difieran de las de algunos lectores, lo cual no tiene nada de malo, por supuesto. Pero es necesario que, una vez empezado, el proceso continúe, ya que es muy urgente. Queda menos tiempo del que muchos creen. Incluso personas con conciencia ecológica dicen que vamos a dejarles a nuestros hijos un mundo lleno de porquería, una porquería que ellos tendrán que limpiar. Esto es quitarle importancia a la situación. En este momento de la cúspide del milenio, o bien hacemos cambios que abran todo un campo nuevo de potencial humano y planetario, o perderemos la última oportunidad y no nos recuperaremos de la caída ecológica que tanto se ha acelerado en nuestro tiempo. Un solo problema, por ejemplo la destrucción de las selvas tropicales, podría ser el factor decisivo. Si estas selvas desaparecen, se pondrá en movimiento toda una cadena de efectos. Y cuando el ecosistema empiece a caer, lo hará como una fila de fichas de dominó. Los problemas ecológicos aparentemente aislados con que nos enfrentamos ahora se convertirán en una avalancha. A partir de entonces, la cosa será demasiado compleja para ponerle solución.

Los que tienen que tomar las decisiones ya están presentes. No estamos esperando a nadie más; ni los Hermanos del Espacio, ni el Pueblo de las Galaxias, ni «deidades masculinas situadas fuera del planeta» (como dice Gary Snyder) bajarán a salvarnos. Juntos hemos sacado la pajita más corta. Ahora hay que buscar las nuevas actitudes mentales que se necesitarán para sostener los cambios materiales, exteriores, que se requieren.

PRIMERA PARTE

Amnesia

La cultura moderna se parece un poco a una persona que sufre de amnesia. Algo ocurrió que produjo una pérdida de memoria, una pérdida significativa, pero no total. Imaginemos a esa persona, consciente de haber tenido otra vida, pero aislada de ella porque el puente de la memoria se ha derrumbado. Todavía recuerda imágenes sueltas, aisladas, mas no consigue relacionarlas. Algunos escritos y las visitas esporádicas de personas relacionadas con esa vida anterior le proporcionan información fragmentaria sobre cómo era. Pero como no puede establecer relaciones, el amnésico empieza una vida nueva, la vida anterior va alejándose gradualmente hasta que se transforma en una especie de mito confuso, desprovisto ya de toda validez.

La arqueología, la antropología y la historia nos dan una visión parcial de la mente humana tal como era mucho antes de nuestra propia época. Podemos ver los restos de objetos y lugares que utilizaban las gentes de una antigüedad remota, y de todo ello es posible deducir cómo siglos interminables de nomadismo humano (los períodos paleolítico y mesolítico o la edad de piedra antigua y media) terminaron de modo relativamente súbito hace entre seis mil y diez mil años (el comienzo del período neolítico o nueva edad de piedra), cuando los asentamientos, la agricultura y las ciudades comenzaron su desarrollo en Eurasia, es decir, en la fuente de la cultura occidental.

El cuadro global que surge de ello nos muestra muy claramente que la mayoría de los pueblos primitivos veneraban la Tierra, y que su sensibilidad religiosa gravitaba alrededor del culto a la tierra y la naturaleza. Veían la Tierra como a una diosa de la natalidad y la abundancia: la que alimentaba y destruía. La veían en los contornos del paisaje y la representaban en efigies (los arqueólogos han encontrado algunas de veinte mil años de antigüedad).

Podemos seguir el movimiento que se aleja de esta conciencia de la Gran Madre primordial, para acercarse a la creación de deidades masculinas dominantes y sociedades patriarcales, a medida que las culturas se vuelven cada vez más asentadas, definidas y complejas, así como más belicosas al endurecerse la conciencia territorial y aumentar el uso tecnológico del metal. Todo esto supuso la expresión de más cambios en la conciencia, la cual pasó de un estado mental difuso que se mezclaba como el agua con el entorno, experimentando una sensación lenta y soñadora del tiempo, a un estado «más duro» del ego personal, cada vez más aislado, independiente de la materia, corriendo por los raíles de la lógica y el tiempo lineales.

En Europa estos cambios de perspectiva mental alcanzaron su apogeo hacia el siglo XVII, cuando la dominación de la naturaleza sustituyó a la veneración de la misma. La relación íntima, sin aristas, con la Tierra fue sustituida finalmente por la perspectiva abstracta, más alejada. Esto condujo a la era de la razón, la evolución de la ciencia hasta alcanzar el nivel que conocemos, y la fundación de la cultura del siglo XX, con el predominio de la tecnología.

Durante mucho tiempo nos ha sido imposible recordar nuestra antigua proximidad a la Tierra. Debido a esta amnesia, los problemas ecológicos que se nos plantean, imprevistos a causa de nuestra condición, han sido como una sacudida. Quizá aquella imagen fotográfica que nos trajeron del espacio despertó sentimientos que llevaban mucho tiempo olvidados, los que teníamos en relación con nuestro planeta.

Capítulo 1

La Tierra olvidada

Mientras que virtualmente todas las culturas modernas consideran que la Tierra es sorda, muda e inanimada, la gente que vivió en nuestro planeta durante decenas de miles de años, desde el alba del alto paleolítico, hace unos cuarenta mil años, la experimentaba como a un gran ser vivo que era sensible, inteligente y alimentador. Si seguimos una de estas primitivas visiones del mundo por el laberinto de la historia, observaremos la aparición gradual de una amnesia que en realidad es un olvido doble, donde una cultura olvida, y luego se olvida de que ha olvidado, cómo se vive armoniosamente con el planeta. Pero ni siquiera este olvido doble es total. La conciencia siempre deja sus huellas en las arenas del tiempo. Las huellas literales puede que se borren, pero siempre queda una semilla de la sabiduría perenne que resiste el paso de los milenios, como una esposa mítica que aguarda el momento de renacer.

En el mundo arcaico, los reinos mineral, vegetal y animal se consideraban elementos inseparables de la trama vital, que nacía, moraba y se disolvía en ciclos interminables. En esencia, todo lo que formaba parte de esa trama tenía relación con la Tierra, que era el escenario donde se representaba el drama de la evolución. Al producirse vastas transiciones, la Tierra, de un modo u otro, conseguía regular todos los cambios, de tal manera que incluso al cambiar permanecía idéntica.

Para nuestros antepasados la Tierra era algo que infundía temor reverencial y sorprendía, algo acreedor de respeto. Era literalmente la Madre Tierra, primordial, existía desde el principio, con una antigüedad que escapa a la comprensión; y pese a ello, a cada momento renacía en alguna encarnación nueva de la fuerza vital.

El entorno interactivo

La Tierra ha sido testigo de todo lo que ha ocurrido durante los cinco mil millones de años de su historia. El estudio de la psicometría (la capacidad psíquica que dicen tener algunas personas para recibir información de los objetos o los lugares) ha demostrado que los objetos registran sus acciones recíprocas con otros objetos en proporción con la intensidad y la duración del acontecimiento.[1] Más allá de nuestra percepción normal, siempre quedan rastros en el aura asociada con los objetos: el *akasha*, el éter, el campo morfogenético (según la hipótesis de algunos biólogos modernos, véase el capítulo 3), cada época tiene un nombre diferente para referirse a un sutil campo de memoria del entorno, un dominio de la frecuencia en el cual los acontecimientos se graban con pautas vibracionales que percibimos como la «atmósfera» de un lugar. Para nuestros antepasados, los paisajes estaban saturados de recuerdos que señalaban los lugares donde tuvieron efecto importantes acciones, confrontaciones, revelaciones y emociones entre personas, espíritus, deidades y los tres reinos.

La sensibilidad del siglo XX consideraba que el reino mineral era materia inanimada hasta que hace poco volvimos a percatarnos de que los cristales tienen la capacidad de transformar la energía y almacenar conciencia de diversas maneras. Sin embargo, para las gentes de las tradiciones antiguas, que vivían en estrecha comunicación con la Tierra, no sólo los cristales, sino también las rocas vulgares registraban los recuerdos y eran sensibles a la conciencia. En su famoso discurso de 1854, el jefe indio americano Seattle señaló que «hasta las rocas, que parecen mudas mientras se achicharran bajo el sol en la playa silenciosa, se estremecen a causa del recuerdo de acontecimientos emocionantes relacionados con la vida de mi gente».[2] De modo parecido, Claude Kuwanijuma, líder espiritual de los indios hopi, dijo que «el hombre no es el único que tiene memoria. La Tierra recuerda. Las piedras recuerdan. Si sabéis escuchar, os contarán muchas cosas».[3]

Hay una historia tradicional de los indios senecas, que habitaban en lo que actualmente es el estado de Nueva York, que da vida a este tema de la comunicación con la Tierra por medio de una roca llamada «La Piedra Parlante»:

Cierto día el Chico Huérfano vagaba por el bosque... Vivía con una anciana que le mandaba cazar algo para comer todos los días. Ya llevaba una sarta de pájaros al hombro, pues era muy diestro con el arco y las flechas. Al llegar al río, se dejó caer al suelo, muerto de cansancio, y sacó un paquete de maíz tostado. Mientras comía clavó los ojos en la gran pared de piedra que había ante él. Con gran sorpresa oyó una voz que decía: «¿Te gustaría oír cuentos sobre el pasado?». El Chico Huérfano miró a su alrededor, pero no vio a nadie. De nuevo preguntó la voz: «¿Quieres que te cuente historias de hace mucho tiempo?». Esta vez el Chico Huérfano miró hacia la pared de roca, ya que la voz parecía salir de allí. Por tercera vez preguntó la voz: «¿Quieres que te cuente leyendas de los días que ya pasaron?». El Chico Huérfano se puso en pie. Recogió la sarta de pájaros y subió a lo alto de la pared de roca, hacia la voz que había hablado. Se sentó en silencio, maravillado, mientras Gus-Tah-Ote, el Espíritu de la Roca, empezaba diciendo: «Esto ocurrió cuando los hombres y los animales vivían como hermanos y se entendían hablando. ¡Escucha!». Los relatos se fueron sucediendo hasta que el sol enrojeció el cielo por el oeste. Entonces Gus-Tah-Ote dijo: «Ahora déjame los pájaros y vuelve mañana»...

Al día siguiente sucedió lo mismo. El Chico Huérfano erró por el bosque, adentrándose más y más en él, y pronto no volvió al poblado ni siquiera de noche. Pero cada día volvía a la roca para oír las historias, que parecían ser inagotables, y cada día dejaba alguna pequeña ofrenda en señal de agradecimiento...

Un día Gus-Tah-Ote dijo: «He terminado mis historias. No las olvides. Vuelve con tu gente y diles: "Así es como ocurrió"...». El Chico Huérfano volvió al poblado de su infancia. Aquella noche, cuando estaban todos reunidos alrededor de la hoguera del consejo, ocupó su lugar ante ellos y empezó a hablar... Habló y habló, contó una historia tras otra, tal como se las había contado la piedra que hablaba. Y la gente le escuchó, con los oídos y el corazón, y no se durmió.

De aquel tiempo, de la boca de Gus-Tah-Ote, dice la gente de la casa larga, ha llegado todo el conocimiento del pasado.[4]

Lejos de ser materia inerte, el Espíritu de la Roca demuestra emoción, tiene memoria y puede comunicarse con los seres humanos. Así pues, nuestros antepasados más primitivos vivían en lo que podría decirse que era un entorno interactivo consciente. El biólogo Lyall Watson comentó que:

> ... ya no es posible negar que nuestros pensamientos y deseos podrían influir en nuestro entorno. Todas las cosmologías más recientes incluyen la conciencia como factor participante activo en la realidad. Las nuevas explicaciones del funcionamiento del mundo se parecen de modo extraño a las antiguas creencias de pueblos no alfabetizados de todas partes... Parece ser que por el simple hecho de admitir la posibilidad de acontecimientos inverosímiles, incrementas la probabilidad de que ocurran.[5]

Las gentes arcaicas experimentaban el hecho mismo de la percepción como algo biológico y recíprocamente transformativo, algo que cambiaba lo que estabas mirando mientras lo hacías. En este contexto, la palabra *biológico* no se refiere a la mecánica fisiológica de la visión, sino a ver con una mente en la que pueden influir otras formas de mente. Esta percepción interactiva surtió un efecto orgánico que podía manifestarse, por ejemplo, como cambio mágico de las formas.

El concepto del entorno interactivo consciente es igualmente aplicable al lenguaje, pues en él se halla incrustada la visión del mundo que realmente determina cómo percibe la realidad la gente de una cultura concreta. Si determinadas palabras y conceptos no existen en un lenguaje, entonces, para las gentes que lo hablan, estas cosas sencillamente no existen. Antes de que se usara el lenguaje para manipular y controlar, las palabras eran pautas vibratorias creativas que no se oían meramente, sino que constituían también agentes mágicos de comunicación. Por ejemplo, los indios bella coola del estado de Washington sabían que los árboles y las personas podían hablarse en el pasado lejano y, aunque los seres humanos habían olvidado el lenguaje de los árboles, los árboles todavía entendían el habla humana.[6]

En las culturas primitivas existía un sentido generalizado de lo que Martin Buber denominó «la relación de yo a ti con la naturaleza». Buen ejemplo de esta franca reciprocidad es el poema esquimal *Palabras mágicas*:

En los tiempos más antiguos,
cuando tanto las personas como los animales vivían en la tierra,
una persona podía convertirse en animal si quería
y un animal podía convertirse en ser humano;
a veces eran personas,
y a veces, animales,
y no había ninguna diferencia,
hablaban todos el mismo lenguaje.
Era la época en que las palabras eran como magia,
la mente humana tenía poderes misteriosos;
una palabra pronunciada por casualidad
podía tener extrañas consecuencias,
de repente cobraba vida
y lo que la gente quería que sucediera podía suceder,
lo único que tenías que hacer era decirlo.
Nadie podía explicar esto:
así es como era.[7]

Como señaló el explorador etnobotánico Terence McKenna, «éste es nuestro derecho de nacimiento que hemos perdido, la gnosis de una asociación con una naturaleza animada, lingüísticamente activa».[8] Además, nuestros vínculos con la Tierra se encuentran en el tejido mismo de los lenguajes arcaicos. El biólogo Lewis Thomas, basándose en estudios lingüísticos de distintas culturas efectuados en el siglo XIX, escribió:

Es agradable saber que un lenguaje común de hace quizá veinte mil años tenía una palabra raíz para designar la Tierra que mucho más adelante se transformó en el término técnico que corresponde a los polímeros complejos que constituyen los tejidos conjuntivos del suelo, el humus. Hay algo extraño, sin embargo, en la aparición, a partir de la misma raíz, de palabras tales como *humano* y *humanitario*.[9]

El antropólogo francés Levy-Bruhl dio a este vínculo con el entorno el nombre de *participation mystique*, la cual, a su modo de ver, era la esencia de la conciencia arcaica.[10] Daba a entender que había un grado significativo de no diferenciación entre el sujeto y el objeto. Pero no era un estado de disolución del ego, toda vez que el ego aún no se había formado como entidad mental distinta. El psicoanalista Carl Jung comentó la dinámica psicológica de este proceso:

Cuando no hay ninguna conciencia de la diferencia entre el sujeto y el objeto, predomina una identidad inconsciente. El inconsciente se proyecta entonces en el interior del sujeto, convirtiéndose en parte de su psicología. Entonces las plantas y los animales se comportan igual que seres humanos, los seres humanos son al mismo tiempo animales y todo está lleno de fantasmas y dioses.[11]

Esta experiencia unitaria la hacen extensiva a la biosfera (la membrana de vida sobre el planeta) muchas culturas primitivas, por ejemplo, el héroe mítico de los apaches jicarillas de Nueva México que dijo: «Esta tierra es mi cuerpo. El cielo es mi cuerpo. Las estaciones son mi cuerpo. El agua es mi cuerpo también. El mundo es tan grande como mi cuerpo. Y el mundo es tan grande como mis plegarias».[12] De modo parecido, el aborigen australiano pensaba que herir a la Tierra era herirse a sí mismo.

Así pues, la comunicación de la humanidad arcaica con la Tierra se basaba en una perspectiva de todo punto diferente, que a su vez era determinada por el valor que se diera a cada sentido al leer la realidad. Mientras que hoy día ponderamos nuestra percepción alrededor de un 70% por la visión, seguida del sonido, con los demás sentidos en segundo plano, la mística de participación arcaica suponía ratios sensoriales diferentes, en los cuales tanto el sonido como el olfato, por ejemplo, eran más dominantes, y las experiencias sensoriales cruzadas, tales como escuchar un perfume, saborear un color o ver los truenos, eran más comunes. Qué extraordinario sentido del lugar podía formarse a partir de esta manera de ver. Cuantos más sentidos se emplearan para percibir una experiencia, más fácil resultaba recordarla. Cuando esta percepción sensorial cruzada se combinaba con una vinculación emocional a la Tierra, se convertía en empatía reverencial, visión ecológica profunda. Tal como ha señalado el psicólogo Ralph Metzner, las culturas arcaicas estaban «incrustadas simbióticamente en la naturaleza».[13]

Chamanismo

El chamanismo es una tecnología de transformación paleolítica, de ámbito mundial, que utilizaba el acceso controlado a los estados de éxtasis de la conciencia para comunicarse con las plantas, los animales, los antepasados, los espíritus y los cuatro elementos. El chamán era sanador, controlador del tiempo climatológico, adivinador de fuentes de alimentos, enemigos y objetos perdidos..., un ecologista espiritual que mantenía el equilibrio entre su tribu y la biorregión de ésta, para lo cual era agudamente sensible a lo que D. H. Lawrence llamó «el espíritu del lugar»:

> ... todo pueblo se polariza en alguna localidad determinada, que es el hogar, la patria. Diferentes lugares en la faz de la tierra tienen efluencia vital diferente, vibración diferente, exhalación química diferente, polaridad diferente con estrellas diferentes: llamadlo como os guste, pero el espíritu del lugar es una gran realidad.[14]

Este sentido intuitivo del lugar es una forma embrionaria de geomancia, la ubicación de viviendas, lugares sagrados y cementerios en armonía con la topografía local y con sutiles energías de la tierra, que se volvió más formalizada al evolucionar las civilizaciones.

«Los chamanes eran los que recordaban los comienzos», escribió el historiador de la religión Mircea Eliade.[15] La capacidad de recobrar, de recordar, a partir de un estado alterado o trance, un estado normal de conciencia cruzando lo que normalmente es un velo de olvido –por ejemplo, despertar de un sueño misterioso–, se denomina retención de estado cruzado. La retención de estado cruzado propia de los chamanes requiere un conocimiento profundo de los ciclos biológicos del nacimiento, la vida, la muerte y la regeneración en todos los fenómenos. Además de cantar, rezar, danzar, tocar el tambor y ayunar, uno de los métodos más efectivos para entrar en estados de éxtasis en la búsqueda del conocimiento de estado cruzado es por medio del uso ritual de plantas de poder, tales como hongos psicoactivos, dondiego de día o peyote (el cacto que también se conoce por el nombre de mezcal). McKenna, que ha efectuado muchas investigaciones etnofarmacológicas en Amazonia, sugiere que estas plantas psicodélicas pueden ser feromonas de especie cruzada,[16] que al ser ingeridas bajo control apropiado y en un marco ambiental adecuado revelan que:

> ... la naturaleza quiere que la articulen, quiere que la reconozcan como fuente de información y como ser cohesivo con intencionalidad. Compartimos esta planta con algo inteligente. No es inteligente de modo abstracto, incomprensible, sino de modo concreto, de un modo que podemos comprender.[17]

La comunión arcaica con la Tierra viva por medio de plantas es una experiencia propia de chamanes a escala mundial. Las plantas no son sólo fuentes de alimento, vestido, bebida, tabaco, medicinas y perfumes; son también maestras muy profundas. La experiencia con una planta psicodélica pone a un chamán en comunicación con el latido del corazón de la Tierra. Cualquier cosa desequilibrada o arrítmica se hace visible inmediatamente, lo cual es la señal para que el chamán proceda a su corrección ritual.

El Tiempo de los Sueños

En todo el mundo arcaico, la comunicación de estado cruzado entre la humanidad y la naturaleza tenía lugar en el Tiempo de los Sueños, el nombre que con más frecuencia se usa para describir este singular concepto temporal. Se experimentaba como un «tiempo presente» que nunca terminaba, sino que se extendía hacia la eternidad, en la cual no había pasado ni futuro. Esto es muy distinto del fugaz momento presente, el momento situado entre el pasado y el futuro y que transcurre en un abrir y cerrar de ojos. En el Tiempo de los Sueños el tiempo no se agota; es siempre la primera vez que los dioses, antepasados primordiales y animales totémicos, han llevado a cabo sus míticas proezas y se han comunicado directamente con los seres humanos.

Hans Peter Duerr sugiere que las culturas arcaicas estaban «fuera» del tiempo, percibían cosas en ellas mismas y de ellas mismas, en lugar de verlas desde «fuera» del tiempo como observador externo.[18] Es esta sensación de estar «fuera» del tiempo la que crea el aspecto onírico del Tiempo de los Sueños. Así, sea cual fuere la variación cultural de su nombre, el Tiempo de los Sueños no es simplemente la eternidad temporal, sino también la capacidad de soñar, de disolver los límites de la percepción y la comunicación normales entre lo animado y lo inanimado, entre los seres humanos y otras especies. Soñar permitía que la percepción de estado cruzado floreciese «fuera» del tiempo. Soñar, en este contexto, es la puerta por la que se entra en todos los estados alterados de la conciencia y, al igual que cuando se sueña, los acontecimientos en el Tiempo de los Sueños eran reversibles, podían volver a sus orígenes. Por medio de la vuelta ritual a sus orígenes, una cultura podía regenerarse y regenerar la Tierra.

Las tradiciones de los aborígenes australianos son la fuente de gran parte de la información que tenemos sobre el Tiempo de los Sueños, al que se conoce por muchos nombres en todo el continente. Los aborígenes han heredado una historia de cuarenta mil años de antigüedad, la más larga cultura ininterrumpida que ha conocido el mundo. En un soberbio artículo publicado en *National Geographic*, uno de los últimos ancianos gagudju que quedan, Big Bill Neidjie, les dijo a los autores: «Tierra nuestra madre, águila nuestra prima. Árbol, él estar bombeando nuestra sangre. Hierba estar creciendo. Y agua. Y todos somos uno».[19] Otro líder aborigen explicó que «los aborígenes tienen una relación especial con todo lo que es natural... Todas las cosas naturales las vemos aparte de nosotros. Todas las cosas que hay en la tierra las vemos en parte humanas».[20]

Los espíritus Mimi vivían en las rocas, mientras que los antepasados totémicos, el cocodrilo, el canguro, la serpiente arco iris (*Abastor Erythrogrammus*) y otros muchos, dejaron su huella en un vibrante paisaje mítico de colinas, rocas, árboles, charcos y veredas. «El campo entero es su árbol genealógico vivo y secular», escribió el estudioso aborigen T. H. Strelow.[21] Pero hay entropía geomántica, degradación, incluso en el paisaje del Tiempo de los Sueños, a menos que los custodios aborígenes de la tierra lo cuiden y despierten periódicamente. Con el fin de activar la Tierra, deben celebrar representaciones rituales de su historia mítica, que regenera la fuerza vital que circula por todo. Eliade sugiere que en sus breves interrupciones del trabajo para vagar por la selva, visitar a la familia o volver a la vida nativa, los aborígenes experimentan un recuerdo vivo de toda su herencia totémica ancestral.[22] Es una experiencia recíproca, porque del mismo modo que ellos recuerdan la tierra, la tierra recuerda y de esta forma les da identidad. Esta recordación mítica reanima los paisajes sagrados al recargar lo que, según el biólogo Rupert Sheldrake, son sus campos de memoria morfogenética o generadores de forma. La atención sagrada realza estos campos, porque la memoria es una función de la atención.

Finalmente, se creía que las líneas de las canciones o las veredas de los sueños eran las sendas primordiales de los antepasados que cantando dieron vida al mundo. Relacionaban charcos, cuevas de antiguas pinturas totémicas, colinas y formaciones geológicas prominentes tales como las Olgas o Uluru, Ayers Rock. En *Songlines*, Bruce Chatwin describió este proceso de geomancia sónica:

> Prescindiendo de las palabras, parece que el contorno melódico de la canción describe la naturaleza de la tierra por la que

pasa la canción, de modo que si el Hombre Lagarto estuviera arrastrando los pies por las salinas del lago Eyre, esperarías oír una sucesión de bemoles largos, como en la *Marcha Fúnebre* de Chopin. Si estuviera saltando arriba y abajo en los declives de los MacDonnell, tendrías una serie de arpegios y glisandos, como en las *Rapsodias Húngaras* de Liszt. Ciertas frases, ciertas combinaciones de notas musicales, se cree que describen la acción de los pies del antepasado. Una frase diría «salina»; otra, «lecho de riachuelo», «spinifex», «duna», «arbusto mulga», «pared de roca» y así sucesivamente. Un cantor experto, escuchando su orden de sucesión, podría contar cuántas veces su héroe cruzaba un río o escalaba un risco, y podría calcular dónde estaba, hasta dónde había llegado en una línea de canción. La música es un banco de memoria que sirve para encontrar el camino por el mundo.[23]

Y el recorrido continúa. Los bosquimanos del desierto de Kalahari, en África, son más antiguos que los negros más primitivos de dicho continente. Laurens Van der Post, explorador y escritor que los conocía íntimamente, comentó que el bosquimán «vivía en un estado de intimidad extraordinaria con la naturaleza, adondequiera que fuese se encontraba en su ambiente natural, sentía afinidad con todo y con todos los que encontraba en su tránsito del nacimiento a la muerte».[24] En cierta ocasión un cazador bosquimán le dijo que «hay un sueño que nos sueña»,[25] lo cual hace pensar en el Tiempo de los Sueños de los aborígenes.

Los indios americanos, al igual que los aborígenes de Australia, y los bosquimanos y otros pueblos antiguos, vivían en armonía simbiótica con la Tierra viva y de la continua interacción tribal con la tierra nació un lenguaje de comunicación empática, parecido a las líneas de las canciones. Una afirmación tradicional de los hopi de Hotevilla reza así: «También hemos dicho que la tierra es como un cervato con manchas y las manchas son regiones con cierto poder y cierto propósito. Todos estamos provistos de vibraciones y frecuencias diferentes que tienen como fin comunicarse con el Gran Espíritu al objeto de cumplir ciertas funciones que sirven de sostén a la vida de las Leyes Naturales de acuerdo con las costumbres de cada uno».[26] Es interesante señalar que el lingüista Benjamin Lee Whorf escribió que los hopi «realmente tienen un lenguaje más apto para ocuparse de fenómenos vibrátiles que nuestra tecnología científica más reciente».[27]

En su perceptivo libro *American Indian ecology*, el historiador de la religión Donald Hughes escribió que la naturaleza «era para ellos una comunidad grande, interrelacionada, que incluía animales, plantas, seres humanos y algunas cosas que los americanos pertenecientes a la tradición de la Europa occidental llamarían objetos físicos por un lado y, por el otro, puramente espíritus. A ninguna persona, tribu o especie enmarcada en la unidad viva se la consideraba autosuficiente, y es posible que los seres humanos fuesen los que lo eran menos. El indio o la india no se definían principalmente como individuos autónomos, sino como parte de un conjunto, y tenían una relación de reciprocidad mutuamente beneficiosa con todos los tipos de seres».[28] Entre estos seres se hallaban los espíritus de la tierra que podían manifestarse bajo la forma de misteriosos fenómenos lumínicos. Por ejemplo, la tribu de los miday, que habitaba en la región del lago Ontario, entre Nueva York y el Canadá, tenía una tradición llamada «agitar la tienda» cuya finalidad era adivinar los sitios beneficiosos para los poblados. Los chamanes sabían que algunas tierras tenían una energía positiva, exaltadora de la vida, y que otras emitían una energía perturbadora, malsana. El primero en dar noticia de los espíritus de la luz fue un misionero católico, el padre Lejeune, en 1634, según el cual su forma era cónica, tenían la cola ahusada, entraban en la tienda donde el chamán yacía en trance después de tocar el tambor y rezar, y la agitaban violentamente.[29]

Los indios americanos también creían que las montañas eran grandes seres vivos y a menudo las describían empleando imágenes geobiológicas. Las Black Hills de Dakota del Sur, por ejemplo, se conocen entre los lakotas por el nombre de Paha Sapa, que significa «Corazón de la Tierra Madre». Durante incontables siglos estas montañas se han utilizado para la búsqueda de visiones sagradas porque las consideraban las puertas que daban entrada a dimensiones espirituales. En la región de Four Corners de la meseta de Colorado, las investigaciones atmosféricas de Joan Price han demostrado que las montañas tienen ciclos de respiración, igual que los seres humanos. En la base de los San Francisco Peaks, en Arizona, en medio de lugares sagrados tanto para los hopi como para los navajos, la cueva de viento de Wupatki inhala y exhala aire cerca de cincuenta kilómetros por hora durante ciclos de seis horas, y hay, como mínimo, siete montañas sagradas que respiran y tienen sistemas «pulmonares» compuestos por cuevas de viento que, según se cree, vivifican la meseta.[30] La relación de los indios con la Tierra se siente por medios del pleno conocimiento corporal, en el cual los sentidos y el espíritu se unifican. Uno de los escritores indios más dotados de nuestro tiempo, el kiowa N. Scott Nomaday, dice:

Creo que una vez en la vida el hombre debería concentrar su mente en la tierra recordada. Debería entregarse a un paisaje determinado de su experiencia, observarlo desde tantos ángulos como pueda, hacerse preguntas sobre él, meditar sobre él. Debería imaginar que lo toca con sus manos en todas las estaciones y que escucha los sonidos que se hacen en él.[31]

En otra parte escribe que «[para el indio] un sentido del lugar es primordial. Sólo con referencia a la tierra puede persistir en su verdadera identidad».[32] Esta membrana de reciprocidad, sin costuras, es el eco de lo que Van der Post ha dicho acerca del bosquimán del Kalahari: «Creo [que su] forma de conocer era por medio de lo que le conocía a él».[33]

Diosa

En muchas tribus era común la creencia de que todas las formas de vida salían del vientre de la Tierra y que ésta era profundamente honrada y respetada como madre. En la ceremonia con que celebraba su mayoría de edad, una doncella apache se unía a la fructífera Madre Tierra o Tierra Diosa. Al identificarse con la Diosa, participaba de la fertilidad de la misma.[34] A la Madre Tierra se la consideraba la fuente continua de vida para todos los seres vivos, y se creía que toda la materia que se extraía de su cuerpo compartía su condición de ser vivo. Se dedicaban plegarias de agradecimiento a la Dama de Arcilla de los indios pueblos, que daba su carne viva a los alfareros. Hughes señala que «se utilizaban ceremonias parecidas para propiciar a los espíritus de la turquesa, la roca y la sal».[35]

Casi todas las tribus indias tenían la tradición de una Madre Tierra: la Nuna de los esquimales, Tacoma de los salish, Maka Ina de los siux oglalas, Iyatiku de los keres, Kokyang Wuhti de los hopi, la Mujer Cambiante de los navajos, Coatlicue de los aztecas y otras muchas. Nancy Zak, del Institute of American Indian Arts, resume los elementos comunes de estas encarnaciones sagradas de lo femenino:

> En conjunto vemos una creencia en la tierra como ser vivo. En el Ártico, así como en las Llanuras, es un ser hondamente sensible al que aflige la muerte. Ella y sus diversas partes encarnadas tienen sentimientos igual que nosotros. Estas figuras sagradas pueden tener un lado oscuro además del claro, igual que nosotros, igual que la vida. En muchas regiones del país, incluido el Ártico, el Nordeste y el Sudeste, la vida de la gente –esto es, la tierra, su gente y sus alimentos– tiene como fuente el sacrificio voluntario o involuntario de una figura materna.[36]

Tal como la investigadora Barbara Walker señala en su monumental estudio sobre las mujeres:

> A la tierra se le han dado miles de nombres femeninos. Algunos continentes –Asia, África, Europa– recibieron el nombre de manifestaciones de la Diosa. Diversos países llevaban el nom-

bre de alguna antepasada o de otra manifestación de la Diosa: Libia, Rusia, Anatolia, Lacio, Holanda, China, Jonia, Akkad, Caldea, Escocia (Scotia), Irlanda (Eriu, Hera) fueron sólo unos pocos. Cada nación dio a su propio territorio el nombre de su propia Madre Tierra.[37]

Se la conocía por el nombre de Mawu en África, Ninhursag en Sumer, Hepat en Babilonia, Mami en Mesopotamia, Isis o Hathor en Egipto, Inanna, Astarté, Ishtar o Asherah en Oriente medio, Rhea en Creta, Kubaba en Turquía, Cibeles en Grecia, Semele en Tracia y Frigia, Zemyna en Lituania, Pele en Hawai... La lista es interminable. El historiador del arte Merlin Stone comenta el significado de esta creencia generalizada:

> No nos... encontramos ante una desconcertante miríada de deidades, sino ante una variedad de títulos que son resultado de lenguajes y dialécticas diversos pero cada uno de los cuales se refiere a una divinidad femenina muy parecida... se hace evidente que la deidad femenina en el Próximo oriente y en Oriente medio (y en otras partes del mundo) era venerada como Diosa, del mismo modo que la gente hoy piensa en Dios.[38]

Las primeras representaciones de una Tierra Diosa viva, arquetípica, se encuentran en las raíces del alto paleolítico correspondientes a la antigua Europa, en el sur de Francia. La pionera arqueóloga Marija Gimbutas ha demostrado que las figurillas con vulva más antiguas que se conocen y que dan fundamento a esta creencia datan aproximadamente del período 33.000-35.000 a. de C.[39] Se han encontrado representaciones de la primera Tierra Diosa preñada entre Francia y Checoslovaquia que datan de alrededor del 25.000 a. de C.[40] Hay que hacer hincapié, sin embargo, en que las diosas paleolíticas y neolíticas de la antigua Europa (la Europa preindoeuropea del período 6500-3500 a. de C.) no son únicamente divinidades de la fertilidad. Como recalca Gimbutas, eran creadoras de vida que cumplían tres funciones importantes: dar vida, dar muerte y regenerar. La vida, la muerte y la regeneración son los procesos eternos que también corresponden a las tres fases de la luna: creciente, llena y menguante. Éstas se reflejan a su vez en las tres fases de las mujeres: la doncella, la madre y la anciana.

El tema principal de la Diosa en sus formas infinitas es que no hay ninguna muerte permanente: la muerte va siempre emparejada con la regeneración. Tanto el Tiempo de los Sueños como la Diosa comparten los procesos de disolución de los límites y de continua transformación de estado cruzado. La fuerza vital está siempre surgiendo de la fuente transpersonal, la matriz de la vida y la muerte, siempre habitando en ella y disolviéndose de nuevo en ella. Dice Gimbutas que en los pueblos de Europa todavía se oye decir: «Madre, procedo de ti, tú me llevas, tú me nutres y tú me acogerás después de mi muerte».[41]

La anatomía de la Diosa se refleja en el cuerpo de la Tierra. Cada forma y contorno topográficos estaban bañados de un aspecto diferente del poder de la Diosa. La Diosa preñada aparece como Madre Tierra bajo la forma de una colina o montículo potente en la que brota vegetación,[42] y que el poeta Dylan Thomas expresó con las palabras «la fuerza que por medio de la espoleta verde impulsa a la flor». El historiador del arte Michael Dames reconoció perceptivamente que el mayor montículo artificial prehistórico de Europa, el de Silbury Hill, que se encuentra en las colinas Wiltshire, en el sudoeste de Inglaterra, era un terraplén de la Diosa preñada que se encuentra en cuclillas para dar a luz.[43] La cima redonda de la colina era su *onfalos* u ombligo, que contenía la esencia de su poder creativo. El *onfalos* señalaba el centro de la Tierra para las gentes arcaicas. Gimbutas comenta que estas colinas preñadas simbólicas también aparecen representadas en las estructuras funerarias del neolítico y grabadas en las losas de las tumbas megalíticas de Bretaña.[44] Las montañas también se asociaban con el vientre preñado, las nalgas, los pechos o el *mons veneris* de la Gran Madre. La montaña sagrada y el *onfalos* son lugares donde el cielo, la Tierra y el infierno se comunican. Son centros del mundo de los cuales emana la vida. A veces aparecen asociados con un Árbol del Mundo o Árbol de la Vida que también comunica los tres niveles cosmológicos.

Es importante señalar que hay muchos centros en el paisaje arcaico. Hay colinas sagradas, montañas sagradas, bosquecillos sagrados, manantiales sagrados y pozos santos, todos los cuales son emanaciones de la Diosa. Pero no son centros abstractos, geométricos. Todas son fuentes de una fuerza vital subyacente y común que recuerda a las personas que ellas mismas son una chispa de la misma fuerza vital de la Diosa. Es ésta una premisa fundamental de la filosofía perenne que se halla presente, bajo una forma u otra, en todas las épocas. Estos lugares sagrados son monumentos en el sentido más auténtico de la palabra. Recuerdan a la humanidad otra realidad en la cual hay una experiencia enfática directa del Uno y de los muchos al mismo tiempo.

Gimbutas comentó que «para los pueblos arcaicos la piedra era el poder concentrado de la tierra».[45] Por ejemplo, desde los tiempos prehistóricos se veneraba a la Diosa bajo la forma de un meteorito de piedra negra en Pessinus, Turquía. El cristal y otras piedras preciosas, tales como el diamante, se consideraban néctar congelado de la matriz divina, la Madre. Se creía que cruzar a rastras la abertura de una piedra agujereada, tal como la de Men-an-Tol, en Cornualles, purificaba el cuerpo tanto de enfermedades como de pecados.

Las cuevas eran los pasadizos vaginales que daban entrada al vientre de la Tierra. Era dentro de los tenebrosos huecos del cuerpo vivo de la Tierra Diosa donde los pueblos arcaicos se encontraban en la más profunda comunión con el misterio cíclico del nacimiento y la muerte. En los tiempos neolíticos enterraban a las personas en posturas fetales porque volverían a nacer en el vientre de la tierra. Los túmulos de corredor de Irlanda y Bretaña, tales como el de New Grange y el de Gavrinis, se hacían eco del tema de un canal del parto. En su estudio de las concepciones religiosas de la edad de piedra, Rachel Levy sugiere la posibilidad de que los dólmenes megalíticos fueran las puertas para entrar en el mundo de los muertos. Los dólmenes son monumentos que se construyen colocando una piedra horizontal sobre otras verticales, y quizá esta forma triádica era una abstracción de la entrada de la cueva.[46] En la Europa meridional las tumbas de cueva abiertas en las rocas tienen forma uterina, de huevo o antropomórfica. A juzgar por los vestigios paleolíticos y neolíticos, vemos como la plantilla biológica precede a la plantilla geométrica en la arquitectura sagrada. Esto no es extraño, ya que, como señala Eliade, la sensación arcaica de nacer de la tierra:

> ... ha creado en el hombre un sentido de relación cósmica con su entorno local. Incluso cabría decir que en aquellos tiempos el hombre, más que la conciencia de pertenecer a la raza humana, tenía un sentido de participación cosmobiológica en la vida que le rodeaba. Sabía, por supuesto, que tenía una madre «inmediata», a la que veía todavía cerca de él, pero también sabía que venía de más lejos, que las cigüeñas o las ranas le habían llevado hasta la madre, que había vivido en las cuevas o en los ríos.[47]

Gimbutas señala que en la antigua Europa a la Tierra también se la consideraba la conciencia social colectiva: la justicia, bajo la forma de diosas tales como la griega Temis o la rusa Matushka zeml'ja. Con respecto a ello, escribió lo siguiente acerca de los campesinos eslavos:

> Si alguien formulaba un juramento después de ponerse un terrón de tierra sobre su cabeza o tragárselo, se consideraba que dicho juramento era vinculante e indiscutible. La Tierra Madre escucha las peticiones, resuelve problemas y castiga a todos los que la engañan o no la respetan. No tolera a los ladrones, los mentirosos o las personas vanidosas y orgullosas. En leyendas y cuentos la tierra devora a los pecadores. La tierra se cierra sobre ellos.[48]

Las antiguas culturas europeas persistieron durante casi tres mil años, sin romperse a causa de cataclismos sociales internos. Después de muchos años de trabajo de campo, juntando las piezas de un vasto rompecabezas arqueológico, Gimbutas sacó la conclusión de que las personas vivían en una pacífica sociedad igualitaria basada en un sistema matrilineal. Eran agricultores asentados que cultivaban jardines y huertos. Sus artes y oficios se inspiraban en la creencia, el respeto y la devoción a la Diosa. Virtualmente no tuvieron armas de guerra hasta las últimas etapas de su existencia, en la edad del bronce.[49]

Pero todo esto acabaría en la segunda mitad del quinto milenio antes de Cristo, y de nuevo en el cuarto milenio, y una vez más en el período 3000-2800 a. de C.[50] Según Gimbutas, estos períodos fueron testigos de la disolución de la antigua civilización europea a causa de oleadas de nómadas kurganes que montaban a caballo y procedían del sur de Rusia. La ideología kurgana se basaba en el varón fuerte, las heroicas deidades guerreras del cielo y el sol, con caras relucientes como el metal bruñido de sus armas nuevas.

No fueron los metales propiamente dichos los que cambiaron el rumbo de la historia, sino su empleo como agentes de destrucción. Los patriarcales kurganes, al igual que todos los indoeuropeos, estaban hipnotizados por el poder dominante de las afiladas hojas de metal de las espadas, las lanzas, las dagas y las puntas de flecha. El caballo domesticado, que amplificó el poder de estas armas letales, les permitió propagarse rápidamente por el interior de las tierras de pastos danubianas de la Europa central. Explica Gimbutas: «Su llegada puso en marcha un dramático desplazamiento en la prehistoria de Europa –un cambio de la estructura social, las pautas de residencia, el arte y la religión–, y fue un factor decisivo en la formación de la Europa de los últimos cinco mil años».[51]

A pesar del desplazamiento hacia una poderosa tradición de dios celeste, las tradiciones de la Diosa, que estaban firmemente arraigadas en la tierra, perduraron mucho tiempo antes de enterrarse en otras culturas del mundo. No obstante, este cambio en la historia representó el comienzo de una tendencia hacia la amnesia geomántica. Contribuyó a esta amnesia la tendencia general de proliferación de objetos en el neolítico. Cuando los antiguos europeos dejaron de ser cazadores-recolectores y empezaron a asentarse en poblados permanentes, domesticando rebaños de animales y cultivando cosechas, empezaron a multiplicarse la agricultura más duradera y los objetos caseros, tales como cacharros, alfombrillas, herramientas y adornos de metal, muebles y prendas de vestir. Cada generación de objetos hacía de matriz reflexiva para la creación de objetos nuevos y perfeccionados. La innovación en el diseño comenzó a alimentarse de sí misma, adquiriendo velocidad a medida que la artesanía añadía variedad individual a la función básica.

Surgió una memoria contable más lineal, lógica, «del cerebro izquierdo», que se encargaba de llevar la cuenta de los objetos nuevos. Con este nuevo aspecto de la memoria llegó un desplazamiento gradual de la atención hacia la fabricación y la adquisición de más objetos.

Las invasiones kurganas, efectivamente, hicieron desviar la atención de los ciclos primarios de la Tierra, es decir, el nacimiento, la muerte y la regeneración. Las culturas híbridas que los kurganes crearon luego con sus cautivos se fueron volviendo más complejas, estratificadas y territoriales. Al mismo tiempo que la tierra era demarcada por medio de límites, también la conciencia quedó circunscrita a la cristalización de poderosos egos guerreros. El entorno interactivo consciente de las tradiciones de la Diosa quedó reducido a un gobierno dominante de la tierra.

Las Diosas, en el mejor de los casos, se convirtieron en las esposas o consortes de los Dioses de guerra de los kurganes. La igualdad entre varones y hembras, que era inherente a las sociedades cooperativas e igualitarias de la antigua Europa, dejó de ser la norma. Este desequilibrio social se reflejó también en la división *anima-animus* dentro de los individuos. Tal como recalcó Riane Eisler, los kurganes impusieron un «modelo dominador de la organización social»,[52] que instituyó límites jerárquicos tanto en el paisaje terrestre como en el mental. Estos límites, que eran justo lo contrario de las fluidas tradiciones de la Diosa y el Tiempo de los Sueños, fueron creando una percepción y una memoria específica de un estado, ya que dividieron la realidad en compartimentos de manera nueva. Todas estas condiciones limitadoras, divinas, sociales e individuales, contribuyeron a la amnesia geomántica.

La tradición hindú, empero, tiene una antigua relación con la de la Diosa, una relación que data del alto paleolítico. Los hindúes creen que la Tierra está viva e impregnada de diferentes cualidades de energía femenina. La Diosa no sólo gobierna las profundidades y la superficie de la Tierra, sino también sus montañas. Varios de los picos más grandes del mundo, conocidos por el nombre de Madres Principales, están en el Himalaya. Al monte Everest se le llama Chomo-Lung-Ma, «Diosa-Madre del Universo». No lejos de él está el Annapurna, el «Gran Pecho lleno de Nutrimento». La blanca nieve que se derrite es la leche de la Diosa.[53]

Espacio y tiempo sagrados

En la tradición jainí, los grandes maestros de esta antigua secta hindú eran llamados *tirthankras*, nombre que se deriva de la palabra *tirtha*, que significa «cruce». La historiadora del arte Eleanor Gaddon explicó que *tirtha* significaba literalmente un lugar por donde uno cruzaba un río. En un sentido espiritual, era un lugar sagrado donde una persona cruzaba «al otro lado», pasando por una experiencia religiosa.[54] Este viaje interior, de lo profano a lo sagrado, es común a todos los lugares santos. Entrar en espacio sagrado es entrar en tiempo sagrado, donde el tiempo presente se extiende hacia la eternidad sin pasado ni futuro. Es una suspensión a partir del tiempo medido. Un *tirtha* es un lugar donde los límites entre dimensiones se disuelven, permitiendo la comunicación de estado cruzado con la memoria o el campo morfogenético de la Diosa o de Dios, y que se ha establecido a lo largo de siglos de culto. A menudo los lugares sagrados tienen una atmósfera que inspira temor reverencial, una atmósfera en la cual se alteran los ratios normales de percepción sensorial. La luz, el color, el sonido, la fragancia, todo ello puede apartarse de lo habitual.

Los lugares de transición, tales como los *tirthas*, tienen, pues, un intrínseco poder de despertar que saca a las personas de sus estados normales de conciencia. En los *tirthas* nos acordamos de recordar; despertamos a la relación de nuestra fuerza vital, no sólo con la Tierra, sino con todo el cosmos. Experimentamos lo que el antropólogo Gregory Bateson llamó «la pauta que conecta»[55]. Esta doble recordación puede realzarse por medio de rituales en los que haya música, danza, comida, canciones, plegarias y meditación. Las plantas psicodélicas (a las que cabría denominar amplificadoras del campo morfogenético) también pueden usarse para abrir de par en par las puertas de la percepción.

Mookerjee, en su libro *Kali, the feminine force*, describe varios *tirthas*, por ejemplo «un megalito prehistórico al que se continúa venerando como santuario de la Tierra Madre, Bolhai, en Madhya Pradesh, en la India central. La Diosa está representada por una piedra lisa, ovalada, revestida de rojo. El coronamiento tiene dos metros y pico de longitud y suena como una campana cuando se golpea, o cuando se frota con otra piedra durante un ritual que todavía se celebra».[56] La Diosa Kali se simboliza con frecuencia por un bloque de piedra. Se consideraba propicio beber o bañarse en estanques triangulares, llamados *yoni-kundas* (vulva del universo).[57] De Cachemira, en el norte, al sur de la India, se encuentran monumentos megalíticos de los que emana *Shakti*, la fuerza vital femenina, y que datan de entre el 8000 y el 2000 a. de C. Como hemos señalado antes, los dólmenes se construyen como úteros con la forma del conducto vaginal o yónico de la Gran Madre. Se utilizaban cuevas y grutas de roca para el renacer ritual. El *Lakshmi Tantra* nos dice que *Shakti* actúa por medio de la vibración, oscilando entre fases de creación y disolución durante toda la historia.[58] En la India, La Diosa existe tanto dentro del universo como más allá de él; es la fuerza vital universal y el latido y el suelo mismos de la tierra.

Fuerza vital y geomancia

La fuerza vital de la Tierra emana de divinidades y espíritus arcaicos, y se la conocía por muchos nombres diferentes. Cada tribu de indios norteamericanos tenía su propio nombre para referirse a este poder. Era, por ejemplo, *manitou* para los algonquines, *wakonda* para los siux, *orenda* para los iroqueses y *maxpe* para los crow. En Melanesia la llamaban *mana*; en Oriente medio, *baraka* o *barak*; en Egipto, *sakhem*. Los bantúes del bajo Congo, en África, la conocían por el nombre de *lunyensu* o *bu-nssi*; los bosquimanos kung la llamaban *n/um*; para los aborígenes arunta de Australia era *arungquiltha*. El poeta Federico García Lorca, al definir la palabra española *duende*, dijo: «Este "poder misterioso que todos sienten y que ningún filósofo explica" es, en suma, el espíritu de la tierra».[59] Entre los japoneses esta fuerza llevaba el nombre de *ki*. Sin embargo, la palabra china *chi* es la que hoy día se usa más en relación con la geomancia.

Hacia el año 2000 a. de C. el emperador Yu de China empezó una exploración de la calidad del *chi* en los lugares donde se edificaba, con el fin de evitar enfermedades tales como la artritis, los problemas circulatorios o la tensión mental que el mal *chi* de la tierra puede causar.[60] Un misionero cristiano del siglo XIX, E. J. Eitel, escribió lo siguiente en *Feng Shui*, su estudio de la geomancia china:

> Los chinos contemplan la naturaleza, no como un tejido inanimado, muerto, sino como un organismo vivo, que respira. Ven una cadena dorada de vida espiritosa que pasa por todas las formas de existencia y une, como en un solo cuerpo vivo, todo lo que subsiste arriba en el cielo o abajo en la tierra.[61]

Feng Shui, que significa «viento-agua», era el arte de armonizar el *chi* de la tierra y la atmósfera con el *chi* de la humanidad, de tal modo que ambos se beneficiaran. Templos, hogares, tumbas ancestrales y sedes de gobierno se construían de acuerdo con directrices que ampliaremos en capítulos posteriores.

Egipto

El Egipto antiguo constituye un enigma, porque nunca tuvo una visión religiosa del mundo que fuese unificada. Cada *noma* o región, por ejemplo Menfis, Tebas o Heliópolis, tenía sus propios mitos relativos a la creación. En el Egipto predinástico había muchas sociedades que vivían a lo largo del Nilo. Algunas de ellas eran matriarcales, orientadas a la Diosa, y otras eran patriarcales y rendían culto a los Dioses. Aunque las divinidades creadoras más conocidas del panteón egipcio, tales como Ptah, son masculinas, sabemos que en la Antigüedad también había creadoras, tales como Uatchat, Diosa serpiente primordial que fue importante antes de la unión del reino del norte con el del sur. Incluso Apis, la divinidad masculina del Nilo vivificador, era representada por una figura andrógina con pechos de mujer. Isis, sin embargo, es la Tierra Diosa suprema, la que, según el escritor romano Apuleyo, proclama:

Soy la Naturaleza, la Madre universal, señora de todos los elementos, hija primordial del tiempo, soberana de todas las cosas espirituales, reina de los muertos, reina también de los inmortales, la única manifestación de todos los dioses y diosas que son. Una inclinación de mi cabeza gobierna las luminosas alturas del Cielo, las saludables brisas del mar, los lamentables silencios del mundo de abajo. Aunque se me conoce por incontables nombres y se me propicia con toda suerte de ritos diferentes, toda la tierra redonda me venera.[62]

Pero es en las paredes del templo de Edfú, en el sur de Egipto, donde empezamos a descifrar con cierto detalle una versión de un mito predinástico de la creación de la Tierra. En este templo egipcio del período ptolemaico hay textos sin igual que no se habían traducido hasta hace poco. Aunque la historia mitológica se escribe de forma abreviada, basándose en textos más antiguos, podemos ver claramente que la teoría egipcia de la creación incluía un embrión de la Tierra llamado *bnnt*. El egiptólogo E. A. Reymond sugiere que podríamos imaginar que la Tierra recién nacida sale del *bnnt* embrionario que flota en las aguas prístinas.[63] Adquirió la forma de un túmulo, que tal vez era realmente un lugar donde se celebraba un culto sagrado en la prehistoria. Se creía que este túmulo era un ser divino.[64] Si bien puede argüirse que en la aparición del túmulo se repite la aparición de las islas de arena fértil que salen del Nilo cuando baja el nivel de sus aguas, existe aquí un claro paralelismo con el túmulo preñado, la colina y el *onfalos* de las tradiciones de la Diosa en el paleolítico y el neolítico. (De hecho, Devereux señala que hay un túmulo predinástico indudablemente artificial en el pico piramidal natural que domina el Valle de los Reyes, cerca de Luxor.)

Se creía que, como entidad física, el templo era un ser animado en el que mandaba su Ka,[65] el espíritu doble o cuerpo astral. Basándose en un ensalmo, Reymond deduce que a la Tierra también se la consideraba poseedora de su propio Ka. Y añade que «se creía que el templo histórico fue construido como monumento a Ka, el Ka de la Tierra. Se creía que este templo fue fundado en un lugar donde moraba el Hacedor de la Tierra».[66] A juzgar por esta afirmación, parece que el templo estaba animado mágicamente tanto para conmemorar como para obrar de manera recíproca con el Ka de la Tierra viva.

Asociada con el templo estaba la columna *dd*, que animaba la tierra que fuese especialmente sagrada. Reymond escribió que «los egipcios creían que allí donde estaba la columna *dd*, la naturaleza sagrada de la Tierra era eternamente vital, pero necesitaba que la revivificase la creación de una nueva entidad muy semejante en su apariencia física a la que en otro tiempo había existido allí».[67] Al parecer, al *sakhem*, la energía telúrica de un lugar, ¡se le podía terminar el jugo primordial! Los textos que figuran en las paredes del templo revelan que la columna *dd*, que estuvo presente en la creación del túmulo primitivo y en cada uno de los subsiguientes dominios sagrados, se situó finalmente en el templo de Edfú. Antes de que pudiera crearse un mundo nuevo, había que resucitar el mundo anterior, el mundo desaparecido de los Dioses, erigiendo la columna *dd*, que, al decir de Reymond, «hacía volver del infierno las formas inmateriales de las deidades que en otro tiempo vivían en aquel lugar».[68] Evidentemente, los espíritus ancestrales del lugar, aunque nunca se extinguían por completo, atravesaban ciclos de la existencia, incluyendo un estado de animación suspendida, hasta que la presencia de la columna *dd* los reanimaba mágicamente.

Para Reymond, la columna *dd* transmitía implícitamente la idea de «una continuación en el tiempo, la idea de una existencia indefinida, garantizando así la santidad del lugar que estaba a punto de revivificarse».[69] La columna *dd* funcionaba a modo de integrador temporal de estado cruzado que comunicaba el Tiempo de los Sueños de las divinidades previas con las deidades que ahora tenían poder. Dicho de otro modo, era un regenerador sagrado del campo morfogenético, una versión más formalizada de una piedra vertical o menhir megalítico.

Alquimia

Egipto también formalizó otra fuerza telúrica arcana. La alquimia, que los egipcios llamaban «tierra negra», cultivó más adelante sus misteriosas flores en la India, China, Grecia y Roma. Pese a ello, según da a entender el polímata Richard Grossinger, los egipcios a su vez probablemente heredaron «los polvos medicinales, los jeroglíficos, las pociones de algún tiempo más antiguo».[70] Es indudable que las raíces arcaicas de la alquimia se encuentran tanto en el chamanismo como en las tradiciones de la Diosa. Gimbutas comenta que la antigua Diosa Pájaro del neolítico, que sigue recordándose en las canciones mitológicas latvias, era la protectora de la metalurgia, igual que la posterior Diosa griega Atena. Según

Gimbutas, en el folclore de la Europa antigua había restos de esa alquimia.[71] No es la única que formula esta hipótesis. Mircea Eliade escribió:

> Probablemente fue el antiguo concepto de la Tierra Madre, portadora de menas embrionarias, lo que cristalizó la fe en la transmutación artificial (esto es, efectuada en un laboratorio). Fue el encuentro con los simbolismos, los mitos y las técnicas de los mineros, los fundidores y los herreros lo que probablemente dio origen a las primeras operaciones alquímicas. Pero, sobre todo, fue el descubrimiento de la Sustancia Viva lo que debió de desempeñar el papel decisivo.[72]

Se creía que los metales tenían vida propia, igual que los vegetales y los animales. Grossinger explica la teoría: «Gradualmente, a lo largo de eones, el plomo se convierte en cobre, el cobre en hierro, el hierro en estaño, el estaño en mercurio, el mercurio en plata, y finalmente la plata en oro. La Tierra es un telar en el cual los planetas tejen sus vibraciones. Las vibraciones pueden considerarse notas musicales que se concretan en el telar; la transmutación es, por ende, un cambio de la nota planetaria».[73] Estas vibraciones metálicas vivas se casan en la Sustancia Viva, las menas embrionarias telúricas animadas mágicamente. La meta de los alquimistas era producir la piedra filosofal, que algunos creían que constituía un estado interactivo consciente entre el espíritu y la materia.

La piedra filosofal, que, según algunos, era un agente que transformaba los metales de baja ley en oro, era asimismo agente de asombrosas curaciones físicas y transformaciones espirituales. También puede evolucionar en una dirección más siniestra, como tecnología geoquímica para fabricar nuevas aleaciones metálicas que se utilicen como armas de guerra. Ésta fue la senda que eligieron los guerreros kurganes, a fin de acelerar la destrucción de las culturas de la Diosa en la antigua Europa.

Judaísmo

En otra parte de Oriente medio nació otra tradición importante que tuvo grandes repercusiones en el planeta. En el Zohar (el Libro del Esplendor), uno de los libros místicos de la tradición judaica, aparece escrito lo siguiente:

> Porque no hay ningún miembro en el cuerpo humano que no tenga su equivalente en el mundo en conjunto. Porque del mismo modo que el cuerpo del hombre consiste en miembros y partes de varias categorías... que reaccionan unos a otros para

formar un solo organismo, también el mundo en general consiste en una jerarquía de cosas creadas, que cuando actúan y reaccionan de manera apropiada unas a otras forman literalmente un solo cuerpo orgánico.[74]

Este tema biológico también se encuentra en el crecimiento de la Tierra desde su centro, el Monte Sión en Jerusalén: «El Ser Santo creó el mundo como embrión. Del mismo modo que el embrión avanza a partir del ombligo, así empezó Dios a crear el mundo desde su ombligo hacia fuera, y desde allí se extendió en diferentes direcciones».[75] De modo parecido, Walker señala que la palabra hebrea *hara* podría traducirse tanto por «montaña» como por «vientre preñado»,[76] como comentamos al señalar las probables asociaciones neolíticas con la Diosa en lugares tales como Silbury Hill.

Asimismo, la creencia de que la tierra vive está relacionada con la *Shekinah*, el poder femenino de Dios. En hebreo *Shekinah* significa la presencia divina que mora en el mundo. El celoso, fuerte, patriarcal Dios de la Tora se ve equilibrado por la benévola y graciosa *Shekinah* de la Cábala, una de cuyas partes es el Zohar. El estudioso judaico Daniel Matt, que tradujo el Zohar, dijo de la *Shekinah* que era «la Diosa que gobierna la Tierra. En la Cábala recibe numerosos nombres: la Tierra, el Océano en el que desembocan todos los ríos, el Santo Huerto de Manzanas. Es la fuerza vital que anima el universo y la llaman sencillamente Chaya, la Criatura Viva. Es la Madre del Mundo. Uniéndose a la mitad masculina de Dios engendra toda la existencia terrenal, el mundo es bendecido y vivificado».[77] La *Shekinah* restaura y equilibra la Tierra. También han interpretado que era la respiración y el esplendor del mundo. Otras veces se simboliza por medio del pan sencillo, sin levadura, de la Pascua de los hebreos. Se considera que el pan, por ser elaborado con granos, es fruto de la Tierra.

La tradición cabalística era el aspecto de sabiduría gnóstica del judaísmo, pero el conjunto de enseñanzas y leyes oficiales, las rabínicas y talmúdicas, nos presenta la victoria del monoteísmo trascendente sobre los cultos de Asherah, Astarté, Anath y Elat en Canaán. El historiador Morris Berman escribió: «Vemos aquí las primeras vislumbres de lo que he denominado la conciencia no participante: el conocimiento se adquiere reconociendo la distancia entre nosotros mismos y la naturaleza. La fusión extática con la naturaleza se juzga, no sólo como ignorancia, sino como idolatría».[78]

El legado del Antiguo Testamento fue que Dios era el creador de la Tierra, pero independiente de su creación. Aunque se veía la tierra como un lugar de abundancia, rebosante de leche y miel, la relación arcaica con un mundo animado se cortó. Se consideraba que el mundo era un efecto secundario de Dios. Y, pese a ello, en varias ocasiones trascendentales, por ejemplo al aparecer ante Moisés en la zarza en llamas, Dios se manifestó en el mundo físico. Dijo a Moisés: «Quita tu calzado de tus pies, porque el lugar en que tú estás, tierra santa es».[79] En otra ocasión Jacob pasó la noche en Har Hamoria, futuro emplazamiento del primer templo de Jerusalén.[80] Se durmió utilizando una piedra a guisa de almohada.[81] Dios se apareció en el sueño de Jacob, el sueño de ángeles que subían y bajaban por una escalera que llegaba hasta el cielo. Al despertar, Jacob dijo: «Ésta es la puerta del cielo»,[82] y erigió la piedra a modo de columna. La ungió con aceite y dio al lugar el nombre de Beth-el, casa de Dios. Esta hierofanía o manifestación divina en un objeto corriente no se consideró animismo pagano; se comprendió que la piedra no era más que un vehículo para la visión. Sin embargo, todavía se consideraba sagrada como monumento, como recordatorio de un acontecimiento sobrenatural.

Por lo tanto, vemos en el judaísmo dos perspectivas en apariencia divergentes de la divinidad que se relacionan con la Tierra: una natural, mística, nutridora, lunar y femenina, y otra sobrenatural, creativa, imperiosa, solar y masculina. En verdad ambas son aspectos de una unidad mayor que carece de género, pero el aspecto masculino sobrenatural resultó ser una de las fuerzas históricas dominantes que han dado forma a la historia de Occidente.

Gaia

Hay indicios en la Creta minoica, desde alrededor del año 1400 a. de C., de una poderosa deidad Tierra femenina, la Diosa Serpiente de pechos desnudos. Con todo, hasta el período de los himnos homéricos (850 a. de C.) y del posterior poeta Hesíodo no empezamos a tener una genealogía mitológica formal que siga los orígenes de Gea o Gaia, la Tierra Diosa griega. La *Teogonía* de Hesíodo relata que «ante todo nació el Caos, y luego Gaia la del amplio seno, firme sede de todas las cosas para siempre».[83] Gaia dio a luz los cielos estrellados, las montañas y los mares. En el himno homérico XXX leemos que la Tierra es la «madre de todo, el más anciano de todos los seres».[84] La conocemos principalmente por su fertilidad agrícola, que fue el corazón de las primeras religiones egeas. Sin embargo, en tiempos anteriores fue la Diosa de la vegetación silvestre, de los animales no domesticados y del misterio tenebroso y primitivo del otro mundo, que era el lugar donde moraban los fantasmas ancestrales. Este último aspecto de Gaia tiene raíces que se remontan a la creencia paleolítica de que la Tierra era a la vez útero y tumba de la humanidad.

También se consideraba a Gaia la fuente de los sueños, que surgían como vapores de sus profundidades. Se creía que la incubación de sueños en un lugar sagrado, ya fuera una cueva, un bosquecillo o un templo, era un método que servía para evitar las imágenes de la mente consciente y, por ende, recibir los consejos del espíritu del lugar. En Grecia y en Asia Menor había en muchos templos unos pozos llamados abatones que la gente utilizaba para incubar, durmiendo como si estuvieran inconscientes en un útero. Más adelante este proceso de estado cruzado alcanzó un nivel muy avanzado en los templos de sueño terapéutico de Asclepio, en los cuales se buscaban remedios para las enfermedades mentales y físicas. Gaia también gobernaba varios oráculos, incluyendo el de Delfos, al pie del monte Parnaso, el *onfalos* u ombligo del mundo, donde predecía el futuro por boca de su profetisa en trance.

Aunque Gaia fue suplantada en sus santuarios y oráculos en el año 2700 a. de C. por las deidades masculinas de los invasores indoeuropeos y de nuevo en 1200 a. de C. por los patriarcales dioses del cielo olímpicos, tales como el Zeus de los invasores dorios, bajo el nombre de Temis continuó siendo la Diosa de la justicia, que era una función de la Tierra desde, como mínimo, el período neolítico. Como encarnación de la justicia, la Tierra, si abusaban de ella, respondía con terremotos, plagas y malas cosechas. La pátina del panteón olímpico, que Riane Eisler califica acertadamente de «grupo de deidades pendencieras, competidoras y generalmente imprevisibles»,[85] nunca oculta del todo la conexión vital con la Tierra Diosa.

Los filósofos griegos

A comienzos del siglo VI a. de C. apareció Tales, el primero de los filósofos presocráticos. También se le consideró el primer físico griego, la vanguardia de una investigación científica de los principios y la dinámica que subyacen en la naturaleza. Pero, aun cuando se concedía la mayor importancia a la observación empírica de la naturaleza, la visión del mundo que tenían estos filósofos primitivos era en algunos aspectos más parecida al anterior animismo preolímpico. En este sentido, Tales creía que fragmentos de materia aparentemente inanimada, por ejemplo la piedra magnética o el ámbar, podían estar vivos. Esta doctrina, denominada hilozoísmo, significaba que toda la materia tiene vida. Nos queda la impresión, sin embargo, de que Tales se preocupaba más por la teoría de que determinados fragmentos de materia estaban animados que por la completa extensión de esta idea a todo un planeta animado.

En el mejor de los casos, Tales nos presenta un animismo paradójico que supone el principio de una distancia objetiva entre la humanidad y la naturaleza. Los estudiosos del período clásico Kirk y Raven concluyen que la interpretación más razonable del hilozoísmo de Tales era «la creencia de que el mundo y la vida se penetran mutuamente, que muchas de las partes del mundo que parecen inanimadas en realidad son animadas».[86]

Una generación después de Tales, Anaxímenes, que pertenecía a la misma escuela milesia, también mostraba una perspectiva hilozoística. Creía que el aire era la sustancia primaria, que funcionaba a modo de respiración del mundo. Anaxágoras, quizá discípulo suyo, era un filósofo metafísico que creía que una Mente omnipotente controlaba toda la materia, animada e inanimada, aun cuando no estaba en toda ella. Esta separación de la mente y la materia le convierte en el primer dualista del pensamiento griego.

El médico Hipócrates (460-357 a. de C.), contemporáneo de Anaxágoras, presentaba una visión holística, contrastante, de la vida. Escribió que «hay una corriente común, una respiración común, todas las cosas se encuentran en simpatía. El conjunto del organismo y cada una de sus partes funcionan en conjunción con el mismo propósito».[87] En su calidad de sanador, Hipócrates sabía que algunos lugares eran beneficiosos para curar enfermedades específicas, mientras que otros surtían un efecto perjudicial.

Pero la idea de que la Tierra era un ser íntegro, vivo, inteligente, la desarrollaron Pitágoras y su escuela en Crotona, en el sur de Italia, hacia el año 500 a. de C. Su concepto de reciclaje de la fuerza vital, de la transmigración de las almas, es un curioso eco del tema paleolítico de la perpetua regeneración de la vida. Como consecuencia de esta teoría, también creía en la afinidad de todas las cosas vivas.

Kirk y Raven comentan que «mientras que, empujados por su innata curiosidad intelectual y por la insatisfacción que les producían las antiguas explicaciones mitológicas, los milesios intentaban ofrecer una explicación racional de los fenómenos físicos, el impulso que hay debajo del sistema pitagórico parece que era religioso o emocional».[88]

Es evidente que existe un amplio espectro de diferentes filosofías presocráticas que van desde la física hasta la metafísica, la biología, la salud y el misticismo. Platón, que vivió casi un siglo después de Pitágoras, se vio influido por la visión que tenía éste de una Tierra viva. En el *Timeo*, Platón proclama que la Tierra misma anima toda la vida que hay en el planeta, por medio de una inteligencia cósmica, que no son los Dioses del Olimpo quienes la animan. El mundo es «ese Ser Vivo del cual todos los demás seres vivos son individual y genéricamente porciones».[89] Del mismo modo que la vida humana emana de la vida de la Tierra, también nuestras almas emanan del alma del mundo. «¿De dónde puede haber recibido su alma un cuerpo humano si el cuerpo del mundo no posee alma?», escribe Platón.[90] Creía que toda la vida que había sobre la

Tierra se hallaba en relación de interdependencia con la vida de ésta, formando una unidad planetaria simbiótica. Esta unidad aparece formulada más concretamente en las meditaciones geománticas de *Las leyes*: «Algunas localidades tienen una tendencia más acentuada que otras a producir mejores o peores hombres. Las más acentuadamente conspicuas de todas serán las localidades que constituyen los hogares de algunas influencias sobrenaturales, o las guaridas de espíritus que tributan una acogida graciosa o no graciosa a sucesivos conjuntos de pobladores».[91] Una vez más vemos la interacción de la mente con el paisaje. Esta interacción, sin embargo, no es unidireccional, sino recíproca: «La Tierra, siendo tu madre, te parió», comenta Platón en *La república*. «Ahora, como si tu tierra fuera tu madre y nodriza, deberías pensar en ella.»[92]

Según Teofrasto (371-288 a. de C.), filósofo que estudió tanto con Platón como con Aristóteles en Atenas, hay un entorno óptimo para cada organismo vivo, un *oikos topos* que proporciona la combinación de nutrimento, seguridad y bienestar más beneficiosa para la supervivencia.[93] *Oikos* es la raíz de la palabra griega que significa «ecología», el estudio de las interacciones armónicas entre organismos y entorno. La ecología fue reconocida como la dimensión biológica de la geomancia.

Los romanos heredaron de los griegos un respeto profundo a la Tierra. El gran orador Cicerón proclamó que «el mundo es un ser inteligente y, de hecho, también un ser sabio».[94] El filósofo neoplatónico Plotino revivificó la doctrina platónica de un alma del mundo o *anima mundi*, y el historiador Tácito comentó que la Madre Tierra era la «deidad que todo lo gobierna, a la cual todo lo demás se somete y obedece».[95]

El *onfalos* u ombligo romano del mundo estaba situado en el templo de Vesta, en el Foro romano. Su santuario era el más sagrado de la religión romana. Vesta es la versión latina de Hestia, una de las Diosas griegas más antiguas. Hestia simbolizaba el hogar, la chimenea, el centro del domicilio de todas las familias, en realidad su ombligo personal de la Tierra. La chimenea era el eje en torno al cual giraba la familia para obtener calor, luz, cocinar, comer, descansar y contar relatos. La palabra inglesa *hearth*, que significa «hogar», es otra forma de *earth*, que significa «tierra»: *(h)earth*.

Numinosidad

Al igual que otras gentes de la Antigüedad, los romanos creían en una fuerza vital sobrenatural que identificaban con la palabra *numen*. Análoga al *mana* de los melanesios o al *orenda* de los iroqueses, no se trata de una deidad, pero las deidades la poseen. Aunque puede emanar de dioses o diosas, no es exclusivo de unos ni otras. Confiere cualidades excepcionales a los hombres y las mujeres.

El *numen* es también la esencia del intangible espíritu del lugar, el aura cargada de los lugares de poder. El astrólogo y poeta Manilio, contemporáneo de Tácito, escribió que Hesíodo cantaba «los dioses de los bosques y las *numina* sagradas para las ninfas».[96] El estudioso del período clásico H. J. Rose sugiere que sólo puede referirse al hecho de que los lugares silvestres donde se creía que vivían las ninfas y sus equivalentes italianas estaban también bañados de *numen*.

El biógrafo Plutarco señaló que estos lugares numinosos, las regiones silvestres alejadas de toda habitación humana, donde nada perturbaba la naturaleza, eran esenciales para la vitalidad del resto de la Tierra. El *numen* rezuma la atmósfera de «el otro mundo». Ovidio, el poeta romano, describió un antiguo bosquecillo de encinas en el monte Aventino de la capital «al ver las cuales, podrías decir: "aquí hay *numen*"».[97]

En primavera se hacían ofrendas a la Tierra Diosa, Tellus Mater. Se creía que ésta daba una cantidad inimaginable de *numen* para la fertilidad de los terrenos agrícolas, de modo que era juicioso cuidarla de manera solícita y reverente. Rose subraya que Tellus no era una «personificación abstracta del planeta en que vivimos, sino en mayor medida la propietaria del *numen* de las porciones de superficie que cultivaban los agricultores de habla latina».[98] Se hicieron tratados con naciones extranjeras en los cuales los dignatarios italianos primeramente se purificaban y adquirían energía tocando con la cabeza el suelo cargado de *numen* de la ciudadela romana. Así pues, la idea de una Tierra viva la reconocían y honraban los romanos en muchos aspectos de su vida, desde el sentido misterioso de la naturaleza hasta la agricultura y la política.

Cristianismo

La génesis del cristianismo en Oriente medio y su posterior propagación a la antigua Europa y al resto del mundo alteraron por completo la forma en que se consideraba el espíritu de la Tierra y produjeron una oleada de juicios morales contra todo lo que las tradiciones de la Diosa tenían por sagrado. Siguiendo al judaísmo, del cual nació, el cristianismo ortodoxo procuró mantener la separación entre la creación y el creador. Cuando hay una división religiosa de esta magnitud, se olvida la mística de la participación y la comunicación de estado cruzado con la naturaleza.

El apóstol Pablo enseñó que el mundo natural había caído en el pecado junto con la humanidad y necesitaba ser redimido por la gracia salvadora de Cristo. El reino de la materia en la naturaleza se consideraba un impedimento para el espíritu. La vida en la Tierra no era más que un alto en el camino que llevaba a la absolución del pecado original. Esto se debía a que el cristianismo, tal como comentó la educadora Dolores LaChapelle, «enfocaba los finales de las cosas, prefiriendo concentrarse en el "ideal" de la vida después de la muerte en un estado perfecto llamado cielo. La vida en este "plano del ser" era transitoria, sin importancia, incluso ilusoria; por lo tanto, la tierra misma se volvía prescindible, carente de valor real, permitiendo así la explotación total de la naturaleza».[99]

Este énfasis en la vida futura aislaba la fase de final estático de una progresión lineal hacia la salvación que no era parte integrante del arcaico ciclo de nacimiento, vida, muerte y regeneración. La fragmentación del ciclo continuo de la existencia contribuía a la incipiente amnesia geomántica con la cual la humanidad empezaba a librarse de los ritmos planetarios primordiales. El psiquiatra George Talland definió la amnesia diciendo que era «el cierre prematuro de un ciclo de búsqueda».[100] Aunque lo que hacía era dar una descripción clínica moderna de esta dolencia, nos permite ver por dentro la psique colectiva de este tiempo de transición. Debió de resultar muy turbador para muchos cristianos primitivos, en especial los que vivían en el campo y continuaban estrechamente aliados a las antiguas tradiciones de la Tierra.

Para los creyentes más ortodoxos, los lugares sagrados precristianos, tales como los círculos de piedra, las piedras verticales y los terraplenes, eran recordatorios de una visión contraria del mundo, y más adelante serían clasificados nuevamente como obras del diablo. Se talaron bosquecillos de árboles sagrados a los que se veneraba. Sin embargo, resultó imposible borrar totalmente los monumentos antiguos. Una estrategia más prudente consistía en tomar los lugares sagrados, los templos y festividades del mundo antiguo y meterlos en el redil del cristianismo. Era una forma sutil de conquista espiritual, en la cual el lugar o el momento original seguía considerándose sagrado, al mismo tiempo que la tradición cristiana absorbía los antiguos espíritus y deidades. Los ritos arcaicos de la Tierra se consideraban paganos («del campo», dando a entender que eran religiones precristianas de la naturaleza) y no se fomentaban. De esta manera, al propagarse la nueva religión urbana, el antiguo vínculo con la Tierra se disolvió gradualmente.

Una de las obras tardías de Plutarco fue un lamento titulado *La decadencia de los oráculos*, y en ella se narra una historia sobre un barco que pasa cerca de unas islas próximas a Grecia. Cuando de repente la nave se detuvo por falta de viento, se oyó una voz misteriosa que decía: «El Gran Pan ha muerto». Plutarco relata también que al mismo tiempo los druidas de Britania vieron portentos, incluyendo vientos violentos y relámpagos, lo cual indicaba que «una de las Almas Poderosas había caído. Su tránsito y disolución fomentan las tempestades y las tormentas y a menudo infestan el aire de pestilencias».[101] Sin reciprocidad humana, los espíritus del lugar existen en realidad en un estado de animación suspendida hasta que se les vuelve a reconocer.

Así empezó a ponerse el sol en el entorno interactivo consciente de la Diosa. Este desacoplamiento gradual hizo que la humanidad civilizada se diera cuenta de que ya no estaba «fuera» del tiempo de la Tierra. Se impuso la sensación de estar atrapados entre dos tiempos: la nostalgia del pasado y la promesa de redención futura.

Un cambio de mente

El Occidente cristiano, h. 400-1180

La victoria religiosa y política del cristianismo en Europa infligió una herida grave, aunque no fatal, al conjunto de creencias en un planeta vivo, madre de toda vida.

El cristianismo surgió como una religión claramente urbana que, pese a ello, tomaba prestados muchos mitos y símbolos de numerosas religiones paganas con las que compartía el escenario mediterráneo en aquellos embriagadores tiempos de ruptura temporal y espiritual.[1] A medida que fue institucionalizándose, la nueva religión se apoyó en dos columnas principales: la redención por parte de Cristo de una humanidad inherentemente pecadora, y el mundo mismo como lugar de infelicidad que debíamos soportar hasta llegar a Dios, muy alejado del vil mundo material.

A este Dios nuevo se le veneraba en capillas oscuras en vez de al aire libre y, desde luego, no se le rendía culto bailando en los bosques o en los campos a la luz de la luna. Los placeres de esta vida, de este cuerpo y de esta Tierra eran, en el mejor de los casos, distracciones que apartaban nuestra mente y nuestra alma de su objetivo real. La sexualidad dejó de ser uno de los misterios que se encontraban en el centro de la vida y se degradó, como también se degradó el cuerpo, hasta quedar reducida a la condición de lamentable pero necesario medio de procreación. De hecho, la indiferencia, cuando no la franca hostilidad, ante los aspectos gozosos y celebrantes de la sexualidad fue fruto de una teología que ya no se centraba en la Tierra viva, toda vez que una Tierra a la que se consideraba madre fecunda, por fuerza colocaba la procreación y el placer cerca del centro tanto del mito como del culto. Una queja constante que los primitivos cristianos dirigían contra los paganos, y que también expresarían los misioneros cristianos que más adelante se dedicaron a hacer proselitismo y sojuzgar al pueblo natural y su religión en Irlanda, África, América del Norte y del Sur, Asia y otras partes a lo largo de los siglos, era que los no cristianos actuaban de modo «pecaminoso» al celebrar las bendiciones de la vida.

A un nivel muy básico la teología cristiana mermó la creencia en una naturaleza viva al reconceptualizar la estructura subyacente del tiempo. Los ciclos de la naturaleza –las estaciones, las mareas y las etapas de la vida humana– seguían existiendo como realidad física para la mayoría de la gente, pero el tiempo de la teología era ahora un proceso de una sola dirección, de la creación al apocalipsis, puntuado, desde luego, por la encarnación divina en Belén. Para los cristianos, el tiempo real, el tiempo de su fe, se hallaba ahora seriamente descoyuntado respecto del tiempo de la naturaleza.

Todo esto lo vemos muy claramente en uno de los textos centrales que aparecieron cuando la Iglesia se convirtió en religión oficial del decadente Imperio romano: *La ciudad de Dios*, de Agustín..., empezada en el año 410, tras la caída de Roma en poder de los godos, y terminada en el 426, justo cuando la ciudad del propio Agustín, Hipona, estaba a punto de ser ocupada por los invasores vándalos. Significativamente, el subtítulo de la obra era *contra pagani*, es decir, contra los paganos. Después de condenar la idea blasfema e irreligiosa de que «Dios es el Alma del Mundo» y de que, por consiguiente, el mundo es para Dios «como el cuerpo es para el alma», tachándola de herejía terrible que no deja absolutamente nada «que no sea parte de Dios», Agustín pone mucho cuidado en explicar que «la tierra es la obra de Dios, no su madre».[2]

De modo parecido, aunque el cuerpo no se creó para que fuese la cárcel del alma, en realidad se ha convertido en eso desde la Caída. Para Agustín, «el alma hace la guerra con el cuerpo», nuestra carne ha «recibido el castigo que merecía...». Agustín estaba divorciado de la naturaleza de modo tan extremo que, de hecho, comentó con aprobación que el Génesis dice «Y vio Dios que la luz era buena», después de la creación de la luz, mientras que el advenimiento de la oscuridad o la noche no es objeto de semejante aprobación: la noche oscura estaba asociada, no sólo con los ángeles caídos, sino con el mal en general.[3]

Una segunda enseñanza de la primitiva Iglesia romana que también es contraria a la idea de una Tierra viva arraigó en los años posteriores a 553, cuando el Concilio de Constantinopla supuestamente anatematizó las enseñanzas de Orígenes (183-253 o 254 d. de C.), en especial su teoría relativa a la preexistencia del alma. Recientemente los estudiosos han demostrado que el ataque contra Orígenes no obedecía en realidad a una postura oficial de la Iglesia, pero durante los catorce siglos siguientes se pensó que sí, y la asociación histórica entre las teorías de Orígenes y la herejía que negaba la divinidad de Cristo, hacía improbable que fuera fácil reconocer el error.[4] Y si el alma no puede preexistir, entonces las ideas referentes a las vidas previas o futuras –esto es, las ideas acerca de la reencarnación– son parecidamente falsas. Aceptada por muchos cristianos primitivos y ocupando un lugar central en numerosas culturas preindustriales, la creencia en la reencarnación generaba un vínculo importantísimo entre las personas y la Tierra. Los pueblos primitivos resantificaban una y otra vez su tierra al enterrar los huesos de sus parientes en el suelo que literalmente contenía las raíces de su familia. En cambio, si la vida en la Tierra no es más que una etapa que debemos soportar antes de alcanzar nuestra meta real en la otra vida, entonces poco importa que se honre la tierra, o que se la considere de nuestra carne y nuestros huesos.

Con todo, la creencia religiosa se resiste a morir, especialmente si está arraigada en las experiencias cotidianas de quienes viven inmersos en los ciclos de la naturaleza. A pesar de una incompatibilidad aparente entre creer en una Tierra viva y la teología cristiana, estos dogmas permanecieron bastante extendidos durante toda la Edad Media. Por supuesto, las ideas referentes a una naturaleza viva fueron suavizadas hasta quedar reducidas a pálidos reflejos de las tradiciones paganas originales, y a veces continuaron vivas sólo en el simbolismo de un rito de la recolección celebrado durante siglos en alguna roca o manantial; en tal caso, es difícil saber cuántos de los participantes en dicho rito hubiesen podido expresar de forma coherente su creencia en la Tierra viva. En otros casos, el sustrato de una naturaleza viva, animada –supuesta más que expresada de modo explícito– habría sido muy obvio para virtualmente todos los que la practicaban (como, por ejemplo, en la alquimia). Desaprobada, tachada de herética y practicada a menudo bajo la amenaza de horribles torturas y ejecuciones, la tradición pagana tuvo que ocultarse.

Está muy claro que los Padres de la Iglesia consideraban que su lucha contra las tradiciones paganas era continua. Por consiguiente, aprendieron a reconocer sus señales y, a menos que por razones estratégicas fuera necesaria una componenda, no escatimaban recursos para acabar con ellas. Parece insinuarse una componenda, por ejemplo, cuando el papa Gregorio I escribió al abad Mellitus en el año 601 diciéndole que, en lugar de destruir los templos paganos que había en Inglaterra, los cristianizase. Aunque Gregorio se refirió principalmente a la conveniencia de no duplicar «templos bien construidos», no podía por menos de saber que estaba generalizada la creencia de que los cultos, las celebraciones y las curaciones tradicionalmente tenían lugar en determinados lugares donde las energías vivificadoras de la Tierra Madre eran especialmente accesibles y poderosas. Estos lugares no podían pasarse por alto; su poder debía desviarse hacia el cristianismo como parte de los esfuerzos encaminados a «asumir el control espiritual del país».[5]

Un par de siglos después, en el Concilio de Nantes, se condenó la costumbre de venerar piedras en las ruinas; a los que no destruyeran tales «ídolos» se les consideraría culpables de sacrilegio.[6] No obstante, en muchos de ellos el culto ha continuado hasta los tiempos modernos. Informes procedentes de las islas británicas, Italia, el sur de Francia, Hungría, Alemania y otras partes, indican que los cultos a las piedras continúan y están extendidos; junto con el gran número de rituales en los que intervienen imágenes de fertilidad en pozos santos, manantiales igualmente santos, bosquecillos sagrados o alrededor de árboles de mayo, a menudo asociados con una figura «de Diana», estos incidentes demuestran bien a las claras la persistencia de tradiciones antiguas.[7]

Entre las místicas cristianas de la Baja Edad Media una tradición más antigua, la que consideraba que la Tierra era la madre, también conservaba su fuerza. Por ejemplo, Hildegarda de Bingen (1098-1179), de Renania, en su poema *Cosmos: la manifestación de Dios* escribe que la Tierra es «... la madre de todos, pues contiene las semillas de todo».[8] Añade que la Tierra es «la materia carnal de las personas, a las que nutre con su savia, del mismo modo que una madre alimenta a sus hijos o hijas».[9] Empleando imágenes que revelan la asociación entre esta Tierra viva y la preocupación por la fertilidad y el placer sensual que ocupaba el centro de su culto, Mechthilda de Magdeburgo (1210-1280), también de Renania, afirmaba que su alma era amada por Dios «con gran pasión en el lecho del amor».[10]

Los que leían las obras de los grandes filósofos de la Grecia clásica (conocidos de forma bastante imprecisa en Occidente hasta el siglo XII) veían corroborada muchas veces la idea de que la Tierra era de naturaleza orgánica. Como hemos visto, para los estoicos, Platón y los neoplatónicos, la Tierra era un animal y era posible entenderla fisiológicamente. Aristóteles, el alumno de Platón, basó su cosmología y su física en categorías que eran vitales, como, por ejemplo, en sus explicaciones de la caída de los cuerpos pesados, ideas que Agustín utilizaría más adelante. A diferencia de Platón, en su análisis del mundo Aristóteles hacía hincapié en sus cambios, su mutabilidad y su crecimiento.

Una de las primeras señales del expansionismo que sumergiría a la historia y el devenir de Occidente apareció cuando la Iglesia romana convocó una cruzada para reconquistar Tierra Santa, que estaba en poder de los musulmanes. Esa cruzada y otras posteriores desataron fuerzas poderosas que transformarían el mundo durante muchos siglos. Significativamente, al convocar la primera cruzada en 1095, el papa Urbano II repitió otra pretensión procedente de la Antigüedad: que Jerusalén era el *umbilicus terrae* como decía la Vulgata, la versión latina de la Biblia. El papa afirmó que la cruzada era necesaria porque «Jerusalén es el ombligo del mundo, una tierra que... el Redentor de la humanidad iluminó con su llegada».[11]

El Occidente cristiano, h. 1180-1600

Tres campos de creencias o costumbres bastante extendidas en la Baja Edad Media tenían en su centro la creencia en una naturaleza viva: la tradición de las gemas, los cristales y otras piedras; la alquimia, y ciertas costumbres geománticas que se seguían al elegir el lugar y el trazado de los edificios sagrados.

Según una obra del siglo XI, el ágata posee ocho virtudes principales, entre ellas la de proteger de las serpientes, las brujas, los demonios ocultos, los truenos y las enfermedades; los zafiros, según una obra del siglo XIII, impedían la pobreza.[12] Los poderes concretos de determinadas gemas o piedras procedían de una compleja membrana de interrelaciones que en esencia se derivaban del cosmos vivo del cual formaban parte.

De modo parecido, las prácticas alquímicas presuponían una matriz viva de la cual habían salido todas las sustancias.[13] Por ejemplo, era común que las venas que cruzaban la Tierra y por las que circulaban el agua y las «semillas» de los metales y de las sustancias químicas se comparasen, como en los textos antiguos, con las venas por las que circulaba la sangre en el cuerpo humano y el de los animales. El alquimista ayudaba a dar a luz sólo lo que se había llevado a término dentro del «útero» de su retorta, según una metáfora popular, aunque es indudable que el partero alquímico procuraba acelerar el proceso de las transmutaciones materiales (y espirituales). No sólo constituyen el contexto las maneras en que funcionan los seres vivos, sino que varias de las prácticas del laboratorio alquímico también suelen explicarse utilizando los términos y las imágenes propios de hacer el amor.

Finalmente, no era raro que los arquitectos y los constructores de las catedrales medievales actuasen dentro de una tradición oculta de geomancia. Por ejemplo, la catedral de Chartres, centro de teología neoplatónica,[14] se proyectó de esta manera. El lugar donde debía construirse un edificio sagrado se escogía empleando técnicas de zahorí, basándose en portentos soñados o recurriendo a otros medios de adivinación. Como hemos visto en el capítulo 1, estas tradiciones también surgieron del sentido de una Tierra viva, animada, de la cual seguirían siendo conscientes los geománticos medievales, incluso cuando trabajaban ateniéndose a una visión mística específicamente cristiana.

Desde luego, no es verdad que la alquimia existiera como disciplina totalmente aparte de la geomancia o de las tradiciones de la magia de las gemas, y que quienes la ejercían no compartieran algunas leyendas, vocabularios, textos y prácticas. Tampoco es cierto, sin embargo, que estos vestigios de la antigua tradición pagana que usaban los geománticos, los alquimistas y los magos –y las brujas o los campesinos que celebraran los antiguos rituales del calendario en torno a un árbol de mayo– representen verdaderamente un culto que perdura, aunque de forma clandestina, menos visible. Algo tangible se ha roto: la tradición de la Diosa ha desaparecido o pende de un hilo finísimo, y muchos de los que continuaron sus rituales desconocían todo o casi todo su significado o su contexto original.

Pero no cabe duda de que había lugares donde una tradición familiar continua pervivió a lo largo de los siglos, y otros donde del tejido original de las enseñanzas mágicas quedó lo suficiente para ofrecer una imagen realista de las antiguas creencias. En algunos casos, los antiguos símbolos se usaban de modo tan consciente que nos damos cuenta de que lo que se invoca es un aspecto claramente reconocible de la Diosa de la Antigüedad, junto con su asociación con una Tierra viva. Por ejemplo, *Sir Gawain and the Green Knight*, el texto clásico inglés de la Baja Edad Media, es una aventura que nos habla de sir Gawain, que representa a la corte cristiana del rey Arturo, y del Caballero Verde, que procede de una corte pagana.[15] El Caballero Verde es el consorte de una dama, a la que luego se identifica como Morgana LeFay, que aparece vinculada explícitamente a la brujería y a la que en determinado momento llaman «diosa». Utilizando de forma consciente diversos símbolos de la antigua Diosa, este autor cristiano desconocido invocaba de modo explícito los temas, las asociaciones y los valores del paganismo antiguo para comentar la corte cristiana de Arturo.

Otros ejemplos de la utilización consciente de símbolos explícitos que datan de tales tradiciones antiguas se encuentran en las tallas de numerosas iglesias inglesas en las que aparecen mujeres mostrando una vulva exagerada, a veces al lado de figuras masculinas con el pene erecto. En la mayoría de los casos, estas tallas datan del período comprendido entre los siglos XI y XV.[16] Según Brian Branston, se denominan *sheela-na-gigs*, y su número, su distribución y su variedad dejan pocas dudas de que no se trata simplemente de un fenómeno céltico, sino que están más enraizadas en la cultura medieval inglesa.[17] En este contexto es interesante señalar que en 1263 la Iglesia inglesa intentó poner coto a la costumbre de elaborar las hostias con forma de testículos.[18]

También se encuentran en las iglesias construidas antes del año 1500 tallas de cabezas cuyo pelo tiene forma de follaje verde. Estas cabezas tienden a prestar fe a la conclusión de Branston:

[Hubo] desde los tiempos más antiguos, entre los campesinos ingleses, veneración por una figura femenina con un órgano sexual exagerado... la figura es pagana, pero colocada firmemente en el centro del culto cristiano, la iglesia, y, por lo tanto, es numinosa o divina...

[La] *sheela* [es] la representación real de la Gran Diosa Tierra Madre en suelo inglés. [Es] sorprendente... que el «ídolo» conserve tan claramente características que se remontan a... la edad de piedra.

A decir verdad, los intentos de eliminar tales figuras han provocado protestas de los miembros de la Iglesia y, en un caso, la sustitución de las *sheelas*.[19]

La Reforma protestante y la Contrarreforma católica del siglo XVI crearon un nuevo contexto social e ideológico para debatir el asunto de la magia, y, por extensión, el de la vida de la naturaleza. Una acusación importante que los protestantes hacían a los católicos era que el dogma católico se basaba mucho en la magia; el sacramento de la misa era un ejemplo obvio de ello. Porque, si bien la Iglesia católica en general condenaba la magia, la función del sacerdote era precisamente ser recipiente de poder mágico. Según la Iglesia, sin embargo, el sacerdote –a diferencia del hechicero– era un agente autorizado de Dios. Muchos reformadores protestantes pusieron grandes reparos a las semejanzas con la idolatría pagana. Los católicos, a su vez, adoptaron una actitud defensiva y al principio negaron las acusaciones e intentaron atenuar algunas prácticas eclesiásticas; pero luego acusaron a algunos líderes de la Reforma de practicar la magia. La época no era precisamente propicia para que los filósofos naturales, fuesen católicos o protestantes, propusieran especulaciones basadas en conceptos animistas.[20]

Los decenios de guerra entre países protestantes y católicos que dominaron la historia de Europa en la Edad Moderna, así como las devastadoras luchas y guerras civiles que estallaron en muchos países europeos debido a la pugna entre católicos y protestantes, surtieron un efecto profundo en las ideas relativas al mundo. Las matanzas y la devastación hicieron que algunas personas, sobre todo entre la intelectualidad, mirasen con suspicacia el dogma religioso, o incluso que lo rechazaran, y a finales del siglo XVI y comienzos del XVII provocaron una oleada de escepticismo contra las creencias en general. Los filósofos del siglo XVII exigían con impaciencia criterios nuevos, para que las simples creencias pudieran sustituirse por conocimientos ciertos e inequívocos. Era éste un hilo central que atravesaba las obras de Francis Bacon, Galileo, René Descartes e Isaac Newton, entre muchos otros. Su búsqueda acabaría conduciendo a dar importancia al conocimiento objetivo, independiente. Finalmente se decidió que tal conocimiento sólo podía basarse en la forma, el tamaño y la movilidad (características cuantitativas y espaciales) de los supuestos átomos y moléculas minúsculos que había debajo de todos los fenómenos.[21] Estos cambios de pensamiento resultaron casi fatales para la idea de una Tierra viva.

Europa, h. 1600-1750

Hacia 1600 seguía estando muy extendida la creencia de que la Tierra era un ser vivo. Sin embargo, en las postrimerías del siglo XVII las personas cultas de Inglaterra y de extensas regiones de Europa estaban seguras de que el planeta no era más que una masa de materia muerta, punto de vista que de modo persistente quisieron imponer a todos los demás habitantes de Europa y del resto del mundo. La esencia de toda esta materia era su inercia; según la filosofía mecánica del siglo XVII, la medida cuantitativa de su «materia y movimiento» explicaba totalmente las propiedades de cualquier sustancia.

Fueron la revolución científica y especialmente las teorías de sir Isaac Newton (que comentaremos más adelante en este capítulo) las que aportaron la estructura intelectual para lo que dio en llamarse el «universo mecánico». Pese a ello, se da la circunstancia paradójica de que durante la mayor parte de su vida el propio Newton continuó creyendo que la naturaleza y la Tierra estaban vivas. Era una opinión que no se atrevió a hacer pública, como veremos, debido a sus asociaciones con ideas que, durante la guerra civil inglesa, habían formado una parte significativa del arsenal ideológico de los líderes de las apropiaciones de tierras y los movimientos campesinos contra la desecación de los pantanos, la despoblación forestal, etcétera.

De hecho, desde la Antigüedad, pero con mayor frecuencia desde la Reforma, periódicamente han surgido movimientos «entusiásticos», imbuidos de una visión milenaria y una política insurreccional que no respetaba ninguna autoridad salvo su propia «voz interna», inspirada por la divinidad. Algunos de estos movimientos, tales como los cuáqueros, han logrado llegar hasta nuestros días y adquirir una base institucional; pero en un principio los cuáqueros habían sido una solución intermedia que nació después de los tiempos más turbulentos, menos acomodaticios, de la guerra civil inglesa, cuando a tales grupos se les empezó a poner la etiqueta de «entusiastas». En el curso de la historia, estos grupos entusiásticos han atemorizado a las autoridades. Y muchos de ellos han tenido sus raíces en alguna forma de magia.

En el período anterior a la revolución científica Inglaterra se estaba convirtiendo en una de las primeras naciones-estado, además de separándose de la Iglesia católica romana. A raíz de la ruptura de Enrique VIII con Roma en 1534, la disolución de los monasterios produjo especulaciones con la tierra como jamás se habían visto en el período feudal. El fenómeno fue catastrófico para las clases bajas.

Gran parte de las tierras comunales que tradicionalmente usaban los campesinos para recoger leña, cultivar pequeños huertos o apacentar el ganado empezaron a «cercarse», las más de las veces con el propósito exclusivo de criar ovejas para la industria lanera, que estaba en expansión. Muchísimos campesinos se vieron apartados de sus habituales fuentes de alimentos y calor y ello les obligó a abandonar sus tierras. Se unieron a las masas de otros campesinos expropiados, junto con gran número de las que se ha dado en llamar «gentes sin amo» –mendigos, vagabundos, inmigrantes, proscritos, peones errantes–, que, a comienzos del decenio de 1600, pasaban gran parte de su tiempo al margen de la sociedad, a menudo en los bosques.[22] Sin embargo, los propios bosques habían sufrido ataques debido a que se necesitaba madera para los contrafuertes y las vigas de las minas de carbón, o para construir barcos destinados a la creciente flota de guerra, mercante y pirática de Inglaterra (categorías que en modo alguno eran independientes unas de otras en aquel entonces). Los bosques de Inglaterra, que ya eran escasos, se iban agotando con rapidez, y había presiones para que se expulsara a quienes los ocupaban ilegalmente.[23] Otras partes del campo se veían afectadas de modo semejante por la aparición, en los siglos XVI y XVII, de las primeras empresas importantes de Inglaterra con organización capitalista: producción centralizada, inversiones a gran escala y avanzada división del trabajo.[24]

Tal vez el efecto que todo esto surtió en la población rural se vería de forma más clara si examináramos la explosiva ascensión de la industria británica del carbón.[25] En el siglo XVI la limitada provisión de madera que había en Inglaterra ya se encontraba al borde del agotamiento; durante el siglo siguiente se mandaron expediciones a Irlanda y el Canadá, para que talaran bosques extensos, pero, debido al crecimiento de la industria artesanal y de las necesidades de calefacción doméstica, cada vez era más necesario excavar en busca de carbón, que por suerte abundaba en el país. De modo que excavaron. Desde el decenio de 1560 hasta el de 1680, por ejemplo, los envíos de carbón de Newcastle se incrementaron de 33.000 a 620.000 toneladas anuales, lo que equivale a casi veinte veces en sólo doce decenios. Las minas eran cada vez más profundas y se abrían nuevos pozos; los propietarios construían maquinaria más voluminosa y complicada y obligaban a sus mineros, muchos de los cuales procedían de la campiña circundante, a trabajar con mayor ahínco y más tiempo. Los nuevos métodos mineros eran costosos: en 1700 no era extraño gastar dos mil libras para llegar a una veta. El propietario de una mina pagó veinte mil libras para instalar tubos de desagüe y evitar así inundaciones.[26] Estas inversiones exigían que los recursos se usaran de modo «eficiente», sobre todo los recursos humanos, esto es, la gente que trabajaba en las minas. De resultas de ello, aumentó el número de personas que padecían enfermedades debilitadoras a largo plazo y también el número de accidentes fatales.[27]

En Inglaterra era el carbón; en Alemania y otros países del continente, los metales preciosos y los metales para la guerra. Pero la minería estaba en expansión en todas partes, incluso en el Nuevo Mundo, donde los conquistadores españoles obligaban a los indios a penetrar en la Tierra para sacar tanto oro y tanta plata como pudiesen y luego enviaban estos metales a Europa para costear el incremento de su comercio con Asia.

Para las personas que creen que la Tierra está viva, es tradicional que la minería tenga una importancia simbólica tremenda, y si se practica, suele ser con cierta reverencia o incluso de mala gana.[28] Un indio americano explicó por qué le repugnaba tanto la minería:

¿Me pedís que excave en busca de piedras? ¿Debo excavar debajo de la piel [de mi madre] en busca de sus huesos? Entonces, cuando muera no podré entrar en su cuerpo para nacer otra vez.[29]

En su libro *Re-enchantment of the world*, Morris Berman comenta que hasta el siglo XV «la apertura de una nueva mina iba acompañada de ceremonias religiosas, en las cuales los mineros ayunaban, rezaban y cumplían determinados ritos».[30] A veces los rituales mineros solicitaban simbólicamente permiso a la Tierra para sacar sus minerales y tesoros, del mismo modo que el cazador indio americano pedía al espíritu de un animal que entregase su vida para que los seres humanos pudieran comer. En otras ceremonias los mineros se comprometían a extraer únicamente determinadas cantidades, o se hacía una ofrenda simbólica, por ejemplo de alimentos o un objeto valioso, a cambio de lo que se extraería. Pero, obviamente, estos compromisos y las actitudes de respeto a la Tierra que en ellos se reflejan eran anacrónicos en una época durante la cual cada año salían de Newcastle más de seiscientas mil toneladas de carbón. Si se quería explotar un número máximo de vetas, un número que dictaban exclusivamente las condiciones del mercado y el transporte de que se disponía, había que terminar con semejantes actitudes.

En la Inglaterra del siglo XVII, según Christopher Hill, «virtualmente toda la industria consistía en recolectar y tratar productos naturales».[31] El crecimiento de la minería, de la silvicultura y del comercio lanero significó que por primera vez en la historia de Inglaterra nuevas formas de actividad económica se basaban en ver la Tierra principalmente como fuente de beneficios.

Esta nueva actitud tuvo una repercusión brutal en la naturaleza. No debe extrañarnos, por lo tanto, encontrar protestas de aquel tiempo contra el punto de vista de que había que saquear la Tierra en busca de sus riquezas. Ya a finales del siglo xv se escribió una alegoría que revelaba las opiniones vehementes que los efectos de la minería en las tierras de labranza de Lichtenstadt, en Sajonia, despertaban en las gentes del lugar. En esa obra, la Madre Tierra presta declaración como demandante después de presentar cargos de matricidio contra un minero. En apoyo de su demanda, llama a las deidades paganas en calidad de testigos periciales:

> Baco se quejó de que arrancaban sus vides y las arrojaban a las llamas y que profanaban sus lugares más sagrados. Ceres... de que devastaban sus campos; Plutón, de que los golpes de los mineros resuenan como truenos en las profundidades...; la náyade, de que desviaban sus aguas subterráneas y sus fuentes se secaban; Caronte, de que las aguas de bajo tierra habían disminuido tanto que [su barca] no podía llevar las almas al reino de Plutón, y los faunos protestaron diciendo que los carboneros habían destruido bosques enteros para fundir la mena que extraían los mineros.[32]

Respondiendo a esta protesta y a otras, se publicaron apologías de la minería, la más famosa de las cuales es la de Georgius Agrícola. Su tratamiento enciclopédico de los diversos aspectos de la práctica y la tecnología mineras, *De re metallica* (1556), empieza hablando de los temores de que la minería fuera peligrosísima. Agrícola reconocía que la gente afirmaba que la minería era una ocupación llena de peligros, pero (utilizando un estilo que todavía emplean los directivos) echa la culpa de los mismos a los descuidos de los trabajadores de las minas. Agrícola también aceptaba las quejas en el sentido de que la minería devastaba el aire, el suelo y el agua –«... cuando se han lavado las menas, el agua utilizada para ello envenena los arroyos y riachuelos, y mata a los peces o los ahuyenta»–, pero su respuesta consistió simplemente en decir que sin la riqueza y los materiales extraídos del suelo la civilización sería imposible. Además, las minas tienden a estar situadas en montañas o valles por lo demás improductivos o «revestidos de lobreguez», de modo que todos los daños que se causen serán de poca importancia.[33]

Por supuesto, las radicales transformaciones de índole social y natural que tuvieron lugar a lo largo y ancho de Europa en la Edad Moderna no fueron inocuas. Proliferaron los levantamientos campesinos y los movimientos de plebeyos urbanos imbuidos de resentimiento clasistas y, a veces, de creencias igualitarias, frecuentemente entre las clases más perjudicadas por las nuevas políticas agrarias. En 1578, por ejemplo, los campesinos católicos y protestantes de Provenza se unieron para quemar castillos y matar a los nobles. Anteriormente, en las guerras de los campesinos que hubo en Alemania en 1525, uno de los asuntos centrales fue la expansión de los privilegios de los terratenientes a costa de los derechos tradicionales de los campesinos.[34]

En la primera mitad del siglo XVII, Inglaterra tuvo una serie de malas cosechas que afectaron de modo especial a los pobres.[35] Hubo numerosos disturbios contra el cercamiento de tierras y también rebeliones contra la desecación de los pantanos. Fue en cuanto líder de esta resistencia como Oliver Cromwell, «señor de los pantanos», empezó a ser conocido.[36] En el distrito quesero de Wiltshire, el condado donde están Avebury y Stonehenge, la despoblación forestal provocó actos de violencia. En Buckinghamshire, «actos tumultuosos» que duraron de 1647 a 1649 amenazaron con derribar las cercas. Gerrard Winstanley, el *Digger*,* condujo a varios peones al terreno comunal de Saint George's Hill el 1 de abril de 1649, para abonarlo y cultivarlo, con la idea de que «la Tierra debería hacerse tesoro común de vida para toda la humanidad».[37]

Refiriéndose a sociedades agrícolas tradicionales, especialmente en Inglaterra, Janet y Colin Bord han comentado que la «importancia de [la época de la cosecha] nos la demuestra la naturaleza generalizada de las costumbres y los rituales que tienen relación con ella, así como su vitalidad. La mayoría de estas costumbres y estos rituales no desaparecieron hasta que las máquinas se encargaron de la recolección, e incluso ahora quedan vestigios». Citan el ejemplo que el folclorista Alexandre Carmichael observó en las Tierras Altas y las islas de Escocia:

> El día en que la gente empezó a recoger el maíz fue un día de conmoción y ceremonial... La familia entera se presentó en el campo luciendo sus mejores vestidos para saludar al Dios de la cosecha. Colocando su boina en el suelo, el padre de familia tomó su hoz y, colocándose de cara al sol, cortó un puñado de maíz. Pasándose el puñado de maíz tres veces alrededor de la cabeza, en dirección al sol, el hombre pronunció el saludo que llaman *Iolach Buana*.[38]

Al estallar la guerra civil inglesa en 1642 y producirse el derrumbamiento de la censura y del poder central, las prácticas y creencias mágicas, que ya eran bastante comunes en el campo, se hicieron todavía más frecuentes. En los diez años comprendidos entre 1650 y 1660, se publicaron más libros de astrología, alquimia

---

* Miembro de un grupo que abogaba por la abolición de la propiedad privada y que en 1649 empezó a cultivar ciertas tierras comunales. *(N. del T.)*

y medicina del pensador holístico Paracelso que en el siglo anterior, a la vez que se traducían al inglés muchas obras extranjeras que hablaban de magia. También la teología mística alemana adquirió muchos adeptos ingleses en aquel tiempo.[39]

Entre las numerosas sectas independientes que más activas se mostraron en la agitación política y religiosa durante la guerra civil, el interés por la magia fue especialmente grande. El familista John Everard tradujo obras de Hermes Trimegisto, el sabio egipcio apócrifo cuyos escritos pasaron a ocupar un lugar central en el conjunto de ideas conocido por la denominación de pensamiento hermético. Líderes y muchos de los miembros más prominentes de los *Ranters*, los familistas (incluyendo al boticario Nicolaus Culpeper y, probablemente, al astrólogo William Lilly), los *Fifth Monarchy Men*, los *Seekers*, los cuáqueros, los *Muggletonians* y Gerrard Winstanley, el *Digger*, eran partidarios de la astrología, la magia o la alquimia del zapatero alemán Jacob Boehme. Los reformadores propusieron que la magia se estudiase en las universidades y se celebraron debates sobre ella en Oxford.[40] El filósofo checo Comenio, que tan influyente fue en el decenio de 1640, fundió las ideas herméticas con la filosofía baconiana, y en manos de Samuel Hartlib y su plan de reformas sociales, económicas, religiosas y educativas, obtuvieron un apoyo todavía más amplio, incluyendo el de líderes del parlamento y numerosos artesanos. No es extraño que un historiador haya concluido que «la tradición de la magia natural adquirió una influencia y una atención sin precedentes en Inglaterra durante la revolución puritana».[41]

Sin embargo, es enteramente falso que todos los magos fuesen de izquierdas o se identificaran con los desposeídos durante la guerra civil inglesa. Existían alquimistas, magos y puede que hasta brujas que eran específicamente aristocráticos y realistas. Lo que es cierto, no obstante, es que en el pensamiento de los que criticaban la magia a mediados del siglo XVII existía un vínculo fuerte entre la magia y la política izquierdista.

A primera vista no resulta obvia la razón por la cual hombres y mujeres que trataban de reconstruir su mundo social volvían su atención hacia la magia en medio de debates que iban de la cuestión del sufragio al problema de la agricultura colectiva. Hay, empero, varios campos concretos donde los contrarios a una Iglesia de Inglaterra centralizada, o a las otras desigualdades sociales y religiosas de la época, mostraban un interés o unos puntos de vista que coincidían en parte con los de los visionarios del ocultismo. Lo más significativo es que los exponentes de la magia y los sectarios de la izquierda compartían una premisa filosófica que hacía hincapié en la contradicción y en las oposiciones polares, lo cual la hacía muy diferente de la tradicional lógica aristotélica. Por ejemplo, en 1652 el alquimista Thomas Vaughan escribió que la primera materia de la Creación era:

> ... una *sustancia* milagrosa... de la cual podéis afirmar *contrarios* sin *inconveniente*. Es muy *débil*, y, pese a ello, *fortísima*, es excesivamente *blanda*, y, pese a ello, nada hay tan *duro*. Es *una* y *todo*: *espíritu* y *cuerpo*: *fija* y *volátil*, *masculina* y *femenina*: *visible* e *invisible*. Es *fuego* y *no quema*: es *agua* y *no moja*: es *tierra* que corre, y *aire* que permanece quieto.[42]

Según Vaughan y los otros exponentes de la magia, el cambio nace menos de causas externas que de razones internas y surge de las contradicciones inherentes a cualquier cosa o situación. Es muy posible que los movimientos sociales y políticos de la guerra civil, por depender de la autoridad interna y no de líderes externos, en lo que se refiere a la dirección espiritual o política, se percataran de que esa lógica les daba una justificación de sus actos. Esto es, la lógica basada en contrarios alimentaba fácilmente el temperamento «entusiástico» de la época, aquella forma de sentir, creer, pensar y, sobre todo, actuar que, según los críticos de entonces, caracterizó a los radicales durante la guerra civil y les permitió cometer desafueros contra el orden y la decencia tales como la insubordinación dentro de las fuerzas armadas (parlamentarias), el regicidio en la persona de Carlos I, la abolición de la Iglesia de Inglaterra y la Cámara de los Lores y, cosa no menos grave, la confiscación de propiedades y los excesos sexuales que, según se decía, cometieron algunos grupos sectarios de izquierdas, incluso dentro de las iglesias.[43] Precisamente porque ponía de relieve la capacidad del individuo, hombre o mujer, para obrar sobre el mundo, y porque podía dar a las personas ansiosas una senda que las llevaría a una fuente interna de poder, la magia envalentonaba a los aspirantes a «salvadores gnósticos» que la guerra civil sacó literalmente de los bosques.[44]

Asimismo, la oposición a las profanaciones de la Tierra era común tanto entre los desposeídos que ingresaban en las filas de las sectas independientes como entre los que practicaban la magia e iban a los lugares silvestres que quedaban en Inglaterra para celebrar en ellos sus rituales. Las agresiones a la Tierra perpetradas por las fuerzas de la modernización asestaban golpes fuertes a los campesinos y ex campesinos, pero cabe suponer que los bosques y páramos que quedaban, y que estas gentes marginales ocupaban ilegalmente, serían con frecuencia el mismo lugar donde los astrólogos, los adivinos y las brujas se entregaban a sus rituales sagrados para celebrar la vitalidad y la fertilidad del planeta, madre de todos nosotros. Porque la vitalidad de la naturaleza –y, por ende, la necesidad de trabajar con ella de un modo diferente del de la cien-

cia «objetiva»– se halla en el núcleo de todas las tradiciones mágicas. Tal como escribieron Janet y Colin Bord:

> La observación del ciclo natural, junto con la experiencia,
> enseñó a los primeros agricultores cómo podían fomentar la
> fertilidad de su tierra, sus cosechas y su ganado. Sabían, sin em-
> bargo, que las buenas cosechas y el ganado sano no se conseguían
> solamente haciendo que la tierra fuera siempre fértil, aunque
> siendo eso importante; intervenían en ello otras fuerzas invisi-
> bles. Se seguían innumerables rituales con los cuales los hom-
> bres trataban de intensificar estas fuerzas sutiles e influir en
> ellas para que obraran a favor suyo: rituales para alentar el re-
> torno del sol vivificador, rituales para dar energía a la semilla
> germinante, rituales para provocar la lluvia...[45]

Estos temas se encuentran a lo largo de los siglos; en los tiempos de la Grecia clásica, e incluso antes, había una Diosa, a la que
con frecuencia llamaban Diana, relacionada con una religión de visiones, que contaba con numerosos adeptos especialmente entre
las mujeres, los esclavos y las clases bajas y que gobernaba «a todos los que vivían *fuera* del orden social». En tiempos de la Grecia
clásica, parece ser que las clases altas veían con consternación el
número de adeptos que tenía dicha Diosa, junto con los de un Dios
que a menudo se asociaba con ella, Dioniso. Durante la República
romana media ya se llevaba a cabo una campaña de aniquilamien-
to con incontables ejecuciones, existía un ejército cuya misión era
perseguir a los líderes de la religión y estaban prohibidas todas las
asambleas nocturnas. Una de las razones de la repugnancia que
estos cultos despertaban en las clases altas era el horror que sen-
tían al pensar que «a hombres que se han revolcado en el liberti-
naje», así propio como ajeno, se les pueda llamar alguna vez para
que «luchen con la espada por la decencia de vuestras esposas e
hijos».[46]

Algunos autores han encontrado recientemente indicios de una
arcaica continuidad cultural y religiosa que va desde Portugal hasta la India y partes del norte de África, pasando por Europa, Asia
Menor y Arabia, y que se refiere a un mito común de un dios masculino con cuernos que tenía poderes derivados de una conexión arquetípica tanto con animales como con plantas y estaba asociado
con celebraciones orgiásticas. A una diosa de poderes y asociaciones parecidos, aunque de origen anterior al suyo, también se la veneraba en orgías que tenían lugar en parajes silvestres. Esta diosa
refleja tiempos anteriores, una época en que las mujeres tenían
más poder religioso, político, sexual y económico. Ambas deidades
«persisten como los dioses más populares entre las gentes de las
clases inferiores, incluso cuando los gobernantes políticos dedican

mucho dinero y mucho esfuerzo a apuntalar a los dioses oficiales de la guerra y a los dioses que personifican la autoridad del clan y del estado. En algunos casos, la Gran Diosa y el dios cornudo también se convierten en el foco de un ataque contra la visión básica del mundo que tiene la religión oficial».[47]

Fueran cuales fuesen las razones que unieron a la izquierda independiente y a los entusiastas del ocultismo en la Inglaterra del siglo XVII, cuando a mediados de siglo los críticos empezaron a lanzar sus ataques contra las ideas y las prácticas de los grupos izquierdistas, la coincidencia parcial entre la magia y los desafectos en la rebelión formó uno de sus temas principales. John Wilkins, uno de los fundadores de la Royal Society, criticaba sin pelos en la lengua a los entusiastas de la magia y vinculaba a algunos de ellos con los izquierdistas *Levellers*.* John Webster, el reformador de la educación, fue atacado por tener el «temperamento propio de los familistas, *Levellers* y partidarios de la magia», y Samuel Parker denunció el «fanatismo entusiástico» de los rosacruces diciendo que fomentaba el desorden. De estas críticas se hicieron eco muchos filósofos naturales, tanto en Inglaterra como en el continente, a partir de mediados del siglo XVII, toda vez que ellos buscaban una nueva filosofía natural, basada en la sobriedad, capaz de contrarrestar el desorden generalizado y las amenazas de subversión. Para Pierre Gassendi, el influyente crítico continental de la magia, «no había lugar para la espontaneidad en la naturaleza misma, ni se la podía sancionar en el alma humana».[48]

A medida que la campaña ideológica contra el «entusiasmo» fue cobrando fuerza, gran número de intelectuales influyentes se volvieron contra la magia en su núcleo, tras lo cual abrazaron sin reservas la nueva alternativa, lo que acertadamente se denominaba filosofía mecánica. El hecho de que la campaña estuviera tan extendida en diferentes regiones de Europa refleja la circunstancia de que, a mediados de siglo, lo que ha dado en llamarse «la crisis del siglo XVII» se hacía sentir en casi toda la Europa occidental, aun cuando fuese sólo en Inglaterra donde se depuso la monarquía tras una guerra civil en gran escala.[49]

Durante la totalidad de este período la civilización europea se estuvo extendiendo, tanto hacia dentro como hacia fuera, de un modo sumamente notable. Hacia dentro, fue la época en que los filósofos naturales y los artesanos empezaron a idear instrumentos capaces de mejorar los órganos sensoriales de los seres humanos. Inventos maravillosos tales como el telescopio (1609), el microscopio (h. 1665), el reloj de péndulo (1656), el termómetro (a partir de h. 1600) y la bomba de vacío (1654) efectuaron una transformación de mucho alcance en nuestra capacidad de conocer el mundo

* Miembros del ejército parlamentario. *(N. del T.)*

natural. De un modo sutil, las observaciones hechas a simple vista pasaron a ser menos centrales, menos reales y, de hecho, nuestros órganos sensoriales corporales quedaron supeditados a artilugios mecánicos que mejoraban sus capacidades. Y un poco antes se habían inventado la imprenta, la brújula magnética, así como, en un sentido perverso, el cañón, que fue menos extensión de los sentidos del hombre que de su fuerza bruta.

El cañón, a su vez, fue la clave de la extensión externa de Europa, la herramienta que impulsó su expansión más allá de la cuenca del Mediterráneo y de la Europa del norte para explorar y, a la larga, colonizar el resto del mundo. ¿Y qué descubrieron los europeos en estas tierras lejanas? Variantes de paganismo, culturas que aceptaban como cosa natural que el mundo en que vivían era un ser como ellas.

Contra el mundo panteístico de los entusiastas, donde cada árbol, roca o corriente de agua reflejaba las maravillas de la Creación, las numerosas voces nuevas de la moderación filosófica propusieron la doctrina según la cual la realidad en el nivel más profundo consistía sólo en la «materia y el movimiento» de los átomos y partículas subyacentes que formaban el cosmos. Lo que definía una cosa, fuera cual fuese, era la cantidad de materia y movimiento, medidas cuantitativas del mundo; todo lo demás, los sonidos, los colores, las texturas y los olores, no eran más que cualidades «secundarias». Se decía que el mundo consistía exclusivamente en cuerpos «inertes», enteramente pasivos. John Keill, discípulo de Isaac Newton, explicó, a principios del siglo XVIII, que «toda mutación inducida en un cuerpo natural procede de un agente externo; porque todo cuerpo es un apático montón de materia y no puede inducir ninguna mutación en sí mismo».[50] Dicho de otro modo, según la filosofía mecánica, la materia, que en esencia es incapaz de autoactividad, está muerta. Todos los cambios proceden de fuera, lo cual contrasta con la lógica de los contrarios.

Durante la revolución científica, de hecho, el creciente compromiso con la filosofía mecánica proporcionó una justificación ideológica de la nueva manera de ver el planeta principalmente como fuente de minerales y otros recursos que podían comercializarse. La naturaleza muerta es la naturaleza permitiendo –cuando no incitando– el poder de medición y cálculo. En su influyente obra *Enthusiasmus triumphatus* (1653), Henry More condenaba la imaginación, el éxtasis y la lujuria por considerarlas causas de entusiasmo y encontraba las raíces filosóficas de esa ilusión en la alquimia de Paracelso, que enseñaba que la naturaleza «es el cuerpo de Dios». La recién fundada (1660) Royal Society, respondiendo a críticas severas, publicó una defensa de su labor en 1667, siete años después de la restauración de la monarquía, que prometía que la nueva ciencia, debido a sus métodos y suposiciones, garantizaría la derrota del entusiasmo al dejar espacio para disputas intelectuales «sin peligro alguno de *guerra civil*».[51]

Desde luego, incluso a finales del siglo XVII aún había hombres que, como Spinoza en los Países Bajos y Leibniz en Alemania, veían las cosas de modo diferente, más atentos a la vitalidad de la naturaleza. Sin embargo, a sus visiones les costó dar fruto durante los siglos sucesivos en el árido suelo intelectual de Europa, donde, debido a la filosofía mecánica, la esterilidad se consideraba una virtud.

Sería un grave error concebir la batalla contra los entusiastas como una campaña intelectual y nada más. Desde hace tiempo desconcierta a los historiadores el hecho de que el grueso de las persecuciones por brujería en Europa, así como las correspondientes ejecuciones, no tuvieron lugar en el «oscurantista» período medieval, sino más bien en los siglos XVI y XVII, cuando el avance de la «razón» y la ciencia supuestamente haría que la creencia en la brujería fuese un fenómeno en vías de extinción. Fue durante este período –y en Inglaterra especialmente durante la guerra civil y el interregno– cuando la persecución de las brujas alcanzó su apogeo.[52] En los actuales círculos de brujería, a este período lo llaman «los tiempos de las quemas», una era angustiosa de torturas, confesiones arrancadas por medio de la fuerza y ejecuciones generalizadas.

La campaña contra las brujas se remonta a épocas muy anteriores, por supuesto, cosa que, en cierto sentido, también cabe decir de la lucha contra el entusiasmo, que fue más general. Pero, a pesar de que la Biblia condena a las brujas, hubo épocas en que se toleraba el ejercicio de la brujería e incluso se tomaba como cosa natural, a veces debido a la protección de creyentes poderosos entre la nobleza, en la corte, o entre los jerarcas de la Iglesia; y quizá a menudo porque las actividades y las creencias de las brujas coincidían en parte y se confundían con prácticas e ideas de otras tradiciones ocultistas más arraigadas, profundamente enraizadas en el campo.[53] Sin embargo, en la segunda mitad del siglo XV todo esto cambió y durante los dos siglos siguientes estalló en Europa lo que fue en esencia una campaña de exterminio contra las brujas. Según varias estimaciones (ninguna de las cuales, debido a que la documentación es dispersa y fragmentaria, se demostrará jamás), entre un cuarto de millón y nueve millones de personas fueron ejecutadas por ser brujas. La mayoría de estas personas eran pobres y de sexo femenino.[54]

Hacia mediados del siglo XVII y en relación con los temores de que se produjeran más levantamientos en Inglaterra, Francia y otras partes, esta guerra de exterminio contra las brujas se convirtió en un ataque más general y sostenido contra la magia misma, a la que ahora se identificaba como el sistema de raíces que crecían debajo del silvestre árbol del entusiasmo.

La ascensión de una ciencia específicamente mecánica en esa época cumplió una función doble en la campaña contra el entusiasmo en general y las brujas en particular. Por medio de las enseñanzas relativas al movimiento, el espacio, el tiempo. la causalidad, la materia, la vida y la muerte, sirvió para certificar exactamente lo que era la realidad y, de modo implícito, lo que no podía ser, lo que, por consiguiente, tenían que ser simples alucinaciones.[55]

Una tercera función de la ciencia mecánica, aunque ésta tardó más tiempo en manifestarse, fue la de ayudar a «domar» la naturaleza. Hizo su primera aparición con el advenimiento de la «agricultura científica», proceso a largo plazo que representaba nada menos que una forma nueva de hacer la guerra contra la Tierra, al sustituir implacablemente el estiércol y el abono por productos sintéticos. En el siglo XX el problema se ha agravado con la utilización de maquinaria pesada. El suelo compacto y agotado resultante de ello ha sido una pérdida enorme. El agricultor y poeta Wendell Berry escribe:

> [Un suelo sano] es el gran conector de vidas, la fuente y el destino de todo. Es el curador y restaurador y resucitador, por medio del cual la enfermedad da paso a la salud, la edad a la juventud, la muerte a la vida. Sin cuidarlo apropiadamente no podemos tener comunidad, porque sin cuidarlo apropiadamente no podemos tener vida.
>
> Él mismo está vivo. Es una tumba también, por supuesto. O es un suelo sano. Está lleno de animales y plantas muertos, cuerpos que han pasado por otros cuerpos... Si un suelo sano está lleno de muerte, también está lleno de vida: lombrices, hongos, microorganismos de toda suerte... Dada la salud del suelo, nada que muere permanece muerto mucho tiempo.[56]

Los atentados contra la vida del suelo que describe Berry surgían, según arguye el propio Berry, del deseo de «imponer la exactitud científica (esto es, de laboratorio) a complejidades vivas que son esencialmente misteriosas».[57] En el siglo XVII este proceso ya estaba en marcha y la ascensión de la filosofía mecánica como mínimo reflejó, si no lo causó en cierto sentido, el citado proceso.

Hasta aproximadamente el decenio de 1500, la desconfianza general que ante el comportamiento «entusiástico» mostraban las clases hacendadas y conservadoras coexistía con otros puntos de vista contradictorios. Incluso en la moral cristiana más proscriptiva, por ejemplo, durante gran parte de la Edad Media y la Edad Moderna de Europa fue costumbre reconocer a los llamados «señores del desgobierno» en tiempos de Carnaval, con lo cual las gentes se sacudían de encima los frenos que guiaban a la persona durante la mayor parte del año. En Carnaval y épocas parecidas, se toleraban e incluso fomentaban la conducta bulliciosa, la ebriedad y la licencia.

En su libro *Popular culture in Early Modern Europe*, Peter Burke estudia la campaña a largo plazo contra tales excesos y muestra que a partir del siglo XVI el clero (y, más adelante, ciertos miembros del laicado) dirigió campañas en toda Europa –tanto la católica como la protestante– cuya finalidad específica era «reformar o suprimir muchas festividades populares» y, a decir verdad, la cultura popular misma, en parte porque consideraba el clero que demasiadas regiones estaban infectadas por gentes que parecían «salvajes» más que cristianos. En 1509, por ejemplo, Erasmo se quejó de que en el carnaval de Siena había «vestigios del paganismo antiguo».[58] En lugar de la antigua ética que hacía hincapié en «los valores de la generosidad y la espontaneidad y en una mayor tolerancia del desorden», los reformadores intentaron desviar las sensibilidades populares hacia el autodominio, la frugalidad, la laboriosidad, el orden y (cambio significativo respecto de tiempos anteriores) la distinción firme entre lo sagrado y lo profano.[59] Lo que reviste especial interés aquí es ver cómo los reformadores, al singularizar costumbres que juzgaban condenables, hacían hincapié en la magia; junto con el baile y los juegos de naipes, condenaban la adivinación, las máscaras, la magia, los títeres, la brujería y el recurso a los curanderos. Hasta las obras de teatro cristianas eran nocivas y peligrosas, sin duda porque el teatro mismo excitaba la imaginación.[60]

Burke arguye de modo persuasivo que la cultura popular se convirtió en algo especialmente preocupante cuando, después de la Reforma, las numerosas guerras civiles, los levantamientos campesinos y la agitación en las ciudades se propagaron por Europa. Empeoraban las cosas la creciente alfabetización y un fenómeno nuevo: los periódicos populares que difundían las noticias y las opiniones rápida y ampliamente. Cuando en 1594 un grupo de campesinos rebeldes de Bergerac terminó su asamblea prorrumpiendo en gritos de «¡Libertad!», ello fue una señal clara de peligros presentes y futuros.[61] Con mucha frecuencia los rituales populares poseían estructuras especialmente igualitarias a la vez que las festividades eran a menudo motivo de disturbios o rebeliones: todo esto desempeñaría un papel importante en el deseo de suprimirlos, dada la creciente politización de los campesinos, los artesanos y otros elementos plebeyos. Hubo grandes manifestaciones durante la guerra civil inglesa. Burke concluye que los «ingleses de mediados del siglo XVII eran la sociedad con mayor conciencia política de Europa». Esto contrariaba a algunos. En 1690, después de la llamada «Gloriosa Revolución», en Inglaterra se formaron sociedades que pedían la «reforma de las costumbres» y estaban decididas a acabar con el juego, las tabernas, la prostitución, las canciones licenciosas, así como el teatro, las mascaradas y las ferias.[62]

Estas censuras resultaron eficaces, ya que entre 1550 y 1650 se eliminaron muchas costumbres tradicionales. Una segunda fase de la campaña reformista, que duró desde aproximadamente 1650 hasta finales del siglo XVIII, se propuso edificar sobre los notables resultados obtenidos hasta entonces y dio una importancia todavía mayor a la represión de toda creencia en un plano sobrenatural (no cristiano).[63]

A lo largo y ancho de las islas británicas hay literalmente cientos de círculos megalíticos o de piedras verticales que permanecen intactos, a pesar de las campañas que se hicieron para que los derribasen. Que se conserven tantos después de varios miles de años es una prueba de su notable construcción (muy superior a la capacidad tecnológica de nuestra civilización); pero, aparte de que hayan durado tanto a pesar de los elementos, su presencia es un testimonio elocuente del temor reverencial o el miedo con que los contemplan sus vecinos humanos, pocos de los cuales se atrevieron a tocarlos.

Con el estallido de la guerra civil en Inglaterra comenzaron las discusiones y los debates de gran alcance en torno a la organización, la jerarquía y la doctrina de la Iglesia; en sus primeras reuniones, el parlamento de 1640 discutió en particular la medida en que, bajo Carlos I, la Iglesia de Inglaterra había adoptado liturgias, plegarias y atavíos más propios del catolicismo de Roma que del espíritu del protestantismo inglés. La cámara de los comunes mandó comisiones a todos los condados de Inglaterra con la orden de borrar, demoler y eliminar «todas las imágenes, altares o mesas vueltas hacia el altar, crucifijos, cuadros supersticiosos, ornamentos y reliquias de idolatría» de las iglesias y capillas. Los comunes también nombraron una comisión de nueve hombres que tenían poderes para demoler cualquier monumento de superstición o idolatría que encontrasen ofensivo.[64]

Probablemente nos es imposible estar seguros de que ello fuera una extensión de tales sentimientos, pero, como mínimo una vez durante la guerra civil, un gobernador cromwelliano de Cornualles demolió la piedra llamada «Men-Amber», temeroso de la veneración que recibía de las gentes de los alrededores.[65] Parece que en el siglo XVIII, las piedras se derribaban por razones económicas más que de otra índole, ya fuera para crear más tierra cultivable o para obtener materiales de construcción.[66] Esto no tiene nada de extraño en vista de la extensa ocupación indebida de bosques, marjales, pantanos y terrenos comunales durante el siglo anterior.

Isaac Newton

Isaac Newton nació en 1642, justo en el momento en que estallaba la guerra civil entre el rey y el Parlamento. Poco después de la Restauración, Newton fue a estudiar a Cambridge, uno de los centros intelectuales de la campaña contra el entusiasmo en general y la brujería en particular, donde aprendió filosofía cartesiana además de las limitaciones de toda ciencia basada por entero en cuerpos inertes.[67]

En efecto, Newton dedicó su carrera científica al intento de comprender las muy elusivas fuentes de actividad en el mundo supuestamente inerte, además de conciliarlas tanto con los fenómenos observados del movimiento de los cuerpos como con la estructura de la geometría. En su primer cuaderno de apuntes de filosofía natural ya había empezado a reflexionar sobre lo que más adelante llamaría «principio secreto de insociabilidad» en la naturaleza para explicar parte del comportamiento de la materia.[68] Cuando escribió *De gravitatione et aequipondio fluidorum* (redactado probablemente a finales del decenio de 1660), Newton ya había formulado una teoría de la materia como emanación de la voluntad de Dios omnipresente, que había impuesto a ciertos espacios los atributos de impenetrabilidad y movilidad. De esta manera, casi dos decenios antes de sus *Principia* (1687) Newton ya se había percatado de que el mejor modo de comprender la existencia y la movilidad de la materia era una analogía con la voluntad, a veces la de Dios, otras veces la de Newton o sus lectores:

> ... así que puede parecer (a nuestra conciencia más íntima) que Dios creó el mundo solamente por medio de un acto de voluntad, del mismo modo que movemos nuestros cuerpos sólo por medio de un acto de voluntad.[69]

Así pues, en el corazón de su filosofía se encontraba una de las preocupaciones centrales de la tradición ocultista: de qué modo puede la mente controlar la materia. Esta importancia que daba a la voluntad sería un tema recurrente en la obra de Newton. Fue a la voluntad, la percepción, la vegetación, los procesos de putrefacción y fermentación, el crecimiento –todos los procesos de los cuerpos vivos– a los que desde tierna edad recurrió Newton en su empeño de comprender el mundo y sus múltiples apariencias. En la misma época en que escribió *De gravitatione* Newton redactó dos importantes trabajos de alquimia. Uno, que los historiadores denominan *La vegetación de los metales*, se basaba en una serie de cuatro proposiciones:

> Todas las cosas son corruptibles;
> todas las cosas son generables;
> la naturaleza sólo actúa en sustancias húmedas,
> y [con] un calor suave.[70]

Ambos ensayos concentran la atención en el «agente vital difuso en todo lo que hay en la tierra». Al introducirlo en una mezcla de materia, este agente vital actuaría primero «para pudrir[los] y confundir[los] en el caos; luego procede a la generación». Hizo una distinción cuidadosa entre los actos «vegetativos» de la naturaleza basados en este espíritu vital y los actos que eran «puramente mecánicos».[71] Newton creía que este espíritu surgía de las entrañas de la Tierra y se fijaba en los minerales y las sales, aunque parte de él se eleva en el aire y se transforma en éter. Y cuando este éter entra en la atmósfera, hace que otro éter vuelva a descender a la Tierra y que los cuerpos por los que pasa se vuelvan pesados. Dadas esta ascensión y esta caída del éter, Newton señaló:

> Así esta Tierra se parece a un gran animal o más bien vegetal inanimado, absorbe aliento etéreo para su refrigerio diario y fermento vital y transpira de nuevo [con] grandes exhalaciones. Y, según la condición de todas las otras cosas vivas, debería tener su momento de empezar, su juventud, su vejez y su perecimiento.[72]

Estas preocupaciones por el espíritu que impregna la naturaleza, por la fuente de la actividad en la materia, continuaron siendo las preocupaciones centrales de Newton; estaba convencido de que las respuestas a sus interrogantes se encontraban en la alquimia. Humphrey Newton, su ayudante y amanuense, dijo que los «fuegos [de Newton] eran casi perpetuos», y que la medida en que descuidaba el comer y el dormir «me hacía pensar que apuntaba a algo que estaba fuera del alcance del arte y la industria humanos».[73] Dados los extensos experimentos y lecturas de alquimia que Newton llevó a cabo en el decenio de 1680 y principios del de 1690, su biógrafo reciente ha concluido que los *Principia* fueron «una intrusión» en su preocupación principal: la alquimia.[74] En la alquimia encontró Newton la sexualidad inherente de la naturaleza y veía recalcados paralelismos con otros procesos de la vida. En un ensayo alquímico de finales del decenio de 1670, por ejemplo, Newton comentó que había producido «un mercurio tan vivo y móvil como cualquiera que se encuentre en el mundo. Pues hace que el oro empiece a hincharse, se quede hinchado y se pudra, y que brote en retoños y ramas que cambian de color diariamente y cuyo aspecto me fascina todos los días. Lo considero un gran secreto de la alquimia».[75]

Estas notas de laboratorio y estos ensayos dan motivos para creer que Newton quizá halló algunas de las sustancias elusivas y portentosas a las que alude en las obras de alquimia, aunque no pudo dar con la legendaria piedra filosofal. Sin embargo, empezó a trabajar menos con sus hornos alquímicos y luego, según Westfall, lo dejó por completo en algún momento determinado de mediados del decenio de 1690, después de mudarse a Londres, aun cuando continuó comprando libros de alquimia: de hecho, el 75% de los libros que compró entre 1701 y 1705 y de cuya adquisición hay constancia.[76] Tras la muerte en 1702 de su archirrival y bestia negra, Robert Hooke, Newton preparó la publicación de su esperada *Optica* y en el final de la misma expuso sus pensamientos en una serie de *Queries* proyectadas, que, en su forma inédita, ofrecen una vívida imagen de su continuada visión animista del mundo: «... dado que toda materia debidamente formada va acompañada de señales de vida... las leyes del movimiento que nazcan de la vida o la voluntad pueden ser de extensión universal» dice en un borrador, mientras que otro, en un cauto negativo doble, afirmaba que «No podemos decir que toda la naturaleza no está viva».[77] Hizo hincapié en que las leyes del movimiento que expone en sus *Principia* eran leyes pasivas, insuficientes en sí mismas para explicar la multíplice complejidad del mundo observado. Había otros principios, éstos activos, debajo de ellas y en más de una ocasión Newton insinuó que éstos eran su verdadero objetivo.[78]

Pero las dos citas que acabamos de ver proceden de manuscritos que Newton optó por no publicar, reticencia que refleja una profunda reorientación filosófica a partir de mediados del decenio de 1690. Trabajando en una frustrada segunda edición de los *Principia* a mediados del decenio, un par de años después de sufrir un trastorno mental, Newton intentó mejorar sus imperfectas teorías de la luna y los cometas, además de redactar las respuestas a las críticas que le habían hecho a la primera edición. Ningún problema era más notorio que la cuestión de la atracción gravitacional universal, la base en que se apoya la totalidad de los *Principia* y también la más vulnerable de las teorías que se exponen en la obra. Newton consideraba que toda la materia se atraía mutuamente –«acción a distancia»– incluso a través de las extensiones de espacio vacío, según una fórmula matemática precisa. Esto contradecía la piedra de toque de la filosofía mecánica, la idea de que la materia era inerte y podía interactuar solamente por medio del impacto. Tratando de conciliar estas discrepancias con vistas a la segunda edición, que fracasó, Newton adoptó por primera vez la teoría de que ciertas cualidades de los cuerpos eran las «esenciales».[79]

Por aquel entonces, otros dos cambios importantes en el pensamiento de Newton representaron de forma parecida una retirada parcial de su idea de la vitalidad de la naturaleza. Tanto en tratados que publicaron discípulos suyos como en alusiones y cambios que hizo en ediciones posteriores de *Principia* y *Optica* (1704), Newton construyó una teoría de la cosmogonía –doctrina del nacimiento y evolución de la Tierra– que era contraria a la teoría que anunciara Robert Hooke. Mientras que éste consideraba que las fuentes de los cambios de la Tierra estaban dentro de ella, los newtonianos proponían una compleja maquinaria celeste que utilizaba el impacto o la aproximación de los cometas como principales agentes de transformación terrestre. Dicho de otro modo, la Tierra de Hooke era vital, mientras que la de Newton era principalmente un cuerpo pasivo, igual que los cuerpos inertes de la filosofía mecánica.[80]

Al poco de morir Hooke, Newton anunció en las *Queries* de su *Optica* que incluso debatir temas tales como la evolución de la Tierra era «antifilosófico»; pero si la Tierra fuese un cuerpo vivo, evitar los interrogantes relativos a su origen y las principales fases de su evolución subsiguiente sería no prestar atención a las cuestiones más interesantes y centrales, así que mientras tanto, en secreto, Newton debatió justamente estos temas.[81] Además, que el entusiasmo seguía representando una amenaza grave para la sociedad se lo demostró claramente el ejemplo del notorio librepensador y deísta John Toland, que se apropió de muchas teorías de Newton al redactar sus propios escritos heterodoxos de carácter político y religioso. A modo de respuesta, Newton se valió de las *Queries* de la *Optica* para retractarse de algunas de sus ideas anteriores.[82]

En estos tres cambios de su visión del mundo, hechos cuando dejó sus estudios en Cambridge para trasladarse a Londres y sumergirse en el mundo de la política y las finanzas, Newton se alejó de su anterior creencia mágica y animista en un mundo lleno de vida. No abandonó por completo sus anteriores especulaciones, simplemente empezó a expresarlas de modo más discreto. A pesar de ello, hay un cambio acentuado. Los ojos de Newton ya no miraban hacia un mundo «encantado con las Transmutaciones» y gobernado por «principios secretos de insociabilidad» o por el «fuego secreto» de la naturaleza. No volvió a escribir, que nosotros sepamos, sobre el oro que se hincha y se pudre «y brota en retoños y ramas que cambian de color diariamente y cuyo aspecto me fascina todos los días». En sus escritos posteriores no encontramos especulaciones en el sentido de que «los vastos espacios etéreos entre nosotros y las estrellas son para un repositorio suficiente de... alimento del Sol y los Planetas». Y, simbólicamente, en 1717 Newton compró un árbol de mayo, instalado por primera vez en el Strand de Londres para celebrar el retorno de Carlos II, y le dio una aplicación nueva: servir de apoyo de un telescopio.[83]

Dado el papel que interpretó Newton en la santificación de una nueva visión científica del mundo, así como la influencia que esta visión ha ejercido en el mundo a medida que sucesivas culturas nacionales y tribales han experimentado la modernización, no sería exagerado afirmar que las crisis de creencias de Newton y los subsiguientes cambios que hizo en su filosofía fueron también una crisis de primer orden para la totalidad de la cultura occidental y, por ende, mundial. A pesar de los absurdos lógicos que haya en la atracción universal de la materia «pasiva», las personas cultas acabaron viendo el mundo como una máquina compleja, lo cual dista mucho de la anterior visión generalizada de la Tierra como un organismo, una madre que proporcionaba medios de vida a sus numerosos hijos.

No mucho después de 1700 se ganó esencialmente la batalla, pues pocos estaban enterados de los puntos de vista que sobre las leyes de la naturaleza albergaba y ocultaba cuidadosamente el gran descubridor y, cuando Newton murió, la mayoría de los manuscritos que reflejaban sus pensamientos íntimos fueron calificados de «no aptos para publicarse».[84]

Conclusiones

El ataque de la Restauración contra el entusiasmo fue, como hemos visto, fruto de la guerra civil y la revolución en Inglaterra. Los sectarios religiosos izquierdistas y radicales, los que aprobaban visiones mágicas y animadas del mundo, habían instado a que se adoptaran nuevas formas de contemplar la naturaleza, la propiedad, la autoridad, las relaciones entre los sexos y la religión; nuevas formas que, entre otras cosas, amenazaban con detener en seco las fuerzas del desarrollo económico y político en Inglaterra. Especial importancia revestían las cuestiones sobre la naturaleza de la naturaleza. Pues, si los alquimistas y otros tenían razón al decir que la materia estaba viva, entonces la agresión brutal que la piel de la Tierra recibía de la minería seguiría apareciendo como una violación inadmisible a ojos de muchos.

Aunque tres de los intelectuales ingleses más destacados de la segunda mitad del siglo XVII, Robert Boyle, Isaac Newton y John Locke, mostraron un interés duradero por la alquimia, cruzando correspondencia sobre ella e intercambiando recetas secretas, a principios del siglo XVIII ningún pensador inglés «serio» se atrevía a cultivar el arte de la alquimia. Esto revela que había tenido lugar una transformación fundamental en la conciencia inglesa, aunque tiene que quedar claro que no se debió a una refutación dramática o sistemática de la alquimia en la literatura científica de la época. Boyle y Newton, como mínimo, murieron creyendo todavía en la posibilidad de la transmutación alquímica,[85] pese a la reputación popular que tenían desde el siglo XVIII por haberla refutado de modo indiscutible. Está claro que en este caso se usaba la ciencia para construir una barricada ideológica detrás de la cual las fuerzas del orden pudieran defenderse contra el desierto que había más allá. Los científicos se mostraron más que dispuestos a interpretar el papel de «cuerpo de policía» intelectual y levantaron las barricadas y decidieron cuáles eran las categorías que podían permitirse para los puntos de vista que querían que fueran «tomados en serio».[86]

Justo cuando necesitamos desesperadamente tal conocimiento, al fin es posible perforar el velo de ofuscación y sofismas que en el siglo XVII relegaba al olvido las imágenes alternativas de la realidad. En el corazón de la crisis de Newton estaba implícita la duda de si la naturaleza y la Tierra deben verse y honrarse como seres vivos y como fuente de toda vida, o si deberán considerarse como una simple colección de recursos que pueden aprovecharse. Resulta difícil pensar en una cuestión que sea más apremiante para nuestro tiempo.

SEGUNDA PARTE

Recordación

Del mismo modo que la visión tradicional del mundo desaparece en el horizonte del tiempo, hay señales de que tal vez estemos alargando la mano para detener el proceso.

Volvamos durante un momento a nuestro hipotético amnésico, la metáfora que usamos para referirnos al actual estado cultural de la mente. Nuestro amnésico ha avanzado en una vida nueva, relegando su anterior existencia, la de antes de perder la memoria, a la insignificancia. Supongamos, sin embargo, que al cabo de un período encuentra en su nueva vida información que despierta viejos recuerdos del pasado. Empieza a tener la impresión de que puede vislumbrar algo de lo que conocía en aquel tiempo y empieza a recordar temas que consideraba importantes antes de la amnesia. Recordación, juntar de nuevo los fragmentos. Luego el amnésico en vías de recuperación vive una experiencia catalítica: ve una fotografía que remueve sentimientos profundos, que hace que más recuerdos afloren a la superficie. Esto se produce en un momento de crisis en su nueva vida, cuando su existencia misma corre peligro. Sabe que si consigue juntar los fragmentos de información que va descubriendo, si consigue formar un nuevo dibujo de su comprensión de antaño, puede que logre salvarse. Empieza a hablar consigo mismo para aclarar sus pensamientos.

A medida que nuestra generación avanza hacia la crisis ecológica, parte de la antigua sabiduría empieza a filtrarse de nuevo al interior de nuestra conciencia utilizando algunas maneras curiosamente variadas.

Esta parte de nuestra aventura trata de las puertas que están abriendo algunos aspectos de la ciencia, el estudio amplio de lugares y tradiciones antiguos y la mente de científicos, visionarios y místicos individuales.

Capítulo 3

Tierra entera

Para abordar la idea de un planeta vivo y dotado de sensibilidad propia –de una escala y una estructura tales, que en los tiempos modernos hemos acertado a reconocerlos–, primero tenemos que identificar qué es lo que realmente queremos decir cuando nos referimos a «la Tierra».

Es una tendencia natural pensar en el mundo sencillamente como un cuerpo duro que va volando por el espacio, pero en la actualidad los científicos consideran que el planeta se compone de hasta cinco zonas o «esferas». Éstas se abrazan e influyen mutuamente de tal manera que sólo tiene sentido pensar en la Tierra como el conjunto que estas zonas crean.

Las esferas de la Tierra

La primera Tierra es la litosfera, el cuerpo sólido que identificamos con más prontitud. En su centro está el núcleo, de unos 7.000 kilómetros de diámetro y en gran parte fundido, compuesto probablemente de níquel y hierro a temperaturas muy altas. La región central o núcleo interior podría ser sólida. El conjunto del núcleo está rodeado por el manto, de unos 12.686 kilómetros de diámetro exterior, que se compone de silicatos y tiene varias zonas dentro de él. La división situada en el punto más alto se cree que es un «lodo de cristal». Sobre la capa exterior que encierra el manto se halla la corteza, que sólo tiene unos 35 kilómetros de grueso o menos, igual que una piel de manzana comparada con el volumen de la fruta entera. La integran tres tipos de roca: rocas ígneas (rocas originadas por el calor que se forman por la acción de los volcanes o por procesos que ocurren en lo hondo de la corteza) tales como el granito; rocas sedimentarias (partículas de roca desgastada que quedan depositadas –generalmente por el agua– en estratos interiores de la corteza de la Tierra) tales como la piedra arenisca y la piedra caliza, o de origen orgánico como el carbón; y rocas metamórficas (rocas transformadas por el calor, la presión o la acción de elementos químicos) tales como el gneis, el mármol o la pizarra.

Hasta decenios recientes no hemos sabido que la corteza se compone de secciones llamadas «placas tectónicas» que se mueven en relación unas con otras, flotando sobre la capa superior del manto. En los límites de las placas, donde se crean varias formas de presión, hay un elevado nivel de actividad sísmica y volcánica.

Las rocas sedimentarias contienen fósiles que no dan una escala de tiempo geológica. La Tierra se formó hace unos cuatro mil millones y medio de años y los fósiles inducen a pensar que la vida apareció por primera vez hace unos seiscientos millones de años y que los primeros seres humanos empezaron a aparecer hace quizá cuatro millones de años. Por lo tanto, hemos estado presentes en el planeta durante alrededor del 0,09% de la historia de la Tierra, a la vez que la civilización ha existido durante un minúsculo 0,0001%.

La segunda Tierra la forman las aguas del mundo y se la conoce por el nombre de hidrosfera. El agua cubre alrededor del 70% de la superficie del mundo en forma líquida o congelada. En la superficie hay océanos, lagos y ríos. Dentro de la corteza hay abundantes volúmenes de agua subterránea. También hay agua gaseiforme en la atmósfera. Las aguas de la Tierra, las aguas de la vida, forman un sistema de circulación global entre la tierra, el mar y el aire. El agua se evapora de sus grandes concentraciones abiertas y se eleva en el aire, donde forma nubes. Vuelve a caer sobre la Tierra en forma de lluvia. En tierra, parte de esta agua se devuelve a la atmósfera mediante la acción de la vida vegetal y la evaporación, a la vez que parte de ella se une a los ríos y arroyos y vuelve al mar, o se filtra en la corteza y entra a formar parte de los sistemas de agua subterránea.

La inmensa mayoría de las aguas de la Tierra se encuentran en forma de océanos o glaciares, pero los ríos y los arroyos, si bien contienen una cantidad relativamente pequeña del agua del globo en cualquier momento dado, permiten el paso de un gran volumen de agua en el transcurso de un año.

Según un punto de vista muy discutido, parte de las aguas subterráneas se forma directamente a consecuencia de procesos que tienen lugar en las profundidades de la Tierra: las «aguas primarias» suben desde las profundidades atravesando los estratos de roca.

La tercera Tierra comprende todos los organismos vivos, a los que se conoce colectivamente por el nombre de biosfera: la camada de Gaia, por así decirlo. Abarca todo lo que crece, nada, se desliza, repta, camina o vuela: los grandes mamíferos y los peces del océano; los árboles, algunos de los cuales son las cosas vivas más antiguas que hay en la Tierra; la vida vegetal; la vida animal; los insectos; los organismos microscópicos; los pájaros y... los seres humanos. La biosfera existe sobre o dentro de la capa más alta de la corteza de la Tierra, en la atmósfera inferior (el «cielo») y dentro de la mayoría de las concentraciones de agua que hay en el planeta.

Con el advenimiento de la exploración del espacio, la biosfera ha empezado a penetrar en regiones situadas más allá de la zona gaseosa de la Tierra, la atmósfera. La cuarta Tierra, que se compone de gases, vapor y partículas en suspensión (llevadas por el aire), y las cosas vivas se influyen recíprocamente. Rodea la corteza de la Tierra y se alza cientos de kilómetros antes de fundirse con el espacio exterior. Se produce mediante la exhalación de la litosfera en actividad volcánica y todos los procesos de la biosfera. Sin ella no habría sonido, olor, crepúsculos dorados, cielos azules o la vida misma: la atmósfera filtra las radiaciones peligrosas que proceden del Sol y del espacio exterior.

La atmósfera forma unos halos que rodean el cuerpo sólido del planeta y está más cerca de éste en los polos que en el ecuador. Alrededor de tres cuartas partes de la masa atmosférica se concentran en el nivel más bajo, la troposfera, es decir, lo que llamamos «aire». El aire se compone de varios gases, pero principalmente de nitrógeno y oxígeno, y el tiempo meteorológico se crea dentro de este nivel. El aire se mueve constantemente, formando corrientes grandes y remolinos pequeños, debido a las variaciones de la temperatura alrededor del globo, produciendo actividad eólica que va desde la brisa más suave hasta los feroces y destructivos huracanes y tornados.

La troposfera se vuelve más fría con la altitud, pero a una altura de unos 11 kilómetros en latitudes medias, en una región que se denomina tropopausa, las temperaturas empiezan a subir otra vez con el comienzo de la siguiente capa atmosférica, la estratosfera. Los niveles superiores de esta región contienen moléculas de ozono que filtran los peligrosos rayos ultravioleta solares. Una de las preocupaciones ecológicas que más apremian hoy día es el daño que se causa a esta capa atmosférica.

Encima de la estratosfera la atmósfera se funde con la ionosfera. Ésta se compone de capas de partículas cargadas (iones) que la humanidad utiliza como una especie de techo en el que se hacen rebotar las señales de radio entre emisoras distantes situadas en tierra. La actividad eléctrica que se desarrolla en el interior de la ionosfera es la causa de su resplandor; su luz de color verde mortecino o rojo la han registrado los satélites y, si las condiciones son propicias, incluso puede verse a simple vista desde el suelo. Corrientes significativas de electricidad (corriente continua) fluyen en todo momento dentro de los gases ionosféricos cargados, y se cree que tal vez estos gases estén relacionados con corrientes eléctricas que se comprenden poco (corrientes telúricas o de la tierra) que atraviesan la corteza a una profundidad de 75 kilómetros.

La quinta Tierra es el conjunto de energía del planeta, llamado magnetosfera. Hablando con rigor, cabría considerarla una extensión de la atmósfera, pero tiene más sentido tratarla como otra manifestación de la Tierra en conjunto. La actividad electromagnética penetra en todas las otras esferas y se extiende muchos miles de kilómetros más allá de la ionosfera, formando una «envoltura de energía» alrededor de la Tierra donde su influencia domina los campos electromagnéticos del Sol. Esta burbuja de energía alrededor del planeta contiene los cinturones de Van Allen: anillos de radiación en los que han quedado atrapadas partículas procedentes del espacio exterior, creadas por el campo magnético de la Tierra (el llamado campo geomagnético), que les da forma de rosquilla que rodea el planeta y lo protege del ataque de mucha radiación cósmica y solar. La presión de las partículas cargadas del Sol –el «viento solar» cuyas ráfagas alcanzan una velocidad de alrededor de 1.600 kilómetros por hora– afecta la forma global de la magnetosfera, de modo que aparece comprimida en las partes que dan de cara al viento solar, pero se extiende hacia el espacio detrás del planeta en la dirección contraria.

Así pues, la magnetosfera es la zona limítrofe entre la Tierra y las energías extraterrestres y se encuentra en actividad constante.

Una expresión especialmente visible y bella de la magnetosfera se produce en la atmósfera superior sobre las regiones polares cuando las moléculas del aire entran en contacto con partículas solares cargadas, aceleradas y encauzadas por el campo magnético de la Tierra, y produce despliegues trémulos y cambiantes de luces polares; la aurora boreal o austral.

No se entiende del todo exactamente cómo genera la Tierra su propio campo magnético, pero es probable que sea el resultado de una especie de acción de dinamo causada por las variaciones de las velocidades de rotación del núcleo y el manto. Este geomagnetismo presenta variaciones de intensidad sobre la corteza de la Tierra debido a los yacimientos de minerales y también está sujeto a influencias procedentes de fuentes solares, lunares, planetarias y galácticas.

La actividad cíclica de las manchas solares y la erupciones asociadas con ellas, sumadas al período de rotación de 27 días del Sol y su campo magnético dividido en segmentos, surte un efecto definido en las condiciones tanto magnéticas como eléctricas de la Tierra, las cuales pueden afectar indirectamente el tiempo meteorológico, los ciclos de crecimiento e incluso la actividad sísmica. Dicho de otro modo, por medio de la magnetosfera terrestre el Sol puede influir en la atmósfera, la biosfera y la litosfera. Algo muy parecido ocurre en el caso de la Luna. Encontraremos ejemplos concretos de estos efectos solares y lunares en otra parte del presente libro.

Sólo de forma gradual nos hemos percatado de las interrelaciones cuidadosamente equilibradas que la biosfera tiene con su entorno. El estudio de estas relaciones, la ecología, ha pasado de ser una actividad que a escala popular se consideraba estrafalaria, innecesaria o «de moda» a ocupar un espacio cada vez mayor en la atención seria y general. La cultura moderna ha tardado mucho tiempo en empezar a absorber la lección de los equilibrios delicados que hay en la naturaleza. Ahora somos cada vez más conscientes de cómo, por ejemplo, la actividad humana puede perjudicar las interacciones de la biosfera y la atmósfera. Si talamos o quemamos grandes extensiones de bosques tropicales, como ya estamos haciendo, el equilibrio de los gases de la atmósfera se verá afectado. También eliminaremos el hábitat de numerosas especies, con la consiguiente ruptura de las cadenas alimenticias, lo cual producirá efectos imprevistos. Esta clase de destrucción volverá a la biosfera bajo la forma de cambios de temperatura, alteraciones del tiempo meteorológico, etcétera.

Asimismo, si contaminamos directamente la atmósfera con productos químicos y gases, rasgos tales como la capa de ozono sufrirán daños y se pondrá en marcha toda una cadena de posibles efectos; puede que una menor protección de la biosfera contra las radiaciones cósmicas sea únicamente uno de ellos. De modo parecido, si continuamos contaminando la hidrosfera, cabe que ello produzca efectos de muchas clases. Los seres que viven en el agua mueren o se produce un crecimiento anormal de las algas y el agua se desoxigena y ello conduce a una serie de catástrofes biológicas.

Pero el material de este tipo empieza a estar al alcance de todos y el presente libro no se propone ofrecer una especie de catálogo ecológico, sino que buscamos conexiones todavía más hondas. A tal efecto, debemos examinar una forma aún más sutil de ecología que apenas acaba de nacer en estos momentos, pero que quizá nos permita ver conexiones jamás soñadas entre la biosfera y el cuerpo planetario, y entre la mente humana y la Tierra física.

La membrana electromagnética

El campo geomagnético existe debido a lo que pasa dentro de la litosfera y, además, influyen en él factores extraterrestres. La biosfera y la atmósfera reaccionan a su vez ante los campos magnéticos y eléctricos de la Tierra. De ello nacen nuevas cadenas de efectos.

En general, la ciencia occidental ha tendido a considerar que los bajos niveles de energía que intervienen en todo ello (la fuerza del campo geomagnético tiene un promedio de alrededor de medio gausio, por ejemplo) no podían afectar a los organismos vivos. Se ha opuesto resistencia a las investigaciones occidentales y a las publicaciones de la labor soviética que indicaban que la vida *sí* responde en estos niveles. Con todo, esta sensibilidad ante los campos de energía natural era de esperar. Tal como ha escrito A. P. Dubrov, el gran pionero ruso del estudio de los organismos vivos y el geomagnetismo: «... la vida nació y ha evolucionado en presencia del campo geomagnético». Guy Lyon Playfair y Scott Hill exponen la situación con acierto: «... puede que la historia de la vida en la Tierra haya estado gobernada siempre por una influencia geomagnética tan sutil que hasta hace poco no hemos podido medirla con exactitud siquiera».[1]

Las cosas vivas tienen sus sensibilidades biológicas afinadas de acuerdo con los niveles del entorno natural, generalmente para sus propias necesidades especiales, pero a veces para fines que no están claros. La planta de regaliz (*Arbrus precatorius*) es muy sensible tanto a los estímulos magnéticos como a los eléctricos y se usa con frecuencia a modo de planta meteorológica. Al parecer, experimentos efectuados con ellas han demostrado que puede predecir ciclones, huracanes, tornados e incluso terremotos.[2] Las hojas de plantas tales como la artemisa o la achicoria se vuelven hacia el norte. En 1960 el botánico británico L. J. Audus descubrió fortuitamente que las raíces de las plantas eran sensibles a los campos magnéticos: magnetotropismo. En el Canadá, el doctor V. J. Pittman observó que las raíces de ciertos cereales de América del Norte, así como algunos yerbajos, se alineaban siempre en un plano de norte a sur, paralelo a la fuerza horizontal del campo geomagnético. También descubrió que la germinación de algunos cereales podía acelerarse si sus semillas señalaban hacia el polo norte magnético. Cuando el doctor H. L. Cox de Denver, Colorado, cultivó verduras en suelo espolvoreado con mineral de hierro imantado (magnetita), las tasas de crecimiento aumentaron de modo espectacular. El investigador de Illinois J. D. Palmer pudo demostrar que miles de *Volvox aureus* –diminuta planta esférica que se compone de varias células y es uno de los organismos vivos más simples de todos– no sólo podían responder a una barra imantada, sino presentir también la dirección de las líneas de fuerza en un campo magnético. Frank Brown, gran pionero norteamericano del estudio del biomagnetismo en los años cincuenta y sesenta, descubrió en un experimento con patatas que duró nueve años que sus datos metabólicos revelaban que los vegetales poseían «conciencia» de cuándo la luna subía, se encontraba directamente encima o se ponía. Pensó que ello seguramente se debía a alguna «fluctuación física común poseedora de un período lunar». El principal candidato para ello es, huelga decirlo, el campo geomagnético, toda vez que las mediciones indican que responde al día y al mes lunares, igual que a los ciclos solares.

Al llevar a cabo experimentos de dirección con 34.000 caracoles de Nueva Inglaterra, Brown proporcionó pruebas convincentes de que podían responder a efectos tanto solares como lunares en el campo geomagnético. Por la mañana, los caracoles tendían a volverse hacia el este y, por la tarde, hacia el oeste. Cuando Brown introdujo un imán un poco más potente que el campo de la Tierra, y alineado con él, los caracoles continuaron reaccionando al paso del Sol; pero cuando colocó el imán de modo que formara ángulo recto con el campo geomagnético, los caracoles empezaron a seguir una pauta lunar. En un experimento posterior con la tenia, que es animal más nocturno, el gusano siguió la influencia lunar directamente.

En 1975 Richard P. Blakemore, de la universidad de Massachusetts en Amherst, sorprendió a todo el mundo al averiguar que algunas bacterias tenían un sentido magnético. El descubrimiento se produjo porque reparó en que un tipo de bacteria que estaba estudiando, y que procedía de las marismas del cabo Cod, se orientaba siempre de norte a sur en los portaobjetos de su microscopio. Los experimentos que hizo con una barra imantada pronto indicaron que respondía al magnetismo. Luego encontró otros ejemplos de bacterias poseedoras de esta capacidad. Investigó con un microscopio electrónico y descubrió que cada bacteria tenía una cadena de minúsculos cristales de magnetita dentro de ella. Cada fragmentos de mineral fue rodeado con una tenue membrana, para que pudiese hacer las veces de imán, y la atracción ejercida sobre la cadena en conjunto por el campo geomagnético fue suficiente para dirigir la bacteria.

Los resultados obtenidos por Blakemore indujeron a otros investigadores a buscar material magnético en una gran variedad de organismos vivos. Se encontraron cristales magnéticos en las abejas y las palomas. En ambos casos estas brújulas naturales parecen actuar a modo de auxiliares direccionales de otros métodos tales como la navegación guiándose por el Sol, el empleo de luz polarizada, etcétera. Se ha enseñado a abejas a acudir a soluciones de azúcar por medio de campos magnéticos artificiales y la orientación de la construcción de panales puede resultar afectada aplicando tal campo a la colmena.

No hay duda de que el sentido magnético interviene en las grandes migraciones de algunas especies. La mariposa monarca (*Danaus plexipus*) de América del Norte, por ejemplo, viaja miles de kilómetros hacia el sur en invierno, siempre hasta las mismas regiones. Aunque probablemente también se valen de la navegación guiándose por el Sol, esta especie es la mariposa que contiene más magnetita, así que es casi seguro que «lee» el campo geomagnético. Aún más convincente es el caso de la golondrina ártica, que vuela hasta la Antártida en busca del verano del sur, para lo cual recorre una distancia de 17.700 kilómetros. Es seguro que estas prodigiosas hazañas de navegación se llevan a cabo gracias al sentido del geomagnetismo. De hecho, ya en los años cincuenta se demostró que así era, antes incluso de que los científicos empezaran a encontrar depósitos de magnetita en cosas vivas. Hans Fromme, del instituto zoológico de Francfort, observó que en la estación apropiada los petirrojos enjaulados empezaban a volverse de cara al sudoeste, la dirección de sus migraciones, incluso cuando se les impedía ver las estrellas y el Sol. El colaborador de Fromme, Friedrich Merkel, metió los pájaros en una jaula de acero y los aisló del campo de la Tierra. Dejaron de volverse de cara a alguna dirección determinada.

Actualmente se cree que las ballenas y los delfines pueden utilizar «rayas magnéticas» del lecho del océano a guisa de ayudas a la navegación en sus largos viajes submarinos. Estas rayas son fruto de la acción geológica, tectónica, que provoca una extensión del lecho del mar. Parece que los cetáceos pueden utilizar las zonas de gran magnetismo –que tienden a estar en puntos localizados– a modo de «mojones» geomagnéticos, a la vez que usan las largas depresiones de bajo magnetismo, las rayas, como rutas. Estos mamíferos llevan incrustados en el cuerpo materiales magnéticos, así finos como bastos, pero los investigadores piensan que su gran sensibilidad magnética quizá se debe a las voluminosas partículas magnéticas que llevan en el oído interno, según descubrió hace poco Michael Fuller, de la universidad de California en Santa Bárbara.

Sin embargo, algunos seres perciben los campos magnéticos de otras maneras; no siempre se encuentra en ellos magnetita (que a veces se produce en los organismos vivos por su dureza más que por sus propiedades magnéticas). En los tiburones y diversos tipos de rayas, por ejemplo, el campo se concibe como una serie de impulsos eléctricos que se crean cuando los animales se mueven por el agua y, por ende, por el campo geomagnético. Consiguen esta sensibilidad eléctrica mediante largos canales conductivos (denominados «ampollas de Lorenzini») que conectan las células eléctricamente sensibles del hocico con los poros de la piel.[3]

Las investigaciones han continuado engrosando la lista de seres poseedores de sensibilidad magnética. El investigador alemán G. Becker ha demostrado que hasta las moscas se alinean con la dirección del campo geomagnético cuando aterrizan. Algunos seres pueden detectar cambios magnéticos pequeñísimos, de una milésima de gausio o incluso menos. Se cree que el atún de aleta amarilla, por ejemplo, puede distinguir variaciones tan minúsculas como, pongamos por caso, ¡una veintemilésima parte del campo de la Tierra!

No hemos hecho más que empezar a percatarnos de la exquisitez con que la biosfera armoniza con los campos de energía de la Tierra. Las fuerzas no necesitan ser poderosas, basta con que sean apropiadas. Tal como ha comentado correctamente el investigador francés Michel Gauquelin: «A veces los organismos responden con mayor prontitud a los niveles de energía más débiles que se encuentran en la naturaleza».[4]

En términos de magnetismo, electricidad, infrarrojos, ultrasonido y otros, la biosfera puede obrar recíprocamente con las otras esferas de la Tierra y dentro de sí misma. ¿Cómo encaja en esta membrana el ser humano?

Aunque podemos estar seguros de que la naturaleza no dejó a los seres humanos fuera del esquema de cosas, se sigue oponiendo mucha resistencia a la idea de que somos sensibles a estímulos invisibles y sutiles del entorno. Esto se debe en parte al legado de una empecinada actitud mecanicista que todavía impregna muchos campos de la ciencia –perspectiva mental que es muy poco apropiada para entrar en el próximo milenio, dicho sea de paso– y en parte a que el reconocimiento de que el electromagnetismo puede afectar a los seres humanos de muchas maneras diferentes expondría a las compañías de electricidad y a industrias enteras a interrogantes y dudas sobre los riesgos para la salud. Los problemas económicos derivados de semejante situación podrían ser enormes y debemos recordar siempre quién paga la factura de la ciencia oficial.

No obstante, el ser humano es una criatura electromagnética en muchos aspectos. Veamos ante todo la sensibilidad al magnetismo.

El doctor Robin Baker, profesor de zoología en la universidad de Manchester, dice: «Si los seres humanos tienen tal sentido [magnético], deberíamos esperar de ellos también que tuvieran que aprender a usarlo eficazmente. La mayoría de las personas, debido a la vida moderna y a las numerosas ayudas a la navegación que las rodean, tienen pocos motivos para hacer uso de su sentido geomagnético».[5] Desde 1979, Baker ha efectuado experimentos para averiguar si las personas realmente poseen sentido de la dirección. En uno de los experimentos, un grupo de estudiantes fue conducido en autobús a una base «de casa». Les taponaron los oídos, les vendaron los ojos y les pusieron cascos que contenían o bien imanes o barras de latón no magnéticas. Se pidió a los estudiantes que estimaran la dirección que llevaba a casa desde dos puntos del viaje. Al analizar los resultados, se vio que los que no tenían un imán en el casco sacaban mejor puntuación que aquellos que se veían afectados por el campo magnético de su casco. En otra serie de experimentos Baker y su colaboradora Janice Mather hicieron girar a unos estudiantes en una silla sin fricción colocada en un entorno donde no había interferencias magnéticas. Después, les pidieron que indicaran una marcación de la brújula. Los investigadores obtuvieron tasas de aciertos constantes desde el punto de vista estadístico. Posteriormente Baker ha utilizado la televisión británica para pedir voluntarios que estén dispuestos a participar en más experimentos relativos a la navegación humana.

Algunos de los experimentos de Baker los han repetido otros investigadores con resultados poco claros, pero cabe que ello se deba a diversos factores variables. En 1983 Baker y sus colegas estaban seguros de haber localizado una fuente de magnetita humana en los senos del hueso etmoides, cerca de las glándulas pituitaria y pineal del cerebro.[6]

Investigadores que colaboraron con zahoríes (adivinadores o brujos del agua) han revelado algo que parece ser una gran sensibilidad magnética en los seres humanos. En los años cuarenta el científico holandés Solco W. Tromp comprobó en experimentos dignos de confianza que los zahoríes con los ojos vendados podían detectar cambios en campos magnéticos artificiales. Más adelante, la labor del físico francés Yves Rocard indicó de modo parecido que los zahoríes eran sensibles a los campos magnéticos, hasta de minúsculas fracciones de gausio. Asimismo, comprobó que los zahoríes no podían funcionar si se colocaban imanes en ciertos puntos de su cuerpo. El investigador ruso Aleksandr Dubrov ha confirmado tales órdenes de sensibilidad magnética en los seres humanos y propone la teoría de que existen factores superconductivos dentro del cuerpo humano. Durante los años setenta el físico Zaboj Harvalik llevó a cabo numerosos experimentos en Estados Unidos que también demostraron la sensibilidad humana a los cambios magnéticos pequeños y cambiantes. Aunque parezca increíble, comprobó que muchas personas pueden detectar variaciones de sólo una cienmilésima parte del campo geomántico. Con la persona más sensible, el malogrado Wilhelm de Boer, maestro zahorí procedente de Bremen, Alemania Occidental, se registró con exactitud un cambio de una mil millonésima de gausio.

Harvalik utilizó escudos de una aleación especial para tratar de ver si había algún centro específico de sensibilidad magnética dentro del cuerpo humano. Encontró dos posibilidades: las glándulas suprarrenales (cerca de los riñones), y un lugar «cerca de la glándula pituitaria o de la pineal»,[7] es decir, la misma zona que señalara la investigación de Robin Baker. Desde hace mucho tiempo los ocultistas afirman que la glándula pineal es importante en el funcionamiento paranormal.

Hay pruebas de que las personas hipnotizadas o bajo la influencia de sustancias alucinógenas a veces pueden percibir realmente un campo magnético extático como si se tratara de un efecto fluctuante. También es sabido que los imanes de cierta potencia aplicados a las sienes pueden crear la sensación de luz en personas que se encuentran en estado normal de conciencia, incluso cuando se hallan en oscuridad total. También se ha hablado de numerosos casos de personas que podían «oír» efectos de aurora en el cielo, manifestaciones meteóricas y rayos de radar («igual que abejas zumbantes»). De hecho, hay prototipos de audífonos eléctricos, para personas sordas, con los cuales se puede «oír» por medio de cualquier parte del cuerpo. Esta capacidad humana de percibir sensorialmente efectos electromagnéticos ha inducido al ex ingeniero de la NASA James Beal a preguntarse: «¿Cuántas personas hay ahora en instituciones mentales o afectadas psicológicamente debido a que sufren de hipersensibilidad a los campos eléctricos y oyen voces, sonidos zumbantes y señales extrañas?».[8]

El doctor Michael Shallis del departamento de estudios externos de la universidad de Oxford ha estudiado las posibles conexiones entre la hipersensibilidad eléctrica, los síntomas alérgicos y la capacidad psíquica en personas seleccionadas.[9] Una de tales personas también es supersensible al magnetismo. Cuando esta persona sufre de un ataque de alergia, siente alivio al coger el teléfono: según parece, el imán que hay en el auricular estabiliza su dolencia. En ciertas ocasiones el mismo hombre se vuelve tan sensible al campo geomagnético que si se coloca de cara al sur sus síntomas empeoran e incluso puede perder el conocimiento. En cambio, cuando se pone de cara al norte se siente mejor, hasta eufórico. El norte «le llama». Esta persona ha sido sometida a pruebas objetivas en laboratorios especiales y puede responder de modo definido a las direcciones del campo magnético.

La labor de Shallis ha destacado de forma especial la notable sensibilidad eléctrica que el ser humano puede poseer en casos extremos. Una persona casi se desmayaba al cruzarse alguien de brazos o piernas cerca de ella. Shallis comprobó este efecto cuidadosamente e hizo que alguien se cruzara de brazos o piernas sin que la mujer pudiera verlo, pero ella continuó respondiendo instantáneamente. Shallis sacó la conclusión de que «El efecto era auténtico, no era un truco de la mente. de un modo u otro nuestros actos afectaban el entorno electromagnético al que la mujer era tan sensible». Otras personas empezaban a encontrarse mal a unos cuantos centenares de metros de cables de alta tensión, a la vez que, al situarse debajo de ellos, sufrían convulsiones y hasta desmayos. Otra mujer se volvió increíblemente sensible a la electricidad cuando la pusieron en los dientes unos empastes provisionales que contenían aluminio; los empastes la convirtieron en una antena humana y a causa de ello caía al suelo cuando pasaba cerca de los faroles de la calle, oía sonidos eléctricos y notaba desagradables cargas de estática en la piel. Otras personas a veces no podían utilizar electrodomésticos debido a sus reacciones alérgicas.

Estas personas son excesivamente sensibles, es cierto, pero si los mecanismos existen en ellas, seguramente pueden existir, hasta cierto punto, en todos nosotros. Es indudable que determinados animales pueden tener una sensibilidad eléctrica especial que equivale a los casos que acabamos de ver. Por ejemplo, Frank Brown comentó que sus caracoles y tenias tenían «más de cien veces la sensibilidad que se requeriría... para "percibir" el campo eléctrico creado por una nube cargada de electricidad que se alzara en el horizonte a kilómetros de distancia».

Sabemos que las personas pueden reaccionar a los efectos eléctricos que hay en el entorno de manera general, debido a las reacciones en masa a los iones del aire. Los iones son átomos o moléculas que han perdido o ganado un electrón, por lo que ya no tienen equilibrio y, en consecuencia, pasan a estar cargados. Decenios de investigación han demostrado que los iones negativos surten un efecto vigorizante y saludable en el metabolismo humano, mientras que los iones positivos tienden a conducir a estados de depresión psicológica, cansancio y hasta enfermedad. Los iones negativos se producen alrededor del agua cuando algo la turba, por ejemplo las olas que rompen sobre la playa, las cataratas o los saltos de agua. También abundan en el aire limpio de las montañas. Al contrario, las habitaciones cerradas y ocupadas, así como otros espacios interiores, tienden a contener gran número de iones positivos. Productores importantes de iones positivos en la naturaleza son ciertos vientos que de modo estacional afectan a determinadas regiones: el *khamsin* de Oriente medio; el siroco de Italia; el *foehn* suizo; el mistral francés; y el Santa Ana y el *chinook* de América del Norte. Las estadísticas indican que cuando soplan estos vientos secos tiende a producirse un incremento de los delitos, los accidentes de tráfico y los ingresos en instituciones mentales. Las personas se vuelven irritables, se sienten fatigadas o deprimidas y el asma y otras dolencias empeoran.

Otra condición eléctrica que acaricia la superficie de la Tierra es el campo electrostático que existe entre el suelo y la ionosfera. Su fuerza puede ser del orden de varios cientos de voltios por metro. Se han llevado a cabo experimentos con voluntarios a los que se excluía de este campo colocándolos en jaulas de Faraday durante períodos prolongados (las jaulas de Faraday tienen las paredes de metal para protegerlas del electromagnetismo) y se han observado grandes cambios en sus ritmos diarios normales de factores metabólicos tales como la temperatura corporal, los ciclos de sonambulismo, la excreción por las vías urinarias de ciertas sustancias químicas y otros procesos fisiológicos. Todos padecemos de estos trastornos en cierta medida cuando nos encontramos en lugares resguardados como, por ejemplo, los aviones, los edificios de armazón metálica y los automóviles. La exposición al campo eléctrico de nuestro planeta parece ser necesaria para nuestra salud.

Los campos electromagnéticos pueden afectar a toda suerte de procesos dentro del cuerpo humano. La glándula pineal (una vez más) varía la producción de las hormonas melatonina y serotonina cuando se la somete a varias orientaciones de campos magnéticos que no sean más fuertes que el de la Tierra (medio gausio). Estas hormonas obran de diversas maneras sobre el sistema nervioso, incluyendo el control de todos los biociclos del interior del cuerpo.

Otro ejemplo es la célula. Sabemos ahora que las células son estructuras complejas que llevan aparejado el uso del electromagnetismo; las paredes de las células incluso pueden hacer de semiconductores. (A decir verdad, hay varias estructuras en el cuerpo humano que los investigadores, siguiendo el ejemplo de Albert Szent-Gyorgyi, quien recibió el premio Nobel, han sugerido que pueden actuar a modo de semiconductores biológicos, y algunos hasta pueden convertirse en superconductores en ciertas circunstancias.) Así pues, los campos electromagnéticos aplicados pueden influir en las células, por ejemplo, cambiando su índice de división. Esto podría tener consecuencias de todo tipo para la producción (y curación) de tumores y cánceres.

El cirujano ortopédico norteamericano Robert O. Becker ha escrito: «En los dos últimos decenios se ha probado que casi todos los tejidos producen o llevan varias clases de carga eléctrica».[10] Becker ha sido un gran investigador en el campo de la bioelectricidad y la relación de los organismos con su entorno electromagnético. Ha sido precursor de la aplicación de campos electromagnéticos débiles para curar fracturas de los huesos y en los procesos que conducen a la posible regeneración de las extremidades. En el curso de sus investigaciones también ha descubierto una pauta de corriente continua (CC) dentro del cuerpo humano.

En 1938 empezaron a observarse efectos poco corrientes en la sangre humana. El médico japonés Maki Takata había inventado una prueba química para detectar la presencia de albúmina en el suero de la sangre. La prueba sería conocida por el nombre de «reacción de Takata». El médico japonés pudo proporcionar una manera de medir la propensión de la albúmina a cuajar formando copos pequeños, proceso que se denomina floculación. En los hombres este índice era supuestamente constante, pero en las mujeres variaba con sus ciclos menstruales. En enero de 1938, sin embargo, los investigadores empezaron a observar que, de pronto, el índice de floculación había comenzado a subir tanto en las mujeres como en los hombres. Dio comienzo el análisis detallado del comportamiento del índice en personas separadas por grandes distancias. Se vio con claridad que los índices de floculación de las personas variaban como si fuera en respuesta a alguna influencia de alcance mundial. Después de años de trabajo, se identificó el agente primario: era el Sol. Se notó de dos maneras: el índice de floculación, que es muy bajo al finalizar la noche, experimenta una repentina subida al amanecer, y las subidas generales del índice, tanto en hombres como en mujeres, coincidían exactamente con la aparición de manchas solares; y se sabía que 1937 había sido un año de máxima aparición de tales manchas. Se detectaron cambios en el suero de la sangre cuando las manchas solares cruzaron el centro del disco del Sol, momento en que las partículas cargadas se encontraban en su flujo más fuerte hacia la Tierra. Takata hasta descubrió que los índices descendían durante los eclipses de Sol, que es cuando la Luna se sitúa entre la Tierra y el Sol.

Pero ¿cómo podía la influencia del Sol afectar nuestra sangre? Investigaciones posteriores han demostrado que los campos eléctricos y magnéticos pueden afectar la capacidad de coagulación rápida de la sangre, y se cree que un aspecto de la conexión entre el Sol y la sangre podría ser la creación de ondas de bajísima frecuencia en la atmósfera poco antes de salir el Sol.[11] Estas ondas podrían tener un papel importante en la dinámica de la Tierra tomada en conjunto. Tal como señala Robert Becker: «... hay efectos primarios en todas las formas de vida en frecuencias bajísimas». Lo más significativo de todo es que las ondas de frecuencia bajísima pueden conectar directamente el funcionamiento del cerebro humano con el entorno terrestre.

Resonancia de la Tierra

Las ondas naturales de frecuencia bajísima o muy alta son fruto de influencias cósmicas y de diversas circunstancias meteorológicas, en particular de los relámpagos, aunque los detalles de sus orígenes distan mucho de estar claros. Se producen en el espacio situado entre la superficie de la Tierra y la ionosfera y son pulsaciones muy pequeñas pero continuas que se sobreponen tanto al campo magnético como al campo eléctrico de la Tierra. H. L. König ha demostrado que las ondas naturales de frecuencia bajísima emiten unas señales que varían diaria y estacionalmente. En 1952 W. O. Schumann, de la universidad de Munich, publicó una monografía para demostrar que la cavidad Tierra-ionosfera es un resonador electrodinámico y que cuando las longitudes de las ondas de frecuencia bajísima se aproximan a la circunferencia de la Tierra se crea un sistema resonante. A esto ha dado en llamársele «la resonancia de Schumann». Las frecuencias alcanzan sus puntos máximos en 7,8, 14,1, 20,3, 26,4 y 32,5 hercios (un hercio es un ciclo por segundo), y la mayor parte de la energía se concentra en unos 10 hercios. Una onda de 10 hercios tiene una longitud de unos 29.930 kilómetros. Las ondas de frecuencia bajísima pueden viajar alrededor de todo el mundo con una muy poca pérdida de energía y pueden penetrar prácticamente en todas partes.

Las frecuencias de emisión conocidas de partes del cuerpo humano entran en la categoría de frecuencias bajísimas, desde poco más de sobre cero hasta alrededor de 100 hercios. En particular, el cerebro produce una curiosa serie de ritmos eléctricos que oscilan entre 0,5 y 30 hercios. Estas ondas cerebrales las midió por primera vez el alemán Hans Berger en 1925, aunque su existencia la había observado varios decenios antes el fisiólogo británico Richard Caton. Nadie está completamente seguro de cómo se forman estos movimientos cerebrales de ondas eléctricas.

Las ondas de frecuencia más baja (0,5-4 hercios), denominadas ritmo delta, se asocian principalmente con el sueño profundo y algunos investigadores piensan que también pueden estar relacionadas con el comienzo de experiencias paranormales y niveles de conciencia superiores. A continuación vienen las ondas theta (4-7 hercios), que se producen durante los sueños o en los estados de semivigilia, y también durante las meditaciones profundas. El ritmo alfa (8-13 hercios) aparece durante los estados de alerta pasiva, una mente vacía más que relajada, un modo de conciencia «de examen atento o espera».[12] Alfa parece ser un requisito previo para la alteración de los estados, pero tiene que combinarse con otros ritmos para alcanzarlos. El cuarto ritmo de las ondas cerebrales son las frecuencias beta (13-30 hercios), que se producen en los estados de vigilia normales y se asocia con el pensamiento activo, la resolución de problemas y la atención al mundo exterior.

Es claro que el cerebro humano contiene frecuencias eléctricas que están relacionadas con las que se encuentran naturalmente en los campos de energía del planeta. Algunos investigadores están convencidos de que esto se produjo porque la vida evolucionó dentro de la influencia de estos campos y los ritmos cerebrales quedaron atrapados por ellos; dicho de otro modo, las pulsaciones planetarias empezaron a «conducir» la actividad eléctrica del cerebro.

Podemos ver, por consiguiente, que el foco de 10 hercios de la resonancia de Schumann se centra más o menos en las frecuencias alfa del cerebro, y los investigadores han comprobado que la banda de 10 hercios puede utilizarse para restaurar los ritmos metabólicos normales en los voluntarios humanos que se sometieron al experimento de aislarse de los campos naturales de la Tierra, el Sol y la Luna.[13] La vida, al parecer, necesita oír el «latido del corazón» de su planeta madre.

La región de los lóbulos temporales del cerebro es especialmente sensible a los campos electromagnéticos. Un rasgo de la corteza temporal es el hipocampo, al que se asocia con la memoria y los sueños. El estímulo clínico del hipocampo con corrientes eléctricas muy pequeñas puede producir apariciones, alteraciones del tiempo y el espacio, efectos auditivos, etcétera. Estos fenómenos incluso pueden interponerse en la conciencia despierta. El investigador Francis Ivanhoe, de San Francisco, ha sugerido que el cuerno de Amón, que es una parte del hipocampo, puede leer la fuerza de campo de la Tierra. Asimismo, la actividad neural en el hipocampo aumenta con el estímulo eléctrico y alcanza el máximo en la «frecuencia de la Tierra»: 10-15 hercios. Sea como fuere, realmente parece que tenemos un cordón umbilical electromagnético que nos une a la Madre Tierra.

Las luces centelleantes y ciertas clases de sonidos también pueden crear pautas específicas de ondas cerebrales. Los estados alfa/theta, por ejemplo, pueden provocarse contemplando fijamente las llamas trémulas de una hoguera, los destellos de luz del sol en las ondas acuáticas, las manchas de luz solar entre el follaje que la brisa mece suavemente o escuchando el rugido «de color de rosa» de una cascada, los murmullos de un arroyo, la lluvia que cae sobre las hojas o el viento que acaricia los árboles. En el laboratorio pueden provocarse frecuencias exactas de ritmos cerebrales por medio de los destellos controlados de un estroboscopio. El yoga y otros sistemas de meditación también pueden fomentar ciertas frecuencias de ondas cerebrales, y utilizando técnicas de «biofeedback» electrónico, en las cuales la instrumentación indica los estados de las ondas cerebrales, una persona puede averiguar rápidamente qué comportamiento mental y fisiológico debe adoptar para entrar, por ejemplo, en el estado alfa.

Lo que todo esto quiere decir es que en ciertos estados mentales los ritmos de la Tierra resuenan en nuestras ondas cerebrales. Podemos ponernos en armonía con el planeta. Algunos de esos estados (tales como el estado soñoliento, hipnagógico, en que entramos momentos antes de quedar dormidos) parecen realzar la entrada de información visionaria y paranormal en nuestra conciencia. Y en los estados hipnóticos y alucinógenos, como hemos señalado, hasta es posible percibir campos electromagnéticos de bajo nivel y externos. Quizá en ciertos estados podemos abrirnos directamente al inmenso océano de fuerzas naturales de frecuencia biológica que hay en el planeta. Y quizá hay un tráfico de dos direcciones entre la mente y el planeta...

Volveremos a ocuparnos de estas consideraciones en otros capítulos.

Campos

Puede que los aparentes vínculos entre los ritmos eléctricos del cerebro y la sensibilidad electromagnética natural con los campos de energía terrestres se vean facilitados por los efectos energéticos que rodean el cuerpo. Robert Becker ha propuesto la idea de que el sistema de corriente continua del cuerpo podría ser el medio que nos permite «registrar» los ritmos de frecuencia bajísima del planeta. Otra posibilidad sería el campo magnético que rodea la cabeza. Este campo es fruto de la actividad eléctrica que tiene lugar en el cerebro y es muy sutil. De hecho, no fue descubierto hasta los años setenta, con el advenimiento del magnetómetro SQUID, que es sumamente sensible. Asimismo, como hemos señalado ya, el cuerpo produce otras emisiones electromagnéticas: el corazón, por ejemplo, genera su propio campo magnético.

La idea de que hay un campo de energía que rodea el cuerpo recibió parte de su primer apoyo experimental de la labor que llevaron a cabo dos profesores de la universidad de Yale en los años treinta y cuarenta. F. S. C. Northrop y Harold Saxton Burr propusieron la idea de tal campo y Burr ideó un voltímetro para medir los campos eléctricos biológicos. Los encontró en una gran variedad de organismos, desde los árboles hasta los reptiles y los seres humanos y otros mamíferos. En un experimento famoso «conectó» un árbol durante muchos años y comprobó que su campo eléctrico respondía a las fases lunares, las manchas solares y las tormentas, además de mostrar los cambios, éstos más esperados, debidos a las variaciones de la luz y la humedad. Burr y Northrop llamaron a estos campos –que, como pudieron comprobar, rodeaban los organismos y también penetraban en ellos– «campos L o campos vitales». En su opinión, eran campos «organizadores» que acompañaban a un organismo desde su principio y aportaban una especie de molde o patrón electromagnético para su pauta de crecimiento. Durante muchos años nadie hizo caso de los resultados que obtuvo Burr, pero ahora se considera que su validez era mayor de lo que parecía en aquel tiempo, aun cuando su naturaleza fuese relativamente primitiva, precursora.

Gran parte de la ciencia occidental ortodoxa sigue contemplando con mayor o menor escepticismo las teorías que sostienen que las cosas vivas están asociadas con campos y corrientes electromagnéticos. A juicio de muchos científicos, estas teorías tienen demasiados resabios de las viejas ideas «vitalistas», que son conceptos desacreditados que fueron a parar al cubo de la basura. No obstante, la labor moderna no puede descartarse y las posturas escépticas están condenadas a cambiar a medida que continúen las investigaciones. Tal como ha señalado Lyall Watson: «En 1960 se publicaron solamente tres ensayos sobre este tema en la literatura científica. En 1984 se publicaron ya más de diez mil...».[14]

Pero la idea de los campos organizadores que propuso Burr va un poco más allá de la mera constatación de la presencia de campos electromagnéticos alrededor y dentro de los organismos vivos, y no salió simplemente de la nada. Algunos de los vitalistas del siglo XIX defendían la tesis de que sobre los organismos tenía que obrar algo que explicara su crecimiento y sus formas, un proceso que queda resumido en el término morfogénesis. En el decenio de 1900 Hans Driesch dijo que esta influencia, fuerza o principio vital era una entelequia. En los años veinte unos cuantos biólogos propusieron la teoría de que la morfogénesis era organizada por campos y, en consecuencia, uno de ellos, Paul Weiss, dio a su concepto el nombre de «campos morfogenético». En años recientes el bioquímico Rupert Sheldrake ha causado una tempestad de polémicas al proponer una versión más avanzada de tales campos L, campos morfogenéticos y demás. Sheldrake llama a su hipótesis «causación formativa» y sugiere que no se trata meramente de campos alrededor de organismos individuales, sino que tenemos que considerar campos que rodean a especies enteras:

> Lo que es nuevo en la hipótesis de la causación formativa es que la estructura de estos campos... es el resultado de las formas reales de anteriores organismos parecidos. Dicho de otro modo, la estructura de los campos depende de lo que ha ocurrido antes... Representan una especie de memoria mancomunada o colectiva de la especie. Cada miembro de la especie es moldeado por estos campos de las especies y a su vez aporta algo a ello, influyendo en los futuros miembros de la especie.
> ¿Cómo puede funcionar una memoria semejante? La hipótesis de la causación formativa dice que depende de una especie de resonancia, la denominada resonancia mórfica.[15]

Sheldrake distingue esa resonancia de otros ejemplos que conoce la ciencia, entre ellos la resonancia electromagnética. La resonancia mórfica no lleva aparejada una transferencia de energía de un sistema a otro, según Sheldrake, sino «una transferencia no energética de información». Sin embargo, se parece a tipos de resonancia conocidos en que requiere pautas rítmicas de actividad. Así pues, en esencia los campos de Sheldrake son campos de memoria; como dice él: «Puede que nuestros recuerdos no estén almacenados dentro de nuestro cerebro, como suponemos a menudo». Pero ¿qué son estos campos de memoria? Mejor dicho, ¿qué es un campo? Hemos usado el término repetidas veces durante el presente capítulo y también lo encontraremos en páginas posteriores. No es un término fácil de definir. Robert Becker aborda la cuestión con cierta dosis de humor cáustico:

> Un campo es «algo» que existe en el espacio alrededor de un objeto que lo produce. Sabemos que hay un campo alrededor de un imán permanente porque puede hacer que una partícula de hierro salte a través del espacio hacia el imán. Obviamente, hay una entidad invisible que ejerce una fuerza sobre el hierro, pero ¡no preguntéis en qué consiste![16]

Lyall Watson también reconoce la naturaleza enigmática del concepto de campo:

La idea de tener un campo eléctrico que no podemos ver, oír ni gustar es en sí misma bastante misteriosa, por lo que merece la pena explicar que un campo no existe por derecho propio. Es sencillamente una zona en la cual suceden ciertas cosas.[17]

Sheldrake se limita a señalar que:

La naturaleza de los campos es inevitablemente misteriosa. Según la física moderna, estas entidades son más fundamentales que la materia. Los campos no pueden explicarse en términos de materia; más bien la materia se explica en términos de la energía que hay dentro de los campos.[18]

Considera que sus campos mórficos «como los campos conocidos de la física, son regiones de influencia no materiales que se extienden en el espacio y continúan en el tiempo».

El concepto de campo es un instrumento mental esencial para la ciencia moderna, porque ésta necesita explicar cómo las cosas pueden obrar unas sobre otras a distancia. Como mínimo desde los tiempos del físico Faraday (1791-1867), se ha intentado resolver el problema inventando alguna clase de éter (que Maxwell, contemporáneo de Faraday, dijo que era una útil «colección de propiedades imaginarias») que existía físicamente en algún nivel del espacio, o suponiendo que los campos eran «un estado del espacio», lo cual es una idea sencilla y al mismo tiempo infinitamente compleja. La ciencia moderna básicamente ve los campos en términos del segundo concepto citado. Einstein, por ejemplo, propuso un continuo espacio-tiempo, una de cuyas expresiones es la gravedad, conceptualizado como espacio curvado. Todo esto puede resultarle increíblemente abstracto y enrarecido al profano, pero ciertamente los campos son reales; ¿quién podría negar la existencia de la gravedad? (Probablemente algunos materialistas, si pudieran negarla con impunidad.)

No podemos experimentar de modo directo la naturaleza de los campos excepto, posiblemente, en ciertos estados alterados de la conciencia. Si bien son continuos y holísticos (no puedes cortar un pedazo y metértelo en el bolsillo), los campos son entidades distintas. Pueden relacionarse e influirse recíprocamente y, a pesar de ello, ocupar el mismo espacio. Los campos electromagnéticos, por ejemplo, difieren en especie de los campos cuánticos de materia de los físicos modernos. Estos extraños campos cuánticos sostienen la existencia manifiesta: las partículas no existen rodeadas de estos campos, sino que son en sí mismas «manifestaciones de la realidad subyacente de los campos», como dice Sheldrake. La materia consiste «en procesos rítmicos de actividad, de energía limitada y modelada dentro de campos».[19]

Sencillamente no sabemos cuántos campos existen ni de qué clase son, pero la naturaleza conservadora de la ciencia (aunque en modo alguno de todos los científicos) tiende a suponer que, en cualquier momento dado, sólo existen los campos que en ese momento se conocen. Si un campo ayuda a describir algo, como ocurre con los campos mórficos de Sheldrake, entonces tiene una utilidad, si no una realidad. Puede tener ambas cosas, por supuesto. (En la tercera parte propondremos un campo para describir algo para lo cual en estos momentos no tenemos ningún título mental que pueda usarse.)

Así pues, es posible que los campos sean el medio en virtud del cual la humanidad y la biosfera en general se funden con la Tierra en conjunto.

Psicosfera

Esta comprensión cada vez más honda de los campos quizá lleve al reconocimiento de otra esfera de la Tierra: la mental. Se ha propuesto que al menos los campos de bajísima frecuencia tal vez estén asociados con algunas formas de percepción extrasensorial. A partir de comienzos de los años setenta se han sugerido variantes de esta teoría. Nadie parece haberla examinado más a fondo que el neurocientífico Michael Persinger, profesor del departamento de psicología de la Laurentian University de Ontario, Canadá. En una serie de estudios Persinger y sus colegas han comparado cuidadosa y estadísticamente bases de datos de diversas clases de percepción extrasensorial –telepatía, clarividencia, precognición (conciencia profética), ver «fantasmas»– con un índice mundial de actividad geomagnética.[20] Es una obra que hay que ver para apreciarla apropiadamente: se han encontrado correlaciones asombrosas entre las facultades de telepatía y clarividencia específicamente y días de poca actividad geomagnética. La correlación no es tan buena en el caso de otras formas de percepción extrasensorial. En un estudio de 109 casos de telepatía efectuado en 1987 se comprobó que la mayoría de las experiencias ocurrieron durante sueños intensos (lo cual sugiere un nivel de actividad theta).[21] Los casos se sacaron de una fuente de confianza que databa de finales del siglo XIX, período en que, como señala Persinger, en la atmósfera habría muchas menos ondas de frecuencia bajísima producidas artificialmente, a la vez que las personas no estarían en modernos edificios de estructura de acero, los cuales, según hemos visto, pueden afectar localmente el campo geomagnético. Al comentar los resultados del estudio, Persinger escribió:

> Estos resultados indican claramente que las experiencias espontáneas de percepción extrasensorial eran más probables en

días en que la actividad geomagnética era muy inferior a la de los días anteriores o posteriores a las experiencias. Esto... sugiere un mecanismo de frecuencia bajísima. Los días geomagnéticos tranquilos causarían menos trastornos en las resonancias naturales que se generan entre la tierra y la ionosfera o que se propagan dentro del campo geomagnético tranquilo.

La mayoría de las hipótesis relativas a la frecuencia bajísima han abrazado directa o implícitamente las resonancias de Schumann. Estos campos de frecuencia bajísima se generan dentro de la cavidad terrestre-ionosférica. Sus longitudes de onda específicas se deben a la circunferencia absoluta de la Tierra y a las propiedades espaciales y eléctricas de la ionosfera. Hay multitud de fuentes diferentes que pueden contribuir a la frecuencia bajísima de este modo...

... Sea cual fuere el mecanismo que interviene en la asociación, la correlación entre la percepción extrasensorial y la actividad geomagnética parece ser persistente y fuerte...

... Si los fenómenos de percepción extrasensorial se acoplan con la actividad geomagnética, entonces quizá su naturaleza elusiva esté ligada a variaciones de día en día, o incluso de hora en hora, del entorno geomagnético dentro del cual estamos inmersos todos.

Causarían trastornos en el campo geomagnético fenómenos tales como la actividad de las manchas solares, las fases de la Luna, etcétera. Tal como dice Persinger, los períodos tranquilos causarían «menos trastornos de la guía de la onda de Schumann». Persinger señala que otra posibilidad sería que un entorno geomagnético tranquilo surtiera efecto en la persona que vive una experiencia de percepción extrasensorial e incrementara su susceptibilidad a ella.

Persinger propone que los estímulos telepático-clarividentes utilizan el «canal» de frecuencia bajísima y se influyen recíprocamente con el lóbulo temporal del cerebro humano. Comenta que «en esencia la totalidad de las experiencias y características importantes de los fenómenos telepático-clarividentes la ha provocado un estímulo experimental espontáneo (epiléptico) del lóbulo temporal humano».[22] Ya hemos señalado los vínculos electromagnéticos entre el hipocampo (en la zona del lóbulo temporal) y las frecuencias clave de la resonancia de Schumann. Además del hipocampo, Persinger sugiere la intervención de la amígdala, ya que hay relación entre las dos cosas. Mientras que el hipocampo se asocia con la memoria, los sueños y los estados alterados, la amígdala está asociada con experiencias emocionales. El estímulo eléctrico de estas estructuras produce toda una serie de sensaciones paranormales, incluso la sensación de abandonar el cuerpo, como ya hemos indicado en el presente capítulo. Parece ser que el estímulo experimental dentro de gamas de frecuencia bajísima theta y otras ha producido efectos particularmente notables en estos rasgos dentro del cerebro.

Basando sus ideas en la importante labor que sobre el hipocampo llevaron a cabo T. J. Teyler y P. DiScenna,[23] Persinger presenta el hipocampo como si fuera una especie de fichero mental en el interior de una «biblioteca» cerebral.[24] Puede acceder a imágenes específicas basadas en la memoria y codificadas en células nerviosas dentro de columnas microscópicas de la corteza del cerebro si se lee la «ficha» apropiada, es decir, la pauta de las secuencias de descargas eléctricas dentro del hipocampo. De esta manera el mensaje telepático o clarividente no tiene que ser en forma de imágenes o sensaciones reales que las ondas de frecuencia bajísima llevan de un modo u otro, sino simplemente una pauta energética que utiliza las imágenes mentales almacenadas por la propia persona, análoga a la manera en que hoy día los ordenadores digitalizan de modo creciente la transmisión electrónica de sonidos o imágenes.

La mayoría de los casos de experiencia telepática y clarividente parecen llevar aparejados momentos culminantes o crisis. Quizá estas circunstancias presten a la pauta de emisión alguna clase de ayuda extra, aumentando las probabilidades de que la capte el cerebro humano dotado de las pautas descodificadoras más apropiadas, cuando así lo permitan las circunstancias electromagnéticas.

Hace muchos años, el doctor Andrija Puharich, científico independiente norteamericano, reparó en que había correlaciones claras entre los casos de telepatía y las fases de la Luna, correlaciones que pueden estar relacionadas con el mecanismo que Persinger y otros vienen sugiriendo, aunque en aquel momento Puharich pensó que la conexión más probable era la gravedad.[25] Puharich también señaló los efectos que las tormentas eléctricas y otros factores ambientales de índole energética surtían en el funcionamiento de la percepción extrasensorial. Robert Becker y sus colegas han demostrado que las tormentas magnéticas provocadas por factores cósmicos decididamente parecen influir en los estados mentales. A lo largo de un período de cuatro años cotejaron los ingresos de más de veintiocho mil pacientes en ocho hospitales mentales de Estados Unidos con 67 tormentas magnéticas que se produjeron durante el mismo período, y comprobaron que el número de personas ingresadas justo después de estas tormentas era significativamente mayor que cuando el campo se hallaba estable. Yendo un poco más allá, siguieron detalladamente el comportamiento de una docena de esquizofrénicos. Había una gran correlación entre varios cambios de comportamiento y la incidencia de rayos cósmicos.

Finalmente, científicos rusos han demostrado que pueden producirse alteraciones de los ritmos alfa durante los experimentos de telepatía; alteraciones parecidas ocurren en las ondas theta cuando las personas que son objeto de los experimentos logran producir efectos psicocinéticos (mover objetos físicos utilizando sólo la mente).[26]

Contaminación energética

Ya hemos hablado de los problemas que la contaminación humana causa en el entorno y de cómo pueden trastornar las interacciones de las esferas terrestres. Lo mismo ocurre en los niveles invisibles de la energía. En el siglo XX hemos vertido una cantidad virtualmente incomprensible de contaminación electromagnética. En términos de energía ambiental, vivimos en un mundo que es completamente distinto del de hace un siglo. Robert Becker y Gary Selden lo expresan bien:

> Durante miles de millones de años... las energías entre las cuales crecía la vida fueron relativamente sencillas. Había un campo electromagnético débil modulado por micropulsaciones dentro de él y, además, esculpido por los ciclos solares y lunares. Había un estallido de estática centrado en 10.000 hercios que reverberaba sobre toda la tierra siempre que se producían relámpagos en la multitud de tempestades de truenos que tenían lugar en cualquier momento dado. Había unas cuantas ondas de radio débiles procedentes del Sol y otros astros. La luz, incluyendo un poco de luz infrarroja y ultravioleta, era la forma de energía electromagnética que más abundaba. En frecuencias más elevadas las cosas vivas absorbían sólo pequeñas cantidades de rayos X ionizantes y de rayos gamma procedentes del espacio y de minerales radiactivos en las rocas. Grandes partes del espectro energético eran silentes.
> Nunca volveremos a experimentar ese mundo silencioso.[27]

Actualmente producimos ondas artificiales de frecuencia bajísima que salen de los cables de la electricidad, los electrodomésticos y los sistemas de comunicaciones. Nuestras instalaciones domésticas de hilos, cables de alta tensión, aparatos de oficina y del hogar irradian campos electromagnéticos. Ocupamos entornos que nos aíslan de los campos de energía naturales y en los cuales nos ilumina una pálida luz artificial. Provocamos una verdadera borrasca de ondas de radio y microondas. Vertemos y hacemos estallar radiactividad en la atmósfera, la hidrosfera y la litosfera.

Nuestros arquitectos proyectan enormes edificios de estructura de acero y cristal reflectante, en cuyo interior laten los sistemas de energía. Estos edificios se alzan en un entorno donde bulle una masa de energías producidas artificialmente. La gente discute sobre la estética de los edificios, pero ¿quién tiene en cuenta sus características energéticas..., sus materiales, su forma, sus resonancias de energía, su utilización de fuerza eléctrica? Las ciudades son vórtices de energía electromagnética.

Muchas de estas radiaciones de energía pueden estar en niveles de alta frecuencia que no nos hacen daño a menos que entremos sin protección en contacto directo con ellas. Pero algunos de los campos están en lo que ahora podemos identificar como frecuencias biológicas, las frecuencias con que sintoniza la vida. ¿Qué efecto surten estas frecuencias en nuestra salud física y mental?

Crece la preocupación por la manera en que pueden afectarnos los cables de electricidad, las comunicaciones de microonda, los ciclos domésticos de electricidad de corriente alterna y otros rasgos de nuestro entorno energético moderno y artificial. Éste es, por supuesto, uno de los factores que hacen que la ciencia oficial sea reacia a aceptar el abundante conjunto de datos relativos a la bioelectricidad y el biomagnetismo. Las consecuencias podrían ser extensas, y eso se refiere solamente a efectos físicos y efectos psicológicos reconocidos. Apenas se ha abordado la cuestión de cómo estas influencias nuevas también podrían afectar nuestra vida psíquica; sin embargo, incluso el breve resumen que se hace en el presente capítulo indica claramente que estaría justificado que añadiéramos una «sexta» esfera a las otra cinco, una esfera mental o psicosfera, justamente el medio en virtud del cual nuestra conciencia está vinculada a procesos planetarios, y quizá a otros individuos de la especie.

Todas las cosas están relacionadas

El repaso de la ecología energética que se hace en el presente capítulo lo es forzosamente simplificado, pero basta para demostrar que las esferas terrestres están interconectadas incluso en los niveles más sutiles. La Tierra es un organismo pulsante, resonante. Vista de esta manera, nos damos cuenta de que no vivimos sobre la Tierra sino en ella. Incluso cuando contemplamos las estrellas por la noche miramos a través de esferas menos densas de la Tierra. De hecho, nosotros mismos somos un aspecto o una expresión del planeta.

En 1854 el jefe Seattle expresó el conocimiento tradicional al afirmar:

> Esto sabemos, la Tierra no pertenece al Hombre; el Hombre pertenece a la Tierra. Esto sabemos, todas las cosas están relacionadas como la sangre que une a una familia. Todas las cosas están relacionadas.

Este sentido tradicional de la relación ha ido desapareciendo de nuestro planeta. Pero tal vez ahora, en el último momento, estemos recordando aquella antigua sabiduría en el lenguaje de nuestros tiempos y nuestra cultura. Esta recordación puede aumentarse rápidamente dentro de la psique moderna porque, irónicamente, la aceleración del desarrollo de los procesos tecnológicos que nos permiten abandonar la Tierra nos ha proporcionado un medio de comunicarnos unos con otros a una velocidad y una escala como jamás se habían conocido. Lo llamamos tecnología de la información. Sin embargo, no es un fin en sí mismo, sino sólo un medio. El factor vital es cómo lo utilizamos. Tal como nos advirtió T. S. Eliot: «¿Dónde está la sabiduría que hemos perdido en el conocimiento? ¿Dónde está el conocimiento que hemos perdido en la información?».

Para recordar plenamente la antigua sabiduría, para que tenga sentido en los tiempos modernos, debemos abrazar algo más que la ecología física, por importantísima que ésta sea. No debemos excluir los aspectos más hondos de la totalidad, los niveles mental, psíquico y espiritual. Tenemos que comprender su lugar también, porque forman parte de nuestra herencia, parte de nuestra experiencia de ser conscientes. Conseguir que se acepte este aspecto del problema es todavía más difícil que lograr la aceptación para las preocupaciones ecológicas de carácter físico, porque es parte inherente a la perspectiva de nuestro tiempo rechazar estas cuestiones por considerarlas ocultistas, carentes de importancia o fraudulentas. La mentalidad que ha dado forma a nuestra cultura no sólo nos ha hecho ciegos a la sutil membrana planetaria de la que formamos parte, sino que también ha cerrado zonas inmensas del mundo interior de la conciencia.

Capítulo 4

Transmisiones de monumentos

Si la conciencia principal de nuestra cultura justo empieza a apreciar francamente las responsabilidades ecológicas que supone formar parte del mundo, y sólo a regañadientes se da cuenta de hasta qué punto también estamos engranados electromagnéticamente con el planeta, aún falta un poco para que perciba la importancia de un curioso fenómeno que viene sucediendo desde la segunda guerra mundial: el creciente interés por los lugares antiguos y sagrados.

Como señalábamos en el capítulo 1, los pueblos primitivos identificaban o creaban lugares especiales que consideraban sagrados, de un orden diferente del resto del paisaje. Era un fenómeno que ocurría en todo el mundo y los lugares sagrados tenían muchas formas. Algunos eran lugares naturales: afloramientos de roca, cuevas, manantiales, árboles, picos de montañas. Encontramos ejemplos de estos lugares santificados en las tradiciones de los aborígenes australianos, en las cuevas de los chamanes amerindios, en los robles sagrados y los pozos santos de la Europa de la edad de hierro y en la población mundial de colinas y montañas santas. Pueblos tan alejados unos de otros como los griegos antiguos y los indios aymaras de América del Sur consideraban santos los lugares donde había caído un rayo o un meteorito. Otros lugares eran señalados mínimamente, tenían lo que la estudiosa Rina Swentzell, de los indios pueblos, llama «un carácter sagrado atenuado». Señala un lugar santo que hay en Tsikumu, una de las montañas sagradas de estos indios, en la cordillera de Santa Clara, estado de Nuevo México, donde «unas cuantas piedras bien colocadas... definen una zona en la que hay esparcida harina de maíz y un sendero profundo abierto en el lecho de roca. Ninguna estructura especial celebra el carácter sagrado de este lugar. Desde el punto de vista arquitectónico, es atenuado, casi no llama la atención».[1]

Existen también los ejemplos más importantes de ingeniería espiritual que hoy tendemos a llamar «monumentos»: las grandes estructuras de piedra y tierra como la Gran Pirámide de Egipto, las hileras de piedras verticales que hay en la región francesa de Bretaña, Stonehenge y Avebury en Inglaterra, Newgrange en Irlanda, el terraplén de serpentina llamado Serpent Mound, en Estados Unidos, y el Machu Picchu en el Perú. Además de estos y otros lugares célebres repartidos por el mundo, hay muchos miles de lugares menos conocidos. Los círculos de piedras, por ejemplo, abundan en diversas formas en Oriente medio, en África, en Europa y en otras partes. Sólo en las islas británicas se conservan alrededor de novecientos de ellos y hay casi otros tantos en la región de Senegambia, en el África occidental. Legiones de lugares sagrados salpican el cuerpo de la Tierra.

Los pueblos tradicionales recurrían a estos lugares para ponerse en comunicación con el mundo de los espíritus, para soñar, rendir culto, iniciarse o curarse; también los maldecían o invocaban. Pero después del momento crucial del siglo XVII, el nacimiento de la era de la razón, cambió la actitud ante estos lugares. Aparecieron unos hombres llamados «anticuarios» y nació un interés intelectual por estos lugares. ¿Quién los construyó? ¿Qué antigüedad tenían? ¿Cuál era su finalidad? Se convirtieron en objeto de curiosidad y estudio, en vez de ser utilizados. Fue consecuencia de los últimos velos de amnesia que habían cubierto el rostro del mundo de antes.

La memoria de los campesinos era un poco mejor y entre ellos seguían circulando leyendas y relatos sobre las piedras y montículos antiguos, y seguían venerando a los hombres y mujeres sabios que secretamente, en silencio, acudían a los antiguos lugares. Pero era una memoria que iba borrándose. Como señalábamos en el capítulo 2, se calcula que posiblemente nueve millones de personas fueron ejecutadas en Europa por considerarlas brujas.[2] Aunque en esta matanza, principalmente de mujeres, hubo víctimas de venganzas personales, así como de chismorrerías e intrigas locales, es indudable que también se eliminó a gran número de seguidores de la religión antigua, que la Iglesia interpretaba como culto del diablo. Después de la carnicería que produjo la histeria contra las brujas, sólo quedó un puñado de personas poseedoras del antiguo conocimiento. A su vez, este grupo se vio disipado por los efectos de la revolución industrial y las duras condiciones de vida del campesinado.

Así pues, la memoria y el conocimiento de las gentes rurales decayeron al mismo tiempo que el interés por las cosas antiguas evolucionaba hasta convertirse en la arqueología. Al empezar el siglo XX, los lugares sagrados se consideraban monumentos a antiguas supersticiones. Pero, aunque la arqueología científica se hizo más depurada, a la vez que se alejaba mentalmente de la naturaleza de los lugares que estudiaba, en el fondo de la psique contemporánea quedó un sentido de la naturaleza especial de estos lugares.

Lugares de poder

Este sentido residual del carácter especial de los lugares sagrados lo explicaba en parte el legado que proporcionaban los restos fragmentarios del folclore. Estos restos afirmaban que los lugares antiguos tenían propiedades extrañas: las piedras antiguas podían curar, podían moverse, no podían contarse. Los túmulos antiguos contenían tesoros secretos y en ellos moraban hadas y espíritus elementales. Los círculos de piedras eran lugares encantados. De ellos salían sonidos en determinados momentos del día y también aparecían en ellos luces misteriosas. Los espíritus de los muertos aparecían bajo la forma de globos de luz (que en Escandinavia llamaban *haug eldir*) sobre las sepulturas prehistóricas. Todas las creencias legendarias venían a decir lo mismo: los antiguos lugares sagrados poseían propiedades mágicas, sobrenaturales. Eran lugares de poder.

La gente también reconocía la habilidad portentosa con que se habían construido muchos de los monumentos y se preguntaba de dónde habría salido y por qué los hombres de la Antigüedad habrían dedicado a su construcción tanto tiempo y tantos esfuerzos. En los primeros años del siglo XX estaba de moda entre los cultivadores de la psicometría visitar lugares antiguos. Según el consenso general de estos espíritus sensibles, los lugares antiguos se habían utilizado para la concentración mágica de fuerzas cósmicas.

Este tipo de labor en los lugares prehistóricos, al igual que «la búsqueda de leys», fue tachada de «cosa de locos» por la arqueología británica. Desde, como mínimo, los últimos decenios del siglo XIX varios investigadores de Gran Bretaña y de la Europa continental venían sugiriendo que los lugares antiguos formaban líneas rectas. En 1921 Alfred Watkins, conocido hombre de negocios, fotógrafo e inventor, natural de Hereford, propuso la versión más exhaustiva de la teoría. Opinaba que las alineaciones eran los restos de antiguos caminos de mercaderes trazados en el período neolítico (más o menos en los milenios tercero y cuarto antes de Cristo en Inglaterra). Durante un tiempo Watkins dio a sus líneas el nombre de *leys*, pues creía que la palabra sajona, que significaba «prado», podía rastrearse lógicamente hasta la creación de senderos rectos y dotados de indicadores que cruzaban los bosques prehistóricos creando franjas de desmonte. Publicó libros sobre ello, el principal de los cuales fue *The old straight track* (1925), que produjo reacciones hostiles en los círculos arqueológicos pero recibió una respuesta positiva de otras muchas personas. Se fundó un club y los entusiastas de la búsqueda de leys hicieron una gran labor hasta que estalló la segunda guerra mundial. Sin que los ingleses lo supieran, en Alemania se estaba llevando a cabo una labor parecida al mismo tiempo. Los alemanes llamaban «líneas santas» (*Heilige Linien*) a las alineaciones, pero, por desgracia, esta labor se contaminó con la ascensión del nazismo.

El siglo XX también presenció un renacer de la antigua religión como «brujería», aunque bajo formas especiales con aditamentos modernos. El mago Aleister Crowley deseaba vivamente que se formase un «culto pagano nuevo y más grande», pues creía llegado el momento propicio para «una religión natural». Eso fue en 1915. Probablemente el proceso se vio estimulado con la publicación en 1921 de *The witch-cult in Western Europe*, la erudita obra de Margaret Murray. Pero fue en los decenios posteriores a la segunda guerra mundial cuando se produjo la mayor explosión de interés por lo esotérico y el ocultismo. En los años cuarenta y cincuenta, Gerald Gardner hizo las veces de catalizador en la evolución de la brujería moderna, proceso que en Inglaterra resultó aún más favorecido al abolirse la Ley de Brujería en 1951. Hoy día son muchos miles las personas que cultivan la brujería y las religiones de la naturaleza en el mundo occidental. La gente vuelve a acudir a los lugares antiguos, con varios motivos y versiones del paganismo. Sus ritos y ceremonias son principalmente inventados y no pasan de ser una versión libre de lo que seguramente se hacía en tales lugares. Pero lo esencial es que la gente trata de utilizar las piedras antiguas, los pozos y manantiales santos y otros lugares de santidad una vez más.

Este interés por las religiones antiguas ha encontrado un corolario intelectual en el renacimiento del interés y el estudio de antiguas culturas orientadas a una Diosa, tema que tiene un atractivo especial para las eruditas feministas. Las personas que tienen que ver con las religiones antiguas, en cualquiera de sus versiones, también tienden a poseer conciencia ecológica y a considerarse custodias del mundo natural. El etos de este movimiento tan extendido lo resume con acierto el término «ecopagano», que a veces se usa para describirlo.

En los decenios posteriores a la segunda guerra mundial también se ha registrado un aumento tremendo del interés popular por los fenómenos extraños, los OVNI y las sustancias que alteran la mente (el LSD es el agente psicoactivo más importante y discutido que ha aparecido en tiempos recientes). Además, existe interés por saber cómo se usaban los alucinógenos en las culturas tradicionales.

El renacer geomántico

A comienzos de los años sesenta empezó a formarse una manera nueva y holística de estudiar los lugares prehistóricos. La teoría de Watkins referente a las leys casi había desaparecido, pero volvió con toda su fuerza, curiosamente por mediación de ciertas personas asociadas con el nuevo interés por los OVNI. La forma en que sucedió se explica detalladamente en otra parte;[3] para nuestros fines es suficiente saber que sucedió.

Durante los años sesenta creció el interés por los lugares antiguos, por cómo formaban «líneas leys», cómo en ellos podían encontrarse energías extrañas, cómo los constructores de megalitos tal vez fueron «astronautas antiguos», etcétera. Por estrafalarias y erróneas que fueran algunas de las ideas de la generación psicodélica, expresaban una nueva conciencia relativa a los lugares antiguos del paisaje, una conciencia que nacía en aquel entonces.

Hasta hubo revoluciones en el seno de la arqueología: se comprobó que el sistema carbono 14 que se usaba para datar el material orgánico que se descubría en los lugares era inexacto y se recalibró por medio de los anillos visibles en la sección de los troncos de los pinos correspondientes a la variedad Bristlecone de California. Los nuevos gráficos de datación aparecieron en 1967,[4] y al cotejarse la antigüedad de los lugares prehistóricos con esta información, resultó que Stonehenge, Newgrange y otros lugares de todo el mundo eran en realidad muchos siglos más antiguos de lo que se creía. Fue necesario abandonar o modificar teorías arqueológicas enteras referentes a la difusión de influencias culturales.

También en 1967 se publicó un libro de un ex catedrático de ingeniería de la universidad de Oxford, Alexander Thom, que proporcionaba pruebas detalladas, extraídas de decenios de meticulosas investigaciones, que demostraban que los círculos de piedras que había en Inglaterra se habían formado siguiendo un trazado geométrico deliberado, probablemente utilizando alguna unidad básica de medición prehistórica, y que puede que se utilizaran para efectuar avanzadas observaciones astronómicas que iban más allá de las necesidades de una sociedad agrícola básica.[5] (La labor de Thom fue la que proporcionó el estímulo final para la formación de la arqueoastronomía, campo de investigación que hoy día goza de respeto en el mundo académico.) Los arqueólogos empezaron a darse cuenta de que los antiguos constructores de monumentos eran más antiguos y más sabios de lo que se creía hasta entonces.

Después de los excesos del entusiasmo ingenuo de los años sesenta, en Inglaterra apareció una nueva generación de «buscadores de leys» que empezó a explorar el campo y los lugares antiguos desde perspectivas más inclusivas que las permitidas por la arqueología tradicional. Nacieron grupos y revistas especializados tales como *The Ley Hunter*. Empezaron a salir libros que hablaban de los lugares y «misterios» antiguos. Aunque no puede decirse que naciera entonces, sí se amplió una categoría entera de publicaciones. Y todo ello no quedó limitado al mundillo de los escritores y los investigadores: también los artistas comenzaron a inspirarse en las formas, la geometría y la atmósfera de los antiguos lugares sagrados. A todo este campo de investigación holística de los lugares antiguos y sus paisajes a menudo se le da el nombre de «misterios de la Tierra», nombre que inventó en 1974 algún redactor exasperado que trataba de resumir sucintamente el nuevo campo de interés multidisciplinario que rodeaba la evaluación de los lugares antiguos.

Algunos investigadores de los misterios de la Tierra, tales como Nigel Pennick y su instituto de investigación geomántica de Cambridge, se dedicaron a buscar y reeditar viejos textos, entre ellos los escritos de misioneros victorianos en China que describían las extrañas prácticas *feng shui* que encontraron en aquel país y a las que bautizaron con el nombre de «geomancia». En un principio esta palabra significaba adivinación (mancia) arrojando tierra al suelo y leyendo las pautas que ello producía –método que se parecía un poco a otro más humilde que consiste en leer las hojitas de té–, pero estos comentaristas victorianos empleaban la palabra para describir la enorme disposición de los lugares, a escala de paisajes, y las reglas detalladas que hacían referencia al trazado y la orientación de los edificios que encontraban en China, y los investigadores de los misterios de la Tierra adoptaron con prontitud esta aplicación victoriana de la palabra a la geografía sagrada en general. Los modernos geománticos averiguaron que no sólo en China, sino también en otros muchos países, existieron en otro tiempo prácticas relacionadas con el trazado de los lugares de acuerdo con la topografía local y las concepciones de las fuerzas terrestres, prácticas que a veces se conservaban bajo la forma de vestigios o estaban documentadas en material de archivo muy disperso. En Europa, personas como Pennick se han ocupado de descubrir lo que puede sacarse de las tradiciones geománticas del norte de Europa en los primeros tiempos de la historia, pero, en lo que se refiere a los constructores de megalitos prehistóricos, lo único que queda son los propios lugares desolados y es a partir de ellos como debe reconstruirse la naturaleza de la geomancia de aquellos períodos.

En años recientes a algunos arqueólogos ortodoxos les ha dado por aplicar el nombre de «la academia alternativa» a los investigadores serios y responsables de los misterios de la Tierra. Al menos, el nuevo nombre es mejor que lo de «cosa de locos».

Pero sea cual fuere el nombre que se le dé –misterios de la Tierra, geomancia, academia alternativa–, este campo de investigación de gran alcance es una forma nueva y dinámica de abordar el estudio de los antiguos lugares sagrados y cada vez tiene más adeptos en Europa y América del Norte. No se trata del arte pasivo de los anticuarios; es una búsqueda de los principios que gobiernan el conocimiento antiguo y que podrían encontrarse codificados en los antiguos lugares y paisajes. Tenemos la esperanza de poder integrar algunos de estos principios en nuestra mentalidad moderna. Si esto es posible, tal vez ayuden a crear una nueva filosofía geomántica para el siglo XXI.

Otra novedad de los años sesenta fue el movimiento llamado de la «Nueva Era», que es una mezcla de tradiciones espirituales orientales y occidentales, ciencia vanguardista, psicología, antropología, estudios de la conciencia e investigación paranormal. Como es natural, las inquietudes geománticas han encontrado un hueco dentro de esta amalgama. Aunque algunos aspectos del movimiento de la Nueva Era han adquirido un tono melifluo (debido a la fuerte influencia, todo hay que decirlo, de las ideas y fantasías que los norteamericanos, principalmente los de raza blanca, se hacen de la espiritualidad y las culturas antiguas), y aunque parte del material que se usa en sus círculos está basado en información inexacta o parcial sazonada con dosis generosas de seudoespiritualidad, no por ello deja de ser una expresión auténtica de una recordación importante que empieza a producirse en el interior de la psique moderna. Revistas, libros, centros de conferencias y comunidades que ensalzan los puntos de vista de la Nueva Era vienen apareciendo y arraigando sin cesar.

Por desgracia, también se ha estado formando un elemento «anticiencia» en el seno tanto de la Nueva Era como del campo ecopagano. Algunas personas han confundido el tono limitado y pedante de muchos aspectos de la ciencia ortodoxa con el enfoque más abierto que es realmente el espíritu verdadero de la ciencia: el placer que en los seres humanos producen el descubrimiento y la comprensión. También se ha confundido la ciencia con la tecnología, en particular con los aspectos más represibles tales como el temible armamento y los procesos mecánicos e industriales inhumanos y perjudiciales desde el punto de vista ecológico. Esto es un ejemplo de irreflexión. La ciencia no es la tecnología, y la tecnología la han utilizado siempre los seres humanos. Incluso en los tiempos de las culturas orientadas a alguna Diosa, los hombres golpeaban el pedernal, ideaban construcciones megalíticas, hacían uso de la flora y la fauna (ambas son nombres clásicos de deidades) en el entorno y confeccionaban prendas de vestir. Y, como veremos dentro de poco, había también una forma de «física de chamán» en la cual factores geofísicos se incorporaban en el repertorio de las técnicas de los chamanes.

En 1987, de resultas de interpretaciones muy individualistas del calendario maya que hizo José Argüelles,[6] hubo un acontecimiento de «convergencia armónica» durante el cual se alentó a la gente a ir a un lugar sagrado cerca de donde estuviera. Miles de adeptos de la Nueva Era en todo el mundo cumplieron la orden. Aunque cabe poner en entredicho la base lógica que había detrás de los supuestos propósitos del acontecimiento en conjunto, el hecho de que, efectivamente, numerosas personas visitaran lugares antiguos fue valioso en sí mismo y, en muchos sentidos, simbolizó lo que viene sucediendo desde hace ya muchos años.

El retorno

Hay un retorno a los antiguos y sagrados lugares de poder, y se produce de muchas maneras. En un nivel mundano, los transportes modernos y el incremento de los ingresos en Occidente permiten visitar los lugares antiguos en una escala nunca vista hasta ahora. Stonehenge, por ejemplo, recibe la visita de alrededor de tres cuartos de millón de personas todos los años. Tal como ha comentado el veterano autor geomántico John Michell: «El turismo es una forma moderna de peregrinaje». El retorno también ha sucedido de maneras más deliberadas y conscientes, según se indica en los párrafos precedentes. Es como si estos puntos del cuerpo de la Tierra nos estuvieran llamando, instándonos a volver a ellos. Tienen una cualidad especial que los ex habitantes del planeta reconocen. Sus características esenciales, si se hallan en estado natural, sin adornos, o su ubicación, sus materiales estructurales, sus medidas y sus orientaciones si son una obra de ingeniería, hacen de ellos verdaderas escuelas de piedra y tierra, lugares de perenne aprendizaje. Encerrada en ellos hay información relativa al planeta, a nosotros mismos y a la antigua sabiduría. Utilizando y estudiando los lugares cabe acceder a partes de esta información eterna.

A veces parece que por el simple hecho de estar en un lugar antiguo, especialmente si se conserva bien, es remoto y raramente recibe visitas, la Tierra comunique algo a la persona por medio de alguna clase de ósmosis mental. Este efecto –intelectual, estético o intuitivo– puede ser instantáneo u ocurrir de forma más sutil mucho tiempo después de la visita, pero una vez se ha oído «la llamada de las piedras» (lo que Michell denomina «megalitomanía»),[7] un individuo se siente presa de una fuerza irresistible, una atracción magnética, que le hace ir a los antiguos lugares sagrados de todas partes. Es una forma especial que tiene el planeta de conectar con nosotros. Si esto parece un modo excesivamente poético de expresarlo, no por ello deja de ser un fenómeno real.

Como ya hemos señalado, la forma de abordar los monumentos antiguos tratándolos como misterios de la Tierra es holística. El campo del geomántico moderno es más amplio que el del arqueólogo, pero no es menos válido. De hecho, la arqueología queda englobada en la metodología de la academia alternativa, que abarca múltiples disciplinas y modos. Por decirlo con mayor exactitud, es una forma «sistemática» de abordar los lugares antiguos; las cosas se examinan de manera interconectada en vez de aisladamente. Lo que el físico Fritjof Capra dice de los sistemas vivos en *The turning point* (1982) puede aplicarse de forma más o menos general al enfoque sistemático:

En cada nivel de complejidad encontramos sistemas que son conjuntos integrados, que se autoorganizan y consisten en partes más pequeñas y, al mismo tiempo, hacen las veces de partes de conjuntos mayores. Por ejemplo, el organismo humano contiene sistemas que se componen de varios órganos, cada uno de ellos constituido por tejidos, que a su vez se componen de células. Las relaciones entre estos niveles de sistemas pueden representarse por medio de un «árbol de sistemas».

Al igual que en un árbol de verdad, hay interconexiones e interdependencias de todos los niveles de sistemas; cada nivel se influye recíprocamente y se comunica con su entorno total.

Lo que ha dado en llamarse «teoría general de sistemas» ha surgido de actitudes nuevas que los científicos y otros investigadores adoptaron a mediados del siglo en curso. En *The awakening Earth* (1982), Peter Russell dice:

De hecho, el término «teoría» es más bien engañoso: La teoría general de sistemas no es tanto una teoría específica como una forma de contemplar el mundo. Ve el mundo como una jerarquía interconectada de materia y energía. Según este punto de vista, nada puede comprenderse a solas; todo forma parte de un sistema (un sistema que en su sentido más general se define como una serie de unidades que están relacionadas unas con otras y se influyen recíprocamente). Los sistemas pueden ser abstractos, como en los sistemas matemáticos y los metafísicos, o concretos, como en un teléfono o un sistema de transporte.

El enfoque sistemático permite que diferentes campos del conocimiento proporcionen información recíproca. Por ejemplo, podría ser que ciertos principios de ingeniería fueran aplicables a campos tales como la biología o la sociología. El método sistemático es realmente una búsqueda de lo que Gregory Bateson, como vimos en el capítulo 1, llamó «la pauta que conecta». La nueva geomancia es arqueología de sistemas.

La pauta que conecta

En los misterios de la Tierra, la pauta que conecta es el lugar mismo. Un círculo de piedras, por ejemplo, como raíz o tronco de un «árbol de sistemas», ofrece muchas ramas de información cuando

111

se estudia. Normalmente, la arqueología estándar sería la primera rama a la que habría que encaramarse. Los hechos básicos podrían determinarse de esta manera: ¿qué revela la arqueología acerca de la fecha de este lugar? ¿Ha sido excavado y, si la respuesta es afirmativa, qué hallazgos se hicieron? ¿De dónde proceden las piedras y cuáles son sus dimensiones, peso, geología? ¿Todas las piedras son originales? ¿Faltan algunas o las hay mal colocadas? ¿Forma este lugar parte de un grupo regional de monumentos? Las respuestas a preguntas concretas como éstas se añadirían al conocimiento de fondo obtenido por medio de las investigaciones arqueológicas sobre el tipo de monumento y el período de la prehistoria correspondiente.

Aunque tal información es esencial para cualquier estudio de un lugar, la arqueología puede decirnos pocas cosas más. Pero el lugar mismo sí puede. Así pues, la siguiente «rama» del lugar que el moderno geomántico podría considerar, en su intento de construir un mosaico de comprensión relativa al lugar, sería el folclore que rodea al mismo: ¿qué tienen que decir sobre el lugar los campesinos que durante siglos han compartido el paisaje con él? ¿Cómo se fundó el lugar? ¿Se construyó en el sitio donde cayó una flecha? ¿Quién disparó la flecha: el diablo, un gigante, un hombre santo? ¿O se erigió el lugar en un sitio donde los bueyes decidieron sentarse? Quizá las piedras sean en realidad personas que quedaron petrificadas mientras bailaban en sábado. ¿Las piedras curan? Si es así, ¿cuáles de ellas? ¿Cuáles se supone que se mueven a medianoche? ¿Se han visto hadas en este lugar? ¿Qué aspecto tenían? ¿Eran gente menudita o luces misteriosas? ¿Hay algún túnel secreto que comunique este lugar con otro situado a varios kilómetros de distancia? Y así sucesivamente. El investigador alternativo no se toma las imágenes legendarias en sentido literal, pero sabe que en ellas pueden estar codificados fragmentos auténticos de información, de memoria.

Acto seguido, podría inspeccionarse la distribución geométrica del lugar, en especial si se trata de un círculo de piedras. Se consultaría la obra de personas como Thom o de investigadores de la geometría sagrada tales como Keith Critchlow.[8] ¿El anillo es un círculo auténtico, o crea una figura geométrica especial? En este último caso, ¿qué figura es? El estudio de esa geometría nos permite acceder al pensamiento esotérico a lo largo de los siglos. La geometría sagrada o canónica es la geometría de la naturaleza, las pautas de crecimiento, estructura y movimiento que sostienen todas las manifestaciones del universo físico. La geometría de los copos de nieve; las curvas espirales de los seres microscópicos que viven en el mar y el movimiento giratorio de las galaxias; el desarrollo de un helecho o el crecimiento de una concha; la pauta que trazan las ramas de un árbol o la estructura proporcionada del esqueleto humano. Por ser la pauta de la naturaleza, los antiguos constructores de templos utilizaban geometría sagrada en la estructura de sus lugares sagrados, porque un templo es un microcosmos del universo, ya se trate de un círculo de piedras o de un páramo azotado por el viento en el noroeste de Europa, de una pirámide en la aridez de las arenas de Egipto o de un lugar situado en cualquier otra parte. Esta geometría no es un invento humano, sino simplemente la formalización de las pautas inherentes que gobiernan la naturaleza. Representa las «puertas» que cruza la energía para convertirse en realidad material y, como tal, se ha asociado siempre con la actividad espiritual y mágica desde que los seres humanos habitan en este planeta.

Tras examinar la pauta del terreno, el geomántico moderno comprobará el cielo encima del lugar, toda vez que con frecuencia los lugares santos tenían por finalidad comunicar el cielo con la Tierra. ¿Las piedras señalan hacia rasgos lejanos (piedras verticales o picos o pasos que se recorten sobre el cielo) que indiquen la salida o la puesta del Sol en momentos clave del año: los solsticios y los equinoccios, o los primeros días de trimestre que hay entre ellos, todos los cuales eran importantes en el calendario preindustrial? ¿O está el lugar relacionado con la Luna durante puntos importantes de su ciclo de 18,6 años (al que suele llamarse «ciclo metónico» en honor de Metón, astrónomo de la antigua Grecia que lo inventó)?

Además de señalar así los ciclos cósmicos del tiempo, la luz del Sol o de la Luna –y quizá también la de los planetas y las estrellas– tal vez era «bajada» a la Tierra de determinadas maneras. Empiezan a aparecer muchos ejemplos de ello. En el pintoresco círculo de piedras de Castlerigg, cerca de Keswick, en el Distrito de los Lagos de Inglaterra, el investigador John Glover descubrió que lo que él llamaba «senda de sombra» era proyectado por la piedra más alta del círculo en el crepúsculo veraniego.[9] Al inspeccionar esta línea de sombra, se comprobó que en un principio se extendía a lo largo de unos tres kilómetros y pico e indicaba una línea de lugares antiguos a lo largo de su eje. Asimismo, se encontraron indicios que sugerían que a la tierra que rodeaba el lugar se le había dado una inclinación para aumentar al máximo la longitud de la sombra.

En Irlanda el investigador norteamericano Martin Brennan descubrió que en fechas importantes no sólo llegaban los rayos del Sol al interior de, como mínimo, algunos de los túmulos con cámaras que datan del neolítico, proyectando rayos que parecían láser sobre las tallas de piedra del interior, sino que, además, piedras apartadas del centro de lugares tales como Newgrange proyectaban dedos de sombra sobre las enigmáticas tallas de roca en las piedras que rodeaban los túmulos.[10] Dicho de otro modo, los monumentos de tierra y piedra son el «hardware» que permite que el «software» de luz y sombra ejecute los programas codificados en los extraños símbolos que se tallaron hace seis mil años. Los constructores de megalitos todavía pueden hablarnos directamente por encima de abismos de tiempo. De modo parecido, en lo alto de Fajada Bute, en el Chaco Canyon, Nuevo México, las ranuras de una construcción de piedra permiten que una «daga» de luz solar se combine con una espiral de piedra tallada para señalar con exactitud los solsticios y los equinoccios.[11] Se cree que este rasgo lo dejaron hace más de un milenio los anasazis, pueblo ya desaparecido. En México, una de las esquinas dentadas de la pirámide escalonada tolteco-maya conocida por el nombre de El Castillo, en Chichén-Itzá, proyecta una sombra móvil sobre la balaustrada del norte en la última hora antes del crepúsculo equinoccial, creando la ilusión de un cuerpo ondulante conectado con la cabeza de piedra de una serpiente en el fondo de la balaustrada.[12] Hacia principios de siglo sir Norman Lockyer observó que el eje central del templo de Karnak en Luxor, Egipto, estaba orientado de acuerdo con el sol poniente en el verano.

Existen muchísimos ejemplos parecidos y ahora sabemos que en todo el mundo y a través de inmensos períodos de tiempo, los constructores de templos han conocido los movimientos de los cielos y los han incorporado a sus lugares.

Otra rama del conocimiento que tiene importancia en relación con un lugar es su geomancia: ¿cómo se relaciona con la topografía y la geología de la región donde esté y con otros lugares? En algunos lugares megalíticos de las islas británicas se ha observado que la parte superior de las piedras imita la lejana línea del horizonte cuando se contempla desde ciertas posiciones, o que sus ejes dominantes señalan direcciones específicas.[13, 14, 15, 16] Podría tratarse de sistemas de señalización, sutiles pero duraderos.

Una característica afín es la forma en que algunos grupos de lugares antiguos se alinean de una parte a otra del paisaje. La conciencia de este fenómeno en los tiempos modernos nació con el concepto de las líneas ley que propuso Alfred Watkins y constituye un principio importante de la academia alternativa. Durante varios decenios los arqueólogos ortodoxos han considerado que la teoría de la alineación era herética y contenciosa, pero semejante resistencia ya ha quedado desfasada por el volumen de pruebas que se ha ido acumulando.[17] En todo el mundo los lugares se alinean o existen antiguos caminos rectos. En la Europa continental hay alineaciones de lugares o sitios prehistóricos que han evolucionado en tales parajes. En Gran Bretaña, la fotografía aérea va revelando docenas de extraordinarios rasgos en línea recta que se demarcaron y excavaron en el suelo durante los milenios tercero y cuarto antes de Cristo. Se trata de los llamados *cursuses*, que a veces tienen una extensión de varios kilómetros y con frecuencia comunican montículos prehistóricos todavía más antiguos que ellos. Parcial o totalmente invisibles a nivel del suelo, la mayoría de los *cursuses* son ahora «lugares fantasma», perceptibles sólo como señales en la vegetación cuando se observan desde el aire. (La dirección de un *cursus* importante, el primero que se descubrió, aparece señalada con indicadores cerca del aparcamiento de Stonehenge.)

En Indonesia, el gran templo de Borobudur, en Java, se alinea con otros templos situados al este: Pawon, Mendut y el lugar de otro que fue destruido; y esta alineación se celebra por medio de una procesión anual. Es casi seguro que estos santuarios budistas se alzan donde antes había lugares sagrados.

En América hay antiguos caminos rectos en varias regiones. En Estados Unidos los indios dejaron misteriosos caminos rectos que se extendían a lo largo de muchos kilómetros en las sierras californianas y en otros estados del sudoeste. Algunas de estas líneas van de un pico de montaña a otro sin desviarse. Nadie sabe por qué los construyeron. De estas líneas centenarias, las que se han investigado mejor son las que rodean el Chaco Canyon. Hay allí lugares de los anasazis, lugares cuya función desconocemos en su mayor parte, junto a los antiguos caminos. Según el folclore de los actuales indios navajos, «no eran realmente caminos», sino túneles por los que los anasazis podían viajar «invisiblemente».[18] En México hay restos de caminos rectos de la época prehispánica, y en el Yucatán y regiones más meridionales de América Central se encuentran los *sacbeob* rectos o carreteras rituales de los mayas. En América del Sur, sobre todo en los Andes peruanos y bolivianos, hay líneas o caminos perfectamente rectos en el suelo, de varios kilómetros de extensión (las más famosas, pero no las más extensas, son las denominadas «líneas Nasca»). A lo largo de las líneas aparecen lugares santos que forman exactamente la pauta que previó Watkins a medio mundo de distancia, en Inglaterra. Estos antiguos caminos rectos o leys los construyeron los antepasados de los actuales aymaras y otros grupos indios. Líneas posteriores fueron obra de los incas, y las más enigmáticas de ellas son las *ceques* que irradian de Cuzco. Estas líneas estaban destinadas al uso ritual por parte del emperador y alineados junto a ellas había lugares sagrados. Aunque se hace referencia a ellas en textos españoles antiguos, nadie sabía muy bien qué forma tenían las *ceques*, que ahora son invisibles, hasta que el investigador Tony Morrison tomó fotografías infrarrojas y se vio que eran antiguos caminos rectos.

Hoy día nadie entiende realmente por qué sociedades tradicionales muy separadas unas de otras, así cronológica como geográficamente, hacían estas misteriosas líneas rectas. Andando el tiempo, algunas se usarían para viajar, pero no hay duda de que éste no era su propósito original. Eran líneas mágicas en algún sentido, y las investigaciones actuales inducen a pensar que se trataba de líneas espirituales que utilizaban los chamanes en las sociedades

115

tradicionales y el rey o el emperador en las más jerárquicas. Se ha averiguado que la raíz lingüística protoindoeuropea *reg* significaba «movimiento a lo largo de una línea recta» y que dicha raíz acabó penetrando, de un modo u otro, en la estructura de palabras asociadas con la condición de rey (*rex, raj, reign, reich, roi, regente*, etcétera), con analogías de rectitud u orden referidas al comportamiento (tales como *recto, droit, recht, régimen, erecto, rectitud, correcto, regimiento, regular*), y palabras que significan «recta» (*regula* en latín o *règle* en francés, por ejemplo). Así, en el inglés de hoy tenemos la palabra *ruler*, que posee dos significados: «regla», y «rey» o «líder». *Dirección* puede significar una indicación espacial o una orden. Al parecer, los pueblos primitivos asociaban la línea recta con los movimientos de los espíritus (los geománticos *feng shui* de China eran sólo uno de los grupos que evitaban las líneas rectas que conducían a una vivienda, con el fin de impedir las actividades de los trasgos). Las sociedades jerárquicas reservaban las líneas de los espíritus para el rey o el emperador, que literalmente «gobernaba el país»;* era una forma de gobierno oculto. Parece ser que también los incas usaban las *ceques* de esta manera.[19]

Aclarar el misterio del significado de la línea recta en el paisaje arcaico (y en la mente arcaica) es uno de los objetivos principales de los modernos investigadores geománticos.

Otro elemento importante en la ubicación de algunos lugares sagrados antiguos fue, al parecer, la proximidad de ciertos rasgos geológicos, especialmente los planos de falla (fisuras en el interior de la corteza de la Tierra). En Islandia, por ejemplo, el principal lugar nacional, el Althing, del siglo X, se construyó no sólo sobre una falla, sino sobre la grieta que se forma entre las placas tectónicas norteamericana y eurasiática, extensión de la cordillera de mitad del Atlántico. En Ohio, Estados Unidos, el Serpent Mound, terraplén inexplicable que tiene una extensión de unos cuatrocientos metros y una antigüedad de dos mil años, se construyó sobre un lugar geológico sin igual en el país: debido a la acción volcánica o al impacto de algún meteorito, es una zona muy comprimida de fallas intensivas. Está claro que la asociación de estos lugares importantes con tales rasgos geológicos distintivos no se produciría por casualidad.

En otros casos, la existencia de un lugar depende de las fallas. En la ciudad inglesa de Bath hay fuentes de aguas termales que fueron consideradas sagradas desde principios del período neolítico hasta la era romano-británica y que se alzan sobre una falla; y un lugar parecido en Grecia, el oráculo de Delfos, en el monte Parnaso, dependía de los vapores que surgían de una falla y producían alteraciones mentales.

---

* El autor hace un juego de palabras con dos acepciones del verbo *to rule*: gobernar y reglar. *(N. del T.)*

El mayor complejo megalítico del mundo, situado alrededor de Carnac, en la región francesa de Bretaña, se halla rodeado de sistemas de fallas y ocupa la región tectónica más volátil de Francia.[20] El geoquímico Paul McCartney, basándose en una observación anterior efectuada por John Michell,[21] confirmó que en Inglaterra y en Gales, como mínimo, todos los círculos de piedras están situados a poco menos de dos kilómetros a la redonda de una falla de superficie o de una intrusión tectónica afín (por ejemplo, una meseta granítica como Dartmoor).[22] Incluso los círculos de piedras situados fuera de la distribución general de tales lugares, uno de cuyos ejemplos es el solitario círculo de Rollright, cerca de Oxford, tienen una falla en sus cercanías. Los pueblos anasazis de Wuptaki, Arizona, están construidos alrededor de extraordinarios «respiraderos» que exhalan e inhalan aire durante períodos de 24 horas y están relacionados con sistemas de fallas. Poca duda cabe de que muchos lugares sagrados más antiguos esperan el momento en que se descubra su asociación con fallas geológicas.

Es seguro que los pueblos primitivos sabían geología: eran capaces de localizar y explotar ricos yacimientos de pedernal y otras piedras que usaban para fabricar herramientas durante la edad de piedra, así como de localizar filones de minerales en las edades de bronce y de hierro. Pero ¿por qué identificaban fallas y construían lugares santos sobre o cerca de ellas? La respuesta básica tiene que estar relacionada con los especiales efectos energéticos que puedan ocurrir en los alrededores. Dado que las fallas representan lugares de la corteza de la Tierra donde han actuado tremendas fuerzas geológicas, es frecuente que muchos minerales diferentes aparezcan mezclados relativamente cerca de la superficie. Esto causa anomalías electromagnéticas locales, alteraciones de los niveles de las aguas subterráneas y, a veces, variaciones de la gravedad. Las fallas también representan puntos débiles del terreno, puntos susceptibles de moverse bajo la tensión y la presión tectónicas. Sólo de vez en cuando provoca esto terremotos, ya que la litosfera se contrae y se relaja con regularidad. Desde luego, produce campos electromagnéticos que cambian: grandes masas de roca que se aprietan unas contra otras producen a veces piezoelectricidad, que es una carga eléctrica que nace de la presión sobre el cuarzo o sobre rocas portadoras de cuarzo. Esta actividad tectónica también puede soltar gas radón radiactivo y otras sustancias químicas y gases en las aguas de manantiales de esas regiones. Así pues, las zonas donde hay fallas son también zonas de energía especial.

Estas regiones también tienden a albergar otra clase de fenómeno energético: las luces extrañas. En el siglo XVIII se anotó en los anales que los mineros llevaban cientos de años utilizando la aparición de bolas de luz salidas del suelo como medio de localizar los filones de cobre y estaño.[23] En algunas partes de Gales se conserva la tradición que dice que las luces azules que de vez en cuando se ven surgir de ciertas colinas revelan la presencia de yacimientos de minerales. Oficialmente, estos fenómenos no existen, y los que creen que sí existen suelen interpretarlos en términos de OVNI, los cuales, a su vez, son considerados normalmente como naves espaciales extraterrestres. Sin embargo, hay un reducido número de investigadores que están completamente seguros de que estas demostraciones de energía ocurren de verdad y que son una forma nueva de electromagnetismo o una forma desconocida y exótica de energía, que tiene su origen en las zonas de fallas y es fruto de procesos que ocurren dentro de la litosfera (posiblemente en conjunción con las condiciones atmosféricas). Tenemos ahora muchos datos[24, 25, 26, 27, 28] que apoyan este punto de vista, pero la naturaleza de las luces y los mecanismos exactos que usan para manifestarse todavía se desconocen, si bien se han propuesto algunas teorías útiles. Se ha informado ampliamente de los fenómenos, se han tomado fotografías y actualmente son objeto de estudio por parte de científicos y otros investigadores. Ahora sabemos que hay regiones geográficas concretas de Estados Unidos, Gran Bretaña, Escandinavia y Australia donde las luces tienen un historial de apariciones regulares. Es indudable que existe una relación entre las luces y el terreno.

Los tres autores del presente libro han visto fenómenos lumínicos anómalos, y en 1973 David Kubrin hasta logró fotografiar una forma lumínica que apareció sobre el Pinnacles National Monument en California, virtualmente sobre la falla de Pinnacles y muy cerca de la gran falla de San Andrés. Se da la circunstancia paradójica de que la luz tan pronto parecía tener masa como ser ingrávida. Finalmente hizo un movimiento de rotación y se disipó en el aire.

Estas «luces terrestres» deben de haber existido siempre y, del mismo modo que la opinión cultural estándar que sobre ellas se tiene hoy dice que son maquinaria espacial extraña (imagen, dicho sea de paso, que está muy en consonancia con nuestro propio estado de desarrollo), en otro tiempo muchas sociedades tradicionales de todo el mundo las incluían en su visión del cosmos y las consideraban espíritus, hadas, entradas en el otro mundo, o fenómenos que debían utilizarse para la adivinación. Bien puede ser que las opiniones contemporáneas ante las luces –es decir, que son extraterrestres o sencillamente no existen– sean otra expresión de nuestro alejamiento de la Tierra y los aspectos más sutiles de los procesos naturales.

Podría ocurrir que las luces fueran una pista importante para el intento de comprender la naturaleza de lo que podría ser nuestro planeta vivo, sensible, y en la tercera parte volveremos a examinarlas más detalladamente. De momento, es suficiente con tomar nota de que estas luces terrestres existen, tienden a frecuentar los paisajes que las gentes de la Antigüedad solían escoger para ciertos tipos de santuarios y monumentos, y hay testigos directos que las han visto sobre –o cerca de– los lugares megalíticos, los pozos santos y las colinas o montañas santas.[29]

Así pues, los fenómenos lumínicos están relacionados con otra rama de la investigación a la que hay que subirse cuando se estudia un lugar sagrado, en particular un monumento megalítico: ¿tiene el lugar un historial de efectos energéticos poco habituales? El folclore relativo a un monumento puede dar a entender que así es. Además, cabe que en la época moderna algunas personas hayan encontrado esos efectos que se apartan de lo corriente. Quizá de una piedra se haya obtenido una sensación parecida a una sacudida eléctrica (experiencia muy común en los lugares megalíticos de las islas británicas); o tal vez alguien haya visto un extraño fenómeno lumínico, oído un ruido raro o visto un «fantasma». Podría haber noticias referentes a inexplicables averías eléctricas en los vehículos que pasaban cerca del lugar; o es posible que alguien haya medido efectos geofísicos anómalos en él. Los rumores en el sentido de que en algunos de estos lugares antiguos hay fuerzas especiales han ido en aumento desde los años sesenta.

El investigador de los misterios de la Tierra utilizará tanto métodos de percepción sensitiva directa (que pueden ser de índole psíquica o del tipo que usan los zahoríes) como el control físico por medio de instrumentos para estudiar posibles aspectos energéticos de un lugar. De todos los campos de investigación incorporados en el estudio holístico o sistemático de los antiguos monumentos sagrados, éste es el más controvertido. Pero el moderno investigador geomántico sabe que sólo con este procedimiento polifacético podrá comprender toda la información que ofrece un lugar, con la consiguiente curación de nuestra amnesia geomántica.

El Proyecto Dragón

En un intento de aclarar si tenían fundamento los rumores que hablaban de energías en los lugares antiguos, en 1977 se creó en Gran Bretaña el Proyecto Dragón. Su director y fundador fue Paul Devereux, a la vez que John Steele fue coordinador, además de fundador, durante ocho años. El proyecto utilizó dos modos de investigación: la «arqueología psíquica» con la participación de médiums y zahoríes, y la medición y control físicos de los lugares. La investigación ha estado a cargo de un grupo central de individuos con preparación científica, técnica y geomántica, ayudados por un grupo variable de voluntarios, consultores y otros simpatizantes. Se han escrito dos libros que se ocupan de aspectos de la investigación,[30, 31] han aparecido numerosos artículos en revistas especializadas y en otras de gran circulación, y también la radio y la televisión se han ocupado de ello intermitentemente, con entrevistas y otros programas. En 1988 el proyecto se convirtió en el Dragon Project Trust.[32]

La labor de arqueología psíquica se ha desarrollado de forma esporádica durante la investigación y de momento no ha producido resultados claros. Desde los años treinta, época en que se llevó a cabo labor geomántica en Francia, la mayoría de los zahoríes se han mostrado de acuerdo en que los lugares megalíticos y otros tipos de lugares antiguos suelen estar situados sobre el punto de cruce de corrientes de agua subterránea. En años recientes ha aparecido una técnica nueva llamada «geomancia energética» y quienes la practican afirman que hay fuerzas que pueden medirse alrededor de las piedras antiguas y también entre ellas. Esta labor todavía no ha ido mucho más allá de ser un sistema de creencias y sigue a la espera del espíritu de la investigación auténtica. Se han empleado diferentes clases de médiums sobre el terreno y se tiene la esperanza de que estos trabajos den fruto cuando puedan perfeccionarse los métodos de cuantificación de sus resultados.

La única labor científica relativa a las posibles anomalías energéticas en los lugares prehistóricos que se había llevado a cabo antes del Proyecto Dragón era la del doctor Eduardo Balanovski, que en aquel tiempo –mediados de los años setenta– pertenecía al Imperial College de Londres, y la del profesor John Taylor del King's College, también de Londres, y el lugar investigado había sido una piedra vertical cerca de Crickhowell, en Gales. Las investigaciones que hicieron con un magnetómetro revelaron anomalías en pequeña escala pero inesperadas dentro del enorme megalito.[33] Debido a que sus recursos son limitados, el Proyecto Dragón ha tenido por norma examinar ciertas fuerzas básicas, tales como el magnetismo y la radiación naturales, y también usar anécdotas sobre experiencias extrañas en los lugares para sugerir otras posibles vías de investigación física. De esta manera hemos podido hacernos una idea de la naturaleza de las energías de los lugares antiguos, aunque la investigación haya planteado todavía más interrogantes. Seguidamente haremos un resumen de lo que hemos averiguado acerca de la energía física para demostrar que la investigación nos lleva hacia campos que tienen relación con la idea de que la Tierra vive y que es una forma de la recordación que tiene lugar en estos momentos.

Señales en las piedras

Un ejemplo de anécdota que motivó investigaciones sobre el terreno nos lo proporcionó un zoólogo que un amanecer, cuando estudiaba el comportamiento de los murciélagos en una finca campestre inglesa, captó casualmente una serie de señales inesperadas con su receptor ultrasónico de banda amplia o «detector de murciélagos». (Los murciélagos, igual que los delfines y otros animales, producen ultrasonidos para fines de ecolocalización. Un ultrasonido es un sonido cuyas frecuencias son superiores a las que el oído humano normalmente puede detectar.) Las señales procedían de un lugar antiguo que había en la finca y el zoólogo no acertó a encontrarles explicación.

En vista de ello, el Proyecto Dragón empezó a escuchar en busca de ultrasonidos en su principal lugar de estudio sobre el terreno –las piedras de Rollright, situadas 32 kilómetros al noroeste de Oxford– y en otros lugares de las islas británicas. También se escuchó en otros lugares para hacer comparaciones. A lo largo de los años, diversos instrumentos de banda amplia captaron algunas señales inexplicables. Solían captarse hacia el amanecer, aunque la escucha de sol a sol revelaba señales aisladas, muy esporádicas, en otros momentos. La primera serie de sesiones de escucha coincidió casualmente con fases lunares y se observó un detalle interesante que todavía no se ha estudiado a fondo: las señales aparecían antes con luna llena que con luna nueva. Los receptores ultrasónicos ajustados en frecuencias específicas, estrechas, nunca captaron la señal. Las señales se captaron en Rollright y en algunos otros lugares megalíticos de Gran Bretaña, pero nunca en otros sitios. Las señales no eran constantes. Los efectos máximos parecían captarse hacia febrero y marzo, con menos actividad en otoño y virtualmente ninguna durante los meses de verano. Durante varios años la fuente de las señales no pudo identificarse; se apagaban en una parte del complejo de Rollright, por ejemplo, y de pronto se oían en otra. A veces eran detectables sólo en zonas muy pequeñas situadas a unos cuantos metros, mientras que otras veces (pocas) se detectaban en toda la zona que rodeaba el lugar.

Como la presencia de ultrasonidos no pudo explicarse, han continuado los debates en torno a la naturaleza de estas señales. La producción casual de ultrasonidos (el roce de los tejidos modernos, el tintineo de las llaves en un bolsillo) se descartó categóricamente, pero algunos han expresado su preocupación ante la posibilidad de que el efecto sea falso y nazca de los circuitos de los diversos instrumentos empleados en la investigación. El análisis que efectuaron los expertos demostró que algunos instrumentos eran perfectibles, pero ninguno de ellos era defectuoso. También se sugirió la posibilidad de que los receptores estuviesen captando señales de radio perdidas (a pesar de contar con protección contra ellas). En este sentido, se llevó a cabo una prueba laboriosa en una ocasión en que un instrumento captaba una señal anómala y se comprobó que la causa no era ninguna interferencia de radio normal.

En enero de 1987 se comprobó que determinada parte de una de las piedras del círculo de Rollright emitía una señal que afectaba a un detector de ultrasonidos de banda amplia. Era la primera vez que se identificaba un punto de emisión concreto. Se ajustó el receptor en 37 kilohercios (37.000 ciclos por segundo). Los consultores expertos en electrónica que participaban en el proyecto seguían sin estar seguros de que las señales fuesen verdaderamente ultrasónicas, pero nadie podía explicarse el fenómeno, fuera lo que fuese. Dado que la señal que recibía el instrumento podía rebajarse hasta hacerla audible, se grabó en cinta. El enigma continúa sin resolverse en el momento de escribir esto.

No hay duda, con todo, de que en Rollright se captaron extrañas señales de radio, igual que en montones de piedras de la edad de bronce que se encuentran en las colinas de Wicklow, Irlanda. Receptores de radio especiales captaron retazos aislados de señales, a pocos pasos de distancia, a ras de suelo o a poca altura. Eran distintas de la habitual cháchara radiofónica y no parecían ajustarse a las pautas normales de propagación de señales de radio. También este efecto se grabó y estudió con un osciloscopio. En opinión de Rodney Hale, principal consultor de electrónica del proyecto, la señal parece ser obra del hombre. Más que su naturaleza, la cuestión más candente para los investigadores es el comportamiento de dicha señal alrededor de los antiguos monumentos de piedra. Las señales vienen y se van y parece que nunca se oyen en el mismo lugar. Por supuesto, el entorno energético es totalmente distinto del que existía cuando se construyeron los monumentos megalíticos hace miles de años, y lo que puede ocurrir en casos como éste es que se hayan captado señales de comunicaciones modernas, probablemente militares. A pesar de ello, cabe que su extraño comportamiento en las proximidades de los monumentos sea muy instructivo.

Durante el Proyecto Dragón se han observado otras anomalías. En 1979 las fotos infrarrojas que en dos ocasiones se tomaron al amanecer mostraron un resplandor o calina visible alrededor de la parte superior de la llamada Kingstone, que es una piedra vertical situada lejos del centro del círculo de Rollright. El análisis de las fotos por parte de profesionales no pudo aportar ninguna explicación. Al año siguiente otro fotógrafo, utilizando película infrarroja, captó la imagen de una curiosa «nube» que se cernía a unos cuatro metros y medio sobre el suelo entre la Kingstone y el círculo. La nube había sido invisible a simple vista, igual que un efecto semejante que otro investigador fotografió con película infrarroja cuando, al parecer, flotaba sobre Kit's Coty House, lugar megalítico del condado de Kent. No se encontró ninguna explicación y el debate se ha centrado en torno a si las fotografías muestran alguna anomalía auténtica o si son espurias, pese a que las han examinado profesionales.

Todavía más inconcluyentes han resultado hasta ahora la escucha de los campos eléctricos en los lugares antiguos y la exploración de las piedras verticales. Habrá que trabajar mucho más en este sentido. Asimismo, hay otros muchos aspectos que deben explorarse. Por ejemplo, los voluntarios del proyecto que han pasado largos períodos sobre el terreno han percibido algunos fenómenos curiosos y recurrentes, tales como sonidos que proceden de las piedras o del suelo a su alrededor; fenómenos lumínicos suaves, sutiles; e incidentes extraños como, por ejemplo, el mal funcionamiento de los relojes de pulsera y despertadores de cuarzo. También es intrigante el comportamiento de los animales en estos lugares, ya que, por ejemplo, a veces se niegan a acercarse a ciertos megalitos en determinados momentos y en otras ocasiones se acercan a ellos como si nada.

Interacciones de la mente y los minerales

Durante el Proyecto Dragón también se ha podido observar, mediante el empleo de instrumentos, ejemplos interesantes de interacción de los seres humanos y las piedras, ejemplos que son prometedores con vistas a nuevas investigaciones.

En una serie de circunstancias el objeto de la escucha fue un ser humano. El malogrado Maxwell Cade visitó Rollright en varias ocasiones durante el Proyecto Dragón. Cade era muy conocido gracias a su labor precursora en el campo de las técnicas de biofeedback. El instrumento que se utilizó fue el llamado «espejo de la mente», que es un aparato muy depurado que indica los ritmos cerebrales de la persona sometida al experimento (véase el capítulo 3); los muestra simultáneamente desde ambos lados del cerebro. En diversos momentos se conectaron zahoríes y médiums al citado aparato, con electrodos en el cuero cabelludo y comunicados por cable o por radio con una consola dotada de pantalla. En Rollright, Cade pudo hacer la observación preliminar de que en algunas personas la proximidad de las piedras verticales parecía provocar profundos ritmos theta y delta en el cerebro. Por desgracia, Cade murió antes de que pudiera examinar de nuevo este interesante fenómeno. Posteriormente se hicieron nuevas pruebas con el aparato en cuestión en las piedras prehistóricas de Dartmoor, en el condado de Devon, y también se observaron cambios en la actividad de las ondas cerebrales cuando los voluntarios cruzaban las líneas de piedras. Pero aún falta por hacer una labor mucho más detallada y dirigida por expertos.

Hubo también dos casos de interacción humana durante sesiones del proyecto en Rollright, una con un cristal y la otra con la piedra más alta del círculo, en que se obtuvieron efectos mensurables en el mineral. En el caso del cristal, un clarividente y curandero pudo afectar repetidas veces la resonancia molecular de un pedazo de cuarzo que se había traído al lugar. Lo consiguió imaginando un rayo blanco de energía que iba de su mano al cristal, como hubiera hecho en una sesión curativa. En ningún momento tocó el trozo de cristal. En el otro experimento un maestro zahorí y curandero pudo cambiar repetidamente el voltaje de la piedra más alta del círculo por el simple procedimiento de poner las manos sobre lo que denominó un «nodo de energía» de la piedra. En ambos casos se descartaron las explicaciones basadas en interferencias salidas de los aparatos, a la vez que otras personas presentes no pudieron reproducir los efectos. Aunque estos ejemplos no prueban nada categóricamente en lo que se refiere a los escépticos, son pruebas reales de efectos reales que merecen que se les preste la atención debida y requieren muchos más estudios.

Mientras tanto, los trabajos relativos al magnetismo y la radiación ya han empezado a proporcionar información valiosa, tanto sobre la forma en que los constructores de megalitos posiblemente aprovechaban energías sutiles y naturales, como sobre la manera en que tal vez podamos utilizar de nuevo sus instrumentos de piedra, para conectar nuestra ciencia con los campos de energía de la Tierra.

Efectos magnéticos en lugares sagrados

Los primeros trabajos del proyecto referentes al magnetismo consistieron en experimentos de biopercepción con camarones sensibles al magnetismo en las piedras de Rollright. El resultado provisional de los experimentos indicaba que parecía haber cambios en los campos magnéticos situados alrededor de las piedras antiguas y que los seres sensibles a tales campos respondían perceptiblemente a los cambios. Pero el catalizador de nuevos trabajos llegó en 1983 con la publicación en *New Scientist* de un informe sobre un estudio del magnetismo del círculo de Rollright cuyo autor era un investigador independiente, Charles Brooker.[34]

Brooker afirmó que había encontrado raras configuraciones de magnetismo dentro del círculo de piedras. En conjunto, sin embargo, los niveles geomagnéticos dentro del círculo eran significativamente inferiores a los de la campiña circundante. También descubrió que dos de las piedras del lado occidental del círculo «pulsaban» magnéticamente. El Proyecto Dragón no tardó en ponerse en comunicación con Brooker para hablar de todo ello con mayor detenimiento. Tras pedir prestado un magnetómetro al Birbeck College de Londres, en julio de 1983 se llevó a cabo una sesión de escucha en el círculo de Rollright y quedó confirmado que una de las piedras estudiadas fluctuaba magnéticamente, fenómeno que no pudo explicar ninguno de los expertos que se hallaban presentes. En otras piedras estudiadas durante la misma sesión no se encontraron variaciones raras, como tampoco se detectaron en las lecturas de control efectuadas lejos del círculo. La piedra fluctuante volvió a dar lecturas normales al cabo de unas horas. Se confirmó que esta piedra no era una de las que pulsaban al examinarlas Brooker en una ocasión anterior. Los cambios de magnetismo que se observaron eran de bajo nivel, pero no cabía duda de que tenían lugar.

Más adelante el proyecto contó con sus propios magnetómetros, que ha utilizado en diversos lugares. Generalmente no se encuentra nada anormal, pero de vez en cuando se detectan efectos dignos de tenerse en cuenta. Aunque las investigaciones están muy lejos de explicar qué es lo que realmente ocurre, ahora sabemos con certeza que dentro de las piedras verticales de algunos lugares sagrados megalíticos a veces se producen inesperadas variaciones magnéticas de bajo nivel.

En 1987 un acontecimiento nuevo llevó los trabajos sobre el magnetismo más allá de los campos enrarecidos que exigían el empleo de instrumentos de medición sensibles y especiales. Un periódico de Gales publicó un artículo sobre una mujer que había experimentado curiosas sensaciones corporales al pasar en coche cerca del pico de Carn Ingli, en las montañas Preseli.[35] Le había parecido que «algo» emanaba del pico. Keith Stevenson, el periodista que se ocupó del asunto, subió al Carn Ingli y comprobó que, una vez en la cumbre, su brújula se comportaba de modo irregular. Se puso en comunicación con Devereux pensando que acababa de encontrar un «misterio de la Tierra». Nuevos experimentos confirmaron que podían obtenerse desviaciones completas de la brújula en algunos puntos del pico o muy cerca de él: la aguja daba un giro de 180 grados y señalaba hacia el sur. Esto sucedía tanto sobre la superficie de algunas de las rocas de Carn Ingli como alzando el instrumento en el aire. Se hicieron numerosas comprobaciones en otros picos de la cordillera de Preseli sin obtener ningún resultado parecido.

Las rocas magnéticas como las que forman Carn Ingli existen porque contienen minerales portadores de hierro en los cuales el actual campo magnético de la Tierra provoca una magnetización que puede medirse. Además, al formarse las rocas hace cientos de millones de años, los minerales atrapados en ellas tomaron la impronta de los campos geomagnéticos que predominaban en aquel momento. Este magnetismo fósil o «residual» ha permitido a los geólogos averiguar que los polos magnéticos de la Tierra se han invertido en diversos intervalos irregulares a lo largo de las épocas. Las piedras con esta clase de complejo historial magnético pueden surtir efectos sorprendentes en las brújulas, tales como los que observó Keith Stevenson. Así pues, el efecto no es paranormal, pero resulta especial e interesante, sobre todo en el caso de Carn Ingli porque el pico era también un lugar antiguo que las gentes de la prehistoria escogieron por considerarlo importante y adornaron con collares de muros de piedra que todavía se perciben. Asimismo, un hombre santo del siglo VI, san Brynach, pasaba largos períodos en el pico, donde rezaba y ayunaba y, según se dice, hablaba con los ángeles. Este hecho lo recuerda el nombre de Carn Ingli, que significa la colina o el pico de los ángeles. Tenemos el informe de la reacción que provocó en la mujer del citado artículo y, más adelante, otra mujer oyó sonidos aparentemente paranormales en las laderas. Además, un grupo de testigos dignos de confianza han observado sobre el pico un efecto parecido al arco iris, *pero de noche*.[36] Cabe preguntarse si las raras condiciones magnéticas de Carn Ingli están conectadas con la importancia que se le concedía en la Antigüedad y con los fenómenos extraordinarios que se han experimentado alrededor de él.

En 1988, puesto sobre aviso por el caso de Carn Ingli, Devereux comenzó el largo proceso de comprobar con la brújula los lugares prehistóricos en busca de esta clase de efectos, y ya es claro que los constructores de megalitos en Gran Bretaña utilizaban de forma específica piedras magnéticas en la construcción de algunos de sus monumentos sagrados. Se han identificado lugares donde una sola piedra entre otras muchas es capaz de perturbar una brújula; la piedra en cuestión ocupa un punto cardinal en el círculo o, en caso contrario, está fuera de él y a veces también indica acontecimientos astronómicos clave.

Este factor magnético ha sido observado recientemente en otras partes del mundo. En Estados Unidos hay un afloramiento de serpentina en el lado sur de Mount Tamalpais, que se alza sobre San Francisco. Se ha identificado este afloramiento como lugar santo o punto de poder de los indios. Devereux descubrió en 1986 que es, de hecho, una zona con anomalías magnéticas, las cuales se deben a minerales imantados que hay en la serpentina. Y en Kenia, el investigador arqueológico norteamericano Mark Lynch ha observado que las brújulas empiezan a dar vueltas en las proximidades de alineaciones de piedras en el complejo megalítico conocido por el nombre de Namoratunga II, cerca del lago Turkana.

El investigador belga Pierre Méreaux ha hecho un notable descubrimiento magnético en las hileras de piedras de Carnac, en Bretaña. Aparte de confirmar la conexión de una falla con el complejo de Carnac, así como de encontrar variaciones de gravedad entre las piedras, Méreaux también ha descubierto que los grandes grupos de alineaciones de piedras –complejos que a veces comprenden varias líneas de piedras verticales que tienen una extensión de kilómetros– muestran una «frontera precisa» entre el campo geomagnético de la zona, que generalmente es estable, y otra zona de magnetismo perturbado. Escribe Méreaux que «el campo empieza a verse perturbado en medio del campo de menhires, donde las variaciones ya alcanzan entre 200 y 250 gammas».[37] En tres grupos de alineaciones, Kermario, Kerlescan y Le Menec, Méreaux observó que «las perturbaciones varían entre -400 y +1100 gammas».

Piedras de poder

Antes de considerar la posible importancia del factor magnético en los lugares antiguos, debemos examinar un rasgo igualmente importante: la radiactividad natural. Es difícil hablar de este tema sin que aparezcan los espectros de Three Mile Island, Chernobil, Sellafield y el armamento atómico. Pero las plantas de energía nuclear y las armas nucleares utilizan niveles de radiación artificialmente altos. La radiactividad natural es una de las fuerzas fundamentales del universo; existe desde siempre. En la Tierra, nos llega del material radiactivo que se halla disperso por las rocas de la corteza terrestre, y de los cielos bajo la forma de un bombardeo de rayos cósmicos: partículas cargadas que proceden del Sol y de fuentes galácticas. Así pues, esta radiación en segundo plano se halla siempre presente hasta cierto punto. En Gran Bretaña, la National Radiological Protection Board calcula que los rayos gamma procedentes del suelo representan el 16% de la dosis total media que recibe una persona, mientras que los rayos cósmicos representan el 13%. El gas radón radiactivo que surge del suelo a causa de la descomposición del urano representa la enorme cifra del 33%.[38]

En años recientes el gas radón ha causado muchas polémicas en Estados Unidos, Gran Bretaña y otros países, pues se comprobó que puede acumularse en los edificios modernos y cerrados herméticamente. Se cree que estar mucho tiempo expuesto a él causa cáncer de pulmón. Según los cálculos, hasta ocho millones de hogares en Estados Unidos y, como mínimo, veinte mil en Gran Bretaña pueden tener niveles de radiación superiores a los límites de seguridad aceptados. Es casi seguro que este gas es un aspecto de lo que los antiguos geomantes chinos del *feng shui* hubieran llamado *sha* o «mal aliento» del suelo. De manera que la sociedad moderna ya puede ir contando el coste de la falta de conciencia geomántica en los actuales procedimientos de construcción.

Miles de lecturas de contador Geiger y de centellómetro se han tomado como parte del Proyecto Dragón, así como en otras investigaciones de Devereux y sus colegas en numerosos lugares antiguos y puntos de control, en una amplia gama de paisajes de Gran Bretaña, Estados Unidos y Oriente medio. La primera medición de radiaciones del Proyecto Dragón se llevó a cabo en las piedras de Rollright. A lo largo de los años, la mayoría de las lecturas indicaron que el círculo tenía la misma escala de cálculo Geiger que su entorno, pero a veces se registraban aumentos súbitos dentro del círculo de piedras, aumentos de hasta el triple de lo normal.[39] Cuando se produjeron estos aumentos el proyecto no disponía de lo necesario para medir las radiaciones en el lugar y sus alrededores simultáneamente, así que no se sabía si el incremento de los períodos de radiactividad, que duraban sólo unos pocos minutos, se debía a alguna fuente común, tal como una lluvia de rayos cósmicos que afectara a toda la región. Los trabajos que se hicieron en 1987, sin embargo, indicaron que tal vez nos encontremos ante un fenómeno que es específico de un lugar.

El 29 de septiembre de dicho año. Cosimo y Ann Favaloro, voluntarios norteamericanos del Proyecto Dragón, hicieron un estudio del círculo de piedras escocés que se conoce por el nombre de Easter Aquorthies. Para entonces el proyecto ya contaba con aparatos para medir las radiaciones en el lugar y sus alrededores al mismo tiempo. Los Favaloro eligieron esta fecha porque el arqueólogo Aubrey Burl había sugerido que Easter Aquorthies es el único de varios círculos de piedras de Escocia en el que hay una piedra alineada con la Luna durante un período determinado del ciclo metónico que se denomina «paro lunar mayor». El 29 de septiembre debía tener lugar una importante puesta de Luna. Los Favaloro tomaron lecturas continuas a lo largo de un período de doce horas y averiguaron dos cosas dignas de tenerse en cuenta. En un momento de última hora de la tarde las lecturas en el interior del círculo subieron mucho durante unos minutos, situándose muy por encima de las normales en el lugar, mientras que las de los alrededores permanecieron constantes. La segunda cosa fue que en el momento exacto de la puesta de Luna, las nueve de la noche, el nivel de lectura de radiaciones en el entorno superó el del círculo de piedras por única vez durante todo el período de medición. Al parecer, tenía lugar alguna clase de geofísica que distamos mucho de comprender.

Se ha comprobado que algunos pozos curadores y santos poseen radiactividad natural. Es el caso de dos de los pozos santos más famosos y antiguos de Gran Bretaña: el Chalice Well de Glastonbury y las aguas sagradas de los manantiales de Bath. Pero también pozos menos conocidos, tales como el de Sancreed, en Cornualles, pueden mostrar a nivel del agua una radiación natural que sorprende por lo elevada.

Otra conexión entre los lugares antiguos y la radiación es el empleo de granito por parte de los constructores de megalitos. El granito es una roca especialmente radiactiva y es sobre todo en las regiones graníticas donde el gas radón tiende a ser un riesgo. De todos los condados de Inglaterra, el granítico Cornualles es el que

128

presenta la mayor incidencia de radón doméstico; también tiene la mayor concentración de lugares megalíticos. Entre las demás zonas graníticas cabe mencionar Dartmoor, en Devon, y Aberdeen, en Escocia, ambas notables focos de monumentos megalíticos. Y la mayor concentración de megalitos del mundo, en los alrededores de Carnac, también se encuentra en un paisaje granítico.

En los menhires de granito de algunos círculos de piedras de Gran Bretaña se han encontrado zonas pequeñas que emiten radiaciones de modo casi continuo, aunque, al medirlas todas, su radiación es sencillamente la propia del granito de gran energía. Pero el empleo más interesante de granito por parte de los constructores de estructuras sagradas en la prehistoria estaba en la creación de espacios cerrados. En Europa aparecieron bajo la forma de dólmenes, piedras verticales con una piedra horizontal encima formando una especie de caja y pasadizos o cámaras bajo tierra. Estos rasgos subterráneos reciben el nombre de *fogous* en Cornualles, pero generalmente en otras partes los denominan *souterrains*. En las islas británicas se encuentran en el nordeste de Escocia, y en Irlanda, además de en Cornualles. Hay rasgos parecidos en Bretaña. Los investigadores alternativos todavía no han determinado la geología de los lugares irlandeses, pero los ejemplos franceses, de Cornualles y escoceses están sin excepción en regiones graníticas, y se sabe que hay uranio en las Orcadas.[40]

Los *souterrains* se parecen a las *kivas* indias del sudoeste norteamericano, que también es región de yacimientos de uranio; a decir verdad, sobre algunas regiones pesa la amenaza de convertirlas en «zonas nacionales de sacrificio» para la extracción de estos minerales. Las *kivas* se construían con fines rituales y ceremoniales y es casi seguro que al menos algunas versiones de los *souterrains* europeos cumplían una función parecida.

Durante 1988 se midió la radiación en diversos *fogous* y dólmenes de Cornualles. Las lecturas que se obtuvieron dentro de ellos variaban, pero todas eran altas, algunas entre el doble y el triple de las tomadas fuera, que ya eran elevadas de por sí.

La cámara del rey dentro de la Gran Pirámide de Gizeh, en Egipto, también está construida de granito. En este caso la piedra se envió desde Asuán, situada a cientos de kilómetros al sur, con el fin de que la usaran en el edificio de piedra caliza. Se dice que para los antiguos egipcios la piedra caliza simbolizaba la materialidad, mientras que el granito representaba el espíritu.[41] Éste puede ser un factor significativo en los debates que se han suscitado en torno a la naturaleza de la cámara del rey: ¿era sencillamente una tumba, o era una cámara de iniciación? El hecho de que haya unos conductos de aire hasta la cámara –construidos en todos los lados con bloques de granito cortados meticulosamente, creando un espacio que se ajusta a unos ratios geométricos específicos– y de que jamás se encontraran allí inscripciones murales, cadáveres u objetos funerarios ha inducido a muchos a suponer que, en efecto, la cámara estaba destinada a usos mágicos o místicos. De hecho, la lectura de la radiación del aire en el centro de la oscura y melancólica cámara dio resultados más altos que en la superficie de las paredes de granito, sin duda a causa del radón que emitían todos los lados y que no podía disiparse fácilmente. Los resultados se parecían mucho a los que se obtuvieron en varios interiores megalíticos de Cornualles y, en unos cuantos casos, eran virtualmente idénticos.[42]

Estados alterados, curación y energías de los lugares

Si algunos lugares sagrados se identificaron y eligieron, o se construyeron deliberadamente, para aprovechar la radiación natural en forma concentrada o el magnetismo especial de las rocas, ¿cuál sería la finalidad de todo ello? ¿Y cómo sabrían las gentes de la Antigüedad que los lugares tenían esas propiedades?

Empezaremos por la segunda pregunta. El capítulo 3 nos ha mostrado que no es difícil aceptar la posibilidad de que los seres humanos fueran capaces de percibir variaciones magnéticas alrededor de las piedras. Aunque se trata de niveles de magnetismo bajos, son grandes en comparación con las fuerzas minúsculas que comentábamos en el capítulo anterior. En cualquier caso, las cualidades magnéticas de las rocas podían detectarse instrumentalmente en cualquier momento de la prehistoria por medio de la piedra imán, que es un mineral que se encuentra en estado natural, tiene propiedades magnéticas y se llama magnetita. Es seguro que el magnetismo era conocido por lo menos desde los tiempos de la Grecia antigua. Se dice que la palabra magnet* viene de Magnes Lithos, es decir, piedra de Magnesia, ya que los griegos sabían que se encontraba magnetita en una región de Anatolia llamada Magnesia. También se dice que hay una referencia del siglo I a su utilización en Francia.[43] En su libro History of magic (1854), Joseph Ennemoser afirma que los antiguos egipcios también conocían los imanes y los utilizaban en los templos para suspender las imágenes de las deidades. Si el magnetismo se conocía en ese período, no hay motivo para suponer que no se conociera antes del mismo. Desde luego, los imanes formaban parte del repertorio de los magos, los curadores y los alquimistas.

De una forma u otra, los pueblos primitivos de todo el mundo podían identificar fácilmente las propiedades magnéticas de las piedras. Pero ¿y la radiación? Todos sabemos perfectamente el terrible daño que la radiactividad puede causar en los tejidos vivos,

* En inglés, *magnet* significa «imán». *(N. del T.)*

aunque estamos hablando de pequeñas dosis de radiación natural que no producen efectos obvios (al menos durante períodos de exposición relativamente cortos). La ciencia ortodoxa afirma que la radiación ionizante no pueden detectarla directamente los sentidos humanos. Aunque cabe que esto sea verdad en el caso de los cinco sentidos como tales, hay algunos indicios de que la radiación gamma, como mínimo, pueden percibirla indirectamente los organismos vivos. Por ejemplo, en una monografía publicada en 1963, Frank Brown demostraba que las tenias eran conscientes de la radiación gamma muy débil que emitía una muestra del mineral cesio-137. En 1966, en un ensayo sobre la variación diurna en la respuesta de los organismos a la radiación gamma muy débil, Brown y sus colegas Y. Park y J. Zeno describieron de qué modo respondía un ratón. Z. J. Harvalik ha observado en su labor con zahoríes que algunas de estas personas son más sensibles a la radiactividad débil que los contadores Geiger, conclusión que también han sacado investigadores alemanes. Al parecer, podría decirse, a modo de regla general y empírica, que los organismos vivos pueden percibir o responder a todos los campos naturales en que se ha desarrollado la vida en la Tierra, aunque muchas de estas sensibilidades estén por debajo del umbral de la conciencia, hayan cambiado o incluso se hayan atrofiado al variar las circunstancias ambientales a lo largo de los siglos. La ciencia ortodoxa siempre tiende a subestimar la sensibilidad de los organismos vivos ante las energías débiles.

Hay otra manera, una manera más asombrosa, en que puede que los constructores de megalitos identificasen la energía asociada con el granito. Los constructores de los edificios de piedra sagrados del mundo antiguo dominaban y conocían totalmente su medio. Para comprenderlo, basta ver cómo manipularon las piedras de Stonehenge, del Machu Picchu en Perú o de la Gran Pirámide de Egipto. No podía haber ninguna propiedad de las piedras que se les escapara a las gentes de la Antigüedad. Hasta hace poco (1988) no llamó la atención de los investigadores un fenómeno curioso que parece producirse dentro de los entornos de elevada radiación natural que proporcionan las estructuras tales como los dólmenes y los *fogous*. Mientras medía los niveles de radiación en algunos de estos rasgos en Cornualles, Devereux encontró descripciones de la aparición de fenómenos lumínicos dentro de ellos.

Un ejemplo lo aportó el arqueólogo John Barnatt, que había observado luces inexplicables mientras se encontraba dentro del dolmen llamado Chûn Quoit que hay en Cornualles. Sucedió en julio de 1979, cuando el doctor Barnatt llevaba semanas estudiando los monumentos ceremoniales de Cornualles. Al finalizar una larga jornada de trabajo, el doctor y su fotógrafo, Brian Larkman, acamparon al lado del Chûn Quoit y después de cenar se acercaron al dolmen «para echar un vistazo y, en general, descansar». El doctor

131

se sentó dentro de la estructura de piedra, en la oscuridad, y de pronto de dio cuenta de que en la parte de abajo de la piedra horizontal que quedaba sobre su cabeza se producían «estallidos breves y periódicos de luz multicolor» que «cruzaban rápidamente la superficie de la piedra en cortas bandas lineales».[44] El fenómeno se prolongó de forma intermitente durante una media hora. El *quoit* –término coloquial que se usa para referirse al dolmen– se encuentra en una zona pantanosa y remota; era de noche y no había ninguna fuente identificable de luz que pudiera explicar el fenómeno. Larkman confirmó el efecto, pues se sentó dentro del dolmen y también vio las luces que se movían por la superficie inferior de la piedra horizontal. No pudo detectar ningún color, pero eran «un fenómeno real que tenía lugar dentro de la tumba».[45]

Más adelante se descubrió que en junio de 1988, también en una oscuridad total, el ex psicólogo investigador universitario Jo May había observado lo que, al parecer, fue un fenómeno idéntico, pero en su caso dentro del *fogou* de Boleigh. En el interior de esta cámara subterránea de granito May observó claramente «tenues filamentos espirales que giraban... alrededor de los principales dinteles del pasadizo». Hizo comprobaciones para tener la seguridad de que no se trataba de una ilusión óptica. Pronto se percató de que sus ojos se habituaban al efecto. Aunque las luces eran sutiles, comentó que estaban claramente «allí»; eran fenómenos objetivos. Los filamentos giratorios «se parecían mucho a las espirales de las yemas de los dedos, pero montones de ellas, entrelazadas y moviéndose suavemente». También notó que las acompañaban «cientos de puntitos de luz, como estrellas, que también se movían suavemente, dejando alguna que otra estela como si entre ellas hubiera estrellas fugaces».[46]

Da la casualidad de que en estos lugares se obtuvieron las lecturas de radiación más altas de todos los lugares cerrados de granito que se estudiaron en Cornualles durante la sesión de 1988.

Obviamente, la gente de la Antigüedad, al pensar en fenómenos magnéticos o de radiación, no lo haría en términos geofísicos, sino como prueba de la existencia de espíritus o poderes mágicos (lo cual no quiere decir que tales interpretaciones fueran necesariamente menos válidas que las de la ciencia moderna). Pero, prescindiendo de los términos en que las vieran, las piedras energéticas, ya fuesen magnéticas o radiactivas, llamarían la atención y se usarían, probablemente a modo de auxiliares de la curación y de la producción de estados alterados, es casi seguro que en conjunción con actividades rituales y la ingestión de hierbas, plantas u hongos psicoactivos.

Ya hemos comentado, en el capítulo anterior, que el magnetismo de bajo nivel puede utilizarse a modo de agente de curación, y es posible que las piedras magnéticas «mágicas» se usaran de forma parecida en los lugares; de hecho, cabe que ésta sea la fuente original de la creencia tradicional relativa a las piedras curadoras. Además, el chamán, en estado de éxtasis, tal vez usaba tales piedras en contacto directo con el cuerpo para provocar un cambio mental, o para dirigir la experiencia. Parece que las piedras magnéticas se modificaban para que cumpliesen esta función. Gors Fawr, en Gales, es uno de los diversos círculos de piedras que recientemente se han identificado como poseedores de una piedra magnética. El lugar comprende un círculo de 22 metros de diámetro formado por 16 piedras bastante bajas, con otras dos mucho más altas separadas del círculo por unos cuantos metros y situadas en el nordeste. Ninguna de las piedras es magnética excepto la que se encuentra más alejada del círculo. Thom comprobó que las dos piedras ajenas al círculo creaban una alineación que señalaba el amanecer de los días de verano. La piedra magnética tiene una forma curiosa que permite usarla como asiento; al sentarse en la piedra, la cabeza se apoya justamente en la parte que más afecta a la brújula. Cabe dentro de lo posible que si una persona se halla en cierto estado mental provocado por el ayuno, las danzas o los alucinógenos, apoyar la cabeza y, por ende, el cerebro en los campos magnéticos de la piedra provoque o realce experiencias visionarias o espirituales, al recibir el hipocampo un masaje apropiado por parte del magnetismo. Quizá los amaneceres veraniegos eran especialmente idóneos para esta actividad. De modo parecido, el afloramiento de serpentina de Mount Tamalpais tiene una hendidura sin aristas que constituye un asiento perfecto, aunque en este caso lo que entra en estrecho contacto con la roca magnética es la base de la columna vertebral.

Mientras que cuesta poco asociar el magnetismo con la curación y los efectos en el cerebro, menos obvia es la capacidad de hacer una de las dos cosas que posee la radiación natural intensificada. No obstante, la investigación va proporcionando datos que inducen a pensar que tal vez deba desempeñar tales cometidos. Curar con radiación de bajo nivel puede parecer una idea extraña, pero algunas personas dicen que es posible. A principios de siglo los norteamericanos acostumbraban a visitar unas cuevas radiactivas de Colorado del mismo modo que los europeos pasaban temporadas en los balnearios (algunos de los cuales, como hemos señalado, tienen aguas ligeramente radiactivas). Hace unos decenios se vendía radón debido a sus supuestas propiedades curativas: el comprador absorbía por la nariz el gas envasado en unas latas. Hasta en la actualidad hay personas que visitan antiguas minas de oro y de uranio, como las que hay en Boulder, Montana, y juran que han experimentado una curación significativa de dolencias tales como la artritis incapacitante, la diabetes, etcétera.[47] Estas personas permanecen expuestas al radón de las antiguas minas durante períodos rigurosamente cronometrados. Quizá una dosis «homeopática» de radiación natural de bajo nivel puede actuar, en algunos casos, como agente curativo, mientras que una dosis excesiva haría daño. Tal como dijo Paracelso, el alquimista del siglo XVI: «El veneno es la dosis».

El potencial modificador de la mente que poseen ciertos niveles de radiación natural se observó por primera vez en el Proyecto Dragón, si bien por casualidad. La zona que rodea las piedras de Rollright fue muy estudiada durante años y pronto se vio que en el camino rural que pasaba cerca del círculo se obtenía una lectura anormalmente alta en el contador Geiger a lo largo de varios cientos de metros, en la parte que más cerca quedaba de las piedras. Se hicieron pruebas dosimétricas de los materiales que formaban la superficie del camino y no se encontró nada anormal. Durante un tiempo se creyó que ello se debía sencillamente a que tal vez el camino pasaba por encima de algún pequeño yacimiento de uranio. John Steele observó que los problemas de derechos de posesión de las tierras con los indios de Estados Unidos y los aborígenes australianos giraban en torno al hecho de que algunos lugares sagrados de los indígenas estaban en parajes que eran ricos en minerales, especialmente uranio. Los encargados del proyecto observaron otros indicios que corroboraban este vínculo aparente entre algunos lugares sagrados y yacimientos de uranio. El escritor francés Marc Dem reparó en que las regiones de Francia donde había los yacimientos de uranio más abundantes coincidían con las mayores concentraciones de lugares megalíticos.[48] La investigadora suiza Blanche Metz ha medido los elevados niveles de radiación natural en varios importantes monasterios del Tíbet.[49] También se dice que hay yacimientos de uranio alrededor de Serpent Mound, en Ohio. Y Mount Harney, en Dakota del Sur, donde más adelante se encontró dicho elemento, figuraba de modo prominente en la Gran Visión de Alce Negro, el hombre santo de los siux oglala.[50]

No obstante, el personal del proyecto se llevaría una decepción. El control de la radiación intensiva en 1988 mostró que había una correlación tan grande entre los mayores niveles de radiactividad y el ancho de la carretera que era forzoso suponer que el culpable sería algún material que se hallaba en los cimientos de la carretera. Pero seguía tratándose de radiactividad natural y, debido a las actividades que los del proyecto llevaban a cabo en el lugar, en 1980 se observó una coincidencia muy instructiva. Separados por un intervalo de dos semanas, dos testigos muy dignos de confianza, un topógrafo y un científico, observaron fenómenos extraños en el mismo trecho del camino, en medio de la zona radiactiva.

En el primer incidente, el topógrafo observó la aparente desaparición de la carretera de un coche con dos ocupantes. Sólo tres explicaciones eran posibles: el testigo había sufrido un breve desmayo mientras andaba y llevaba a cabo una tarea; había sufrido una alucinación; o durante unos momentos había aparecido la imagen aparentemente normal de un vehículo.

En el segundo incidente, el científico observó la aparición momentánea de un enorme animal que parecía un perro al lado de la carretera junto al círculo. Vio con mucho detalle el pelaje gris e hirsuto del animal.

Dieciocho meses después, otro miembro del proyecto, una mujer, presenció la aparición de un anticuado carromato, tirado por un caballo, de los que usaban los gitanos. Lo vio durante unos momentos, alejándose de ella pese a que nada había pasado por su lado.

En los tres casos los testigos y las imágenes observadas se encontraban en la parte radiactiva de la carretera. Dos de los incidentes, y posiblemente los tres sin excepción, podían interpretarse como fenómenos de «lapsus temporales», por cuanto, de un modo u otro, los observadores tuvieron fugazmente acceso a un momento de otro tiempo en la carretera. Discretamente, de uno en uno, los tres presentaron un informe a Devereux por ser éste el director del proyecto y durante mucho tiempo cada uno de los testigos desconoció los acontecimientos ocurridos a los demás; no se relacionan ni se han relacionado nunca socialmente.

Parecía que por casualidad la existencia de un fenómeno aparentemente asociado con zonas localizadas de gran radiación de fondo había llamado la atención del Proyecto Dragón. ¿Podrían tales zonas ayudar a provocar estados alterados? Parecía poco científico rechazar los informes de personas de reconocida seriedad, o considerar que el vínculo de la radiación era coincidencia. No es un campo en el que abunde la información anecdótica, pero de vez en cuando han llegado noticias a la atención de los investigadores. Por ejemplo, como el *fogou* de Boleigh se halla en los terrenos del Centre for Alternative Education and Research (CAER), se han registrado varias experiencias de este lugar subterráneo. En un caso, una mujer que se encontraba sola en la oscuridad impenetrable del *fogou* se encontró de repente en un vivo «sueño en estado de vigilia» en el cual se hallaba bajo una luz diurna cerca de una iglesia donde se celebraba una boda. La mujer era al mismo tiempo consciente de estar de pie en la oscuridad del *fogou* mientras observaba todos los detalles de la escena que tenía lugar en la iglesia. Otros ejemplos de estados alterados y la aparición de una «dama blanca» se han producido en el mismo lugar, y otro *fogou* de Cornualles (Pendeen Vau) tiene una antigua leyenda que habla de una dama blanca.

En los incidentes de Chûn Quoit que ya hemos comentado, Brian Larkman, además de observar los fenómenos lumínicos en la parte inferior de la piedra horizontal, también vio un curioso «reflejo» de su propia figura en una de las piedras verticales que la sostenían. Si bien no le cupo duda de que las luces eran alguna clase de energía objetiva, ha continuado forcejeando mentalmente con el recuerdo del «reflejo»: ¿fue algún extraño acontecimiento paranormal o alguna ilusión de la retina que podía explicarse?

En su hogar de São Jõse do Rio Prêto, al noroeste de São Paulo, en Brasil, Cynthia Newby Luce ha presenciado fenómenos típicos de los que se asocian con las zonas de radiación; puede ser que ello se deba a que su casa se encuentra sobre una montaña de granito. En cierta ocasión, de pronto se dio cuenta de que una antigua mesa de carnicero, de esas que tienen la superficie de mármol, no estaba en su rincón de costumbre. A los pocos segundos reapareció. Durante el incidente Cynthia notó «un leve cambio en la calidad de la luz». En numerosas ocasiones figuras humanas y animales han aparecido «como destellos subliminales».[51] Esporádicamente se ven bolas de luz en los jardines de la casa, bolas que las gentes del lugar conocen bien y llaman *Mae de Ouro* (madre de oro).

Es claro que estos informes todavía no equivalen a pruebas concluyentes, pero sí indican un rumbo nuevo y potencialmente informativo para las investigaciones. Por eso se estudian actualmente los posibles efectos de cambio mental en los lugares que poseen características especiales de magnetismo o de alta radiación de fondo. (Es interesante el hecho de que los lugares estudiados hasta ahora no parecen tener ambas cosas a la vez.) Esta labor supone la investigación de los curiosos fenómenos lumínicos interiores que se observan en los monumentos de granito, el estudio de los ritmos cerebrales de personas que estén en contacto con piedras magnéticas y el trabajo experimental directo con técnicas de cambio mental en lugares y piedras magnéticos o radiactivos en determinados momentos del día y del año. Los investigadores también han encontrado algunos indicios de que los pozos y los manantiales santos donde haya un factor radiación pueden ayudar a provocar estados de inquietud, un tipo especial de languidez, que están en correlación con condiciones de ondas cerebrales alfa.

Es obvio que la exploración de estos indicios requerirá tiempo, pero representa la primera utilización real que de estos lugares antiguos se hace en la era moderna. Ecopaganos, seguidores de la Nueva Era y otras personas visitan tales lugares, desde luego, y esto por sí mismo es beneficioso, tal como hemos sugerido en el presente capítulo, pero los rituales inventados que ejecutan en estos lugares son poco más que teatro; poseen escasos conocimientos de los aspectos de los lugares que tratamos en estas páginas. Si uno desea soñar en un lugar, por ejemplo, es útil saber cuál de las piedras puede ayudar a ello y cuál ¡puede darle un empujoncito al hipocampo!

Esta clase de investigación se lleva a cabo en circunstancias difíciles. La ciencia convencional descarta la realidad de los fenómenos paranormales o extrasensoriales y, generalmente, los estados alterados se ven en términos de patología o de comportamiento antisocial. En cambio, investigadores serios de diversas disciplinas y procedencias estudian aspectos de los estados alterados –sustancias psicoactivas, mitos, tradiciones de chamanismo, terapia psicológica, percepción extrasensorial, etcétera–, pero en los ensayos y libros que nacen de estos estudios hay pocos indicios de que se sea consciente de la importancia del lugar, las condiciones geofísicas, tal como se relacionaban con las tradiciones prácticas destinadas a producir cambios mentales y, por ende, implícitamente, con técnicas que tal vez podrían recuperarse y explorarse hoy día. Así, sucede que, por ejemplo, un experto en estudios de la conciencia de la costa occidental de Estados Unidos tiene dificultades para relacionar su labor con los estudios de geomancia que se efectúan en otra parte, o incluso los desconoce totalmente. En consecuencia, el vínculo entre la mente humana y la Tierra, especialmente en los lugares que señalaron las gentes de tiempos remotos, no se percibe.

Es importante que tratemos de penetrar en la comprensión geomántica de las sociedades tradicionales. Los lugares antiguos son una forma de bando de memoria por medio del cual puede que nos sea posible recordar algo de esto. Necesitamos conocer el papel de la geofísica en las actividades que producen cambios mentales. ¿Qué grado de radiación hay en, por ejemplo, la cueva de un chamán? ¿Qué características geofísicas tienen un lugar de poder, un monumento megalítico, un pico sagrado? Al averiguarlo, «recordaremos» muchas cosas sobre nosotros mismos, nuestro entorno planetario y nuestra relación con él, y de esta forma llegaremos a darnos cuenta de cómo podemos utilizar apropiadamente los lugares antiguos una vez más.

Puede que descubramos que los estados alterados en los lugares que poseen propiedades especiales permiten entrar en órdenes muy especializados de la conciencia, órdenes que dan acceso directo al cuerpo energético de la Tierra. En la tercera parte volveremos a ocuparnos de esto. Quizá no fue coincidencia que san Brynach eligiera un pico magnético para hablar con los ángeles. Podría ser que estados alfa, theta y delta, provocados por el contacto físico en un momento específico con una piedra dotada de magnetismo natural implantada en el suelo, nos permitieran conectar directamente con los grandes ritmos electromagnéticos del planeta que se describen en el capítulo anterior y permitieran que nuestra conciencia resonara en niveles mundiales.

No debemos permitir que las actitudes y la fragmentación de nuestro tiempo, consecuencia de nuestra amnesia cultural, nos disuadan de investigar en este sentido. Los recuerdos que se obtengan tal vez nos permitan construir una nueva geomancia a partir de la información que dejaron codificada en los lugares de santidad del cuerpo de la Tierra los hombres que vivieron mucho tiempo antes que nosotros.

Capítulo 5

Gaia otra vez

En el transcurso del siglo XX la antigua idea de que la Tierra vive ha entrado una vez más en nuestra conciencia. Ha penetrado sigilosamente utilizando los modos místico, visionario y científico de nuestro pensamiento, tan fragmentario ahora, y lo han ilustrado los escritos de tres figuras reconocidas en esas esferas. Es necesario que las escuchemos a todas.

El vidente irlandés

El místico irlandés de la naturaleza George William Russell, o «AE», nació en 1867. Además de explorar y analizar cuidadosamente su propio ser espiritual, fue reformador agrícola, escritor político, director de periódico, poeta y pintor. Al dejar la escuela, prosiguió su aprendizaje artístico asistiendo a clases nocturnas en Dublín, donde conoció a W. B. Yeats, que era condiscípulo suyo. Fue también durante este período que Russell se dio cuenta «de una vida que se movía dentro de mi vida». Por mediación de Yeats conoció la teosofía, forma inclusive y no sectaria de abordar la antigua sabiduría oculta que habían creado H. P. Blavatski y otros, y junto con Yeats y otros destacados intelectuales, escritores y artistas irlandeses apoyó la formación en Dublín de una logia de la sociedad en 1886.

Para ganarse la vida mientras asistía a las clases nocturnas, Russell trabajó de oficinista en varias empresas, incluyendo una pañería llamada Pim's, donde le calificaron de hombre «de aspecto alocado, pero muy práctico». Trabajó en Pim's durante varios años mientras en su interior iba desarrollándose una vida de visiones, episodios de percepción extrasensorial y arrebatos místicos. Su potente inteligencia se esforzaba por comprender las experiencias que vivía y encontró una estructura útil en la abundante literatura ocultista, especialmente las antiguas escrituras indias, a las que podía acceder gracias a sus relaciones con los teósofos. También sentía una gran simpatía por las antiguas leyendas y mitos celtas de Irlanda, que obsesionaban a personas tales como Yeats y los demás entusiastas de lo céltico en aquel tiempo.

Russell escribió poemas y alegorías y también intentó plasmar sus visiones en cuadros sorprendentes durante todo el período en que floreció su genio místico. En una de sus primeras obras trató de representar la aparición del Hombre Principal en la Mente Divina. Aunque algunos de sus cuadros eran «sólo las fantasías de un muchacho», el que acabamos de mencionar parecía fruto de «algo antiguo y eterno». El cuadro excitó a Russell, que permanecía despierto por las noches, preguntándose qué título le pondría. Decenios más adelante, en su libro *The candle of vision*, recordaría que «mientras me sentía dilatado y absorto de un modo sobrenatural, algo me susurró: "Llámalo el Nacimiento de Aeon"».

El sonido evocador de la palabra *Aeon** emocionó al joven Russell, aun cuando no sabía qué significaba. En su imaginación, este Aeon descendía del cielo «al caos, tejiendo con los elementos desbocados una mansión para su espíritu. Esa mansión era nuestra tierra y ese Aeon era el Dios de nuestro mundo».

Al cabo de aproximadamente una quincena, cuando Russell estaba en la biblioteca de Leinster House, se fijó en un libro abierto sobre la mesa. Sus ojos se posaron en la palabra *Aeon* en una de las páginas. Leyó febrilmente las líneas relacionadas con la palabra y descubrió que era el término que utilizaban los gnósticos para referirse a los primeros seres creados. «Estaba seguro de que nunca había oído la palabra –declaró Russell–, y acudió rápidamente a mi cerebro el pensamiento de la preexistencia y de que esto era un recuerdo del pasado.» El hecho causó tanta impresión en Russell que firmó uno de sus artículos subsiguientes con el seudónimo «AEON». Un corrector de pruebas no acertó a descifrar la palabra entera, de modo que sólo se imprimieron las primeras dos letras. Russell lo interpretó como una señal y en lo sucesivo escribió bajo el seudónimo de «AE».

En 1897 Russell empezó a trabajar para la Irish Agricultural Organization Society de sir Horace Plunkett, que se formó para fundar cooperativas rurales entre los agricultores, con el propósito de ayudar a reconstruir la agricultura irlandesa, devastada después de la llamada «Gran Hambre». El escritor irlandés Michael Sayers recordó:

> La desolación de Irlanda fue la destrucción del campesinado irlandés... No teníamos noción de las estaciones porque no había cosecha... unas cuantas ovejas de cara negra, ganado y caballos de carreras para los ingleses, que los criaban allí... no te-

---

* *Aeon* es la grafía inglesa de *eón*. *(N. del T.)*

níamos nada. Yo crecí en medio de todo ello. AE puso en marcha la moderna industria láctea con su movimiento cooperativista. Así que había en él esa faceta, que también le relaciona con la tierra. En AE había una vertiente dura, política.[1]

Russell pasó luego a asesorar a los daneses sobre el desarrollo de su política agrícola y el departamento de agricultura de Estados Unidos le consultaba con frecuencia, también sobre política rural. A partir de 1905 Russell fue director de *The Irish Homestead* y de su sucesor *The Irish Statesman*, y continuó escribiendo poemas, artículos y folletos. Pintaba, leía o visitaba el campo durante los fines de semana.

Aunque se interesaba y tomaba parte en los asuntos políticos de la Irlanda de su tiempo, Russell veía estos problemas sobre un trasfondo cósmico. Tenía un fuerte sentido de inmensos ciclos de tiempo y los expresaba por medio del concepto de las yugas, antiguas ideas hindúes y tántricas que le llegaban por mediación de la Sociedad Teosófica. Las yugas son épocas que duran cientos de miles de años y hay cuatro: las edades de oro, plata, bronce, y negra o de hierro. Ahora nos encontramos en la edad negra o de hierro: la Kali Yuga. Ésta es la época más materialista, violenta y oscurecida, la más apartada de los valores espirituales y de la vasta, eónica noción del tiempo experimentada por los pueblos anteriores. Según esta enseñanza, la humanidad tiene que pasar por estos ciclos durante cada una de sus manifestaciones como raza, de las cuales hay varias durante la evolución de la humanidad. La Kali Yuga de este ciclo comenzó supuestamente al morir Krishna en el año 3102 a. de C., y Russell describió poéticamente ese momento en un relato alegórico, basado en una de sus propia visiones, en el cual afirma:

> La tierra y el aire a su alrededor parecían estremecerse de angustia... dentro de mí, como si procediera de lejos, oí una nota de angustia más profunda, como un cuerno que saliera del corazón de la antigua Madre.[2]

Pero Russell pensaba que Irlanda era en potencia un lugar donde el antiguo sentido de lo sagrado podría resucitarse:

> ... este espíritu de lo moderno, con el cual nosotros [en Irlanda] tan poco tenemos que ver, es un espíritu que tiende a alejar al hombre de la naturaleza, más y más. La naturaleza ya no es para él la Gran Madre con tanta veneración nombrada hace mucho tiempo, sino simplemente un accesorio de su vida, la lejana proveedora de sus necesidades. ¿Qué son las estrellas y los cielos y las montañas para el habitante medio de las ciuda-

des?... El Santo Aliento del pasado ya no comulga con él... peor podríamos hacer que regresar a aquel paganismo del pasado...[3]

Para Russell los héroes y los dioses de la Irlanda céltica no eran más que referencias que en un período determinado se hicieran a seres arquetípicos que tal vez existieran en la remota Antigüedad de un ciclo anterior, pero que también coexistían eternamente con nosotros en otro orden de tiempo y de conciencia; una idea que concordaba mucho con el concepto de los aborígenes australianos, el del Tiempo de los Sueños. Aunque su talento visionario le permitía percibir seres y paisajes principales coexistiendo con nuestro entorno terrestre, normal, Russell también era muy consciente de que representaban niveles diferentes de la conciencia, los cuales permitían observar el planeta de otras maneras. La Tierra de la Juventud céltica, Tir-na-nog, es simultáneamente un mito, un estado de conciencia y «un nombre del alma de la tierra, la hechicera y madre de todos». Aunque la humanidad en conjunto tarde literalmente siglos en volver a los niveles más refinados del ser más allá de la Kali Yuga, los individuos podrían acceder a ellos en cualquier momento si cultivasen todas las disciplinas mentales que permitían hacerlo.

Russell y Yeats empezaron a distanciarse en 1898 cuando el primero dejó la Sociedad Teosófica después de que sus miembros pusieran objeciones al verle combinar la teosofía con la economía rural[4] y se sintieran preocupados al ver que se metía en política. Asimismo, Yeats había ingresado en la Orden Hermética del Amanecer Dorado y a Russell no le hacía gracia la magia ritual, prefiriendo seguir el camino que «da sabiduría al que da poder».[5] No obstante, permanecieron en comunicación a lo largo de los años.

Russell utilizaba la meditación para tener la seguridad de que el bullicio exterior de su vida no impediría que continuara la búsqueda de la comprensión de sus estados alterados. Éstos acudían a él espontáneamente, pero él también los cultivaba. Una forma de meditación que utilizaba era retrospectiva, es decir, retrocedía a través de los días, los meses y los años de su vida. No sólo recordaba acontecimientos y actos, sino también sus visiones, estados de ánimo e intuiciones; trataba incesantemente de seguir todo aquello hasta su fuente, lo que le llevaba a sublimes alturas de percepción íntima. A modo de fruto secundario de estas indagaciones, Russell empezó a interesarse por estudiar los sonidos básicos, los fonemas, que hay detrás del lenguaje, pues sospechaba que existía alguna serie primordial de sonidos en los cuales tenían su génesis ciertas palabras: un lenguaje de los dioses. En resumen, sus métodos e intereses se centraban en torno a la memoria en muchos niveles.

«La explicación física de la memoria misma falla del mismo modo que falla la explicación material de la imaginación», afirmó

Russell. Se preguntó cómo el simple acto de voluntad podía provocar la aparición de figuras o escenas en la imaginación o su aparición a primera vista autónoma y compleja en los sueños. «Si son sólo memorias humanas –arguyó–, vibraciones de luz solar almacenada que está fija de algún modo en el cerebro, igual que una fotografía está fija, su alteración por parte de un sencillo deseo lleva aparejadas incredibilidades...»[6]

Analizó la textura, el movimiento y la composición de las imágenes mentales. ¿De dónde viene la luz para estas imágenes? ¿De dónde viene la luz en un sueño? Observó que el perseverar en la meditación, aunque la oscuridad interior pudiera predominar durante semanas o meses al principio, «nuestras facultades se reajustan... Las tenebrosas cavernas del cerebro empiezan a volverse luminosas. Estamos creando nuestra propia luz». Russell se encontró con que su meditación concentrada producía «una luminosidad creciente en mi cerebro, como si hubiera desprecintado en el cuerpo una fuente de luz interior». Esta cualidad luminosa se convirtió gradualmente en parte normal de sus meditaciones y «a veces... caía sobre mí una luz casi intolerable, rostros puros y relucientes, deslumbrantes procesiones de figuras, antiquísimas, lugares y gentes antiguos, y paisajes preciosos como el Edén perdido».

El vidente irlandés opinaba que los artistas y los poetas no mostraban la suficiente curiosidad por la fuente y la naturaleza de sus imágenes y su inspiración, y que, del mismo modo, los psicólogos no consideraban de forma suficiente la mecánica y la naturaleza de las imágenes mentales. El pensamiento moderno lo descartaba todo con excesiva facilidad.

En el momento en que cerramos los ojos y nos quedamos a solas con nuestros pensamientos y las imágenes de los sueños, estamos solos con los misterios y los milagros. ¿O no estamos solos? ¿Estamos a salvo de intrusiones? ¿No estamos más cerca de los concurridos caminos de la existencia donde dioses, demonios, hombres y duendes son visitantes psíquicos?[7]

Al cribar las imágenes que entraban en su mente, Russell empezó a determinar que en todo ello intervenían varias fuentes. Tenía la convicción de que cuando se hallaba en ciertos estados de ánimo algún acto simpático de índole autónoma hacía que su psique coincidiera con alguna otra persona de la Tierra que en aquel momento se encontraba en la misma frecuencia mental, y podía, fugazmente, ver por los ojos de esa persona, observar gentes y escenas que no conocía y sentir lo que había en el corazón de la otra persona. Generalmente eran personas que él desconocía, de modo que no era posible probar nada, pero en una ocasión, al pensar en un amigo, de pronto vio vistas nocturnas de la Gran Pirámide y la Esfinge.

En aquel momento él no lo sabía, pero su amigo estaba en Egipto y pasó una noche en las pirámides. Dijo que esta clase de experiencia era una intersección con la conciencia de otra persona en vez de telepatía. Pero no cabe duda de que algunas imágenes se debían a la intrusión telepática, como se probó a sí mismo mientras trabajaba en Pim's. Un día se apretó la cara con las manos durante una pausa en el trabajo. Inmediatamente vio imágenes de una tienda pequeña en la que había una muchacha pelirroja y un anciano detrás del mostrador revolviendo unos papeles. Descubrió que su compañero de oficina estaba escribiendo una carta a la familia justo en aquel momento, y las imágenes que Russell había visto correspondían en todos sus detalles a las del hogar y los parientes de su compañero. Russell se encontraba «en un estado de ánimo vacío» cuando los pensamientos de su compañero se desbordaron y penetraron en su mente. Tal como señalábamos en el capítulo 3, hoy día se reconocería que un estado así se encuentra asociado con la actividad de ondas cerebrales de ritmo alfa. (Russell opinaba que cuando dormimos profundamente y sin soñar sintonizamos con la conciencia universal. Los ritmos delta aparecen en estos estados de sueño y también están asociados con niveles superiores de conciencia.) Avisado por este incidente, Russell se preguntó «¿cuántos miles de veces nos invaden tales imágenes y no especulamos en torno a ellas?».

Otras imágenes procedían de la memoria espiritual. A veces se trataba de material simbólico, memorias relativas al individuo modificadas con contenido complementario en los sueños o la imaginación por parte del arquitecto interior, a quien Russell identificó como el antiguo ser, el alma superior, la hebra inmortal del ser que vinculaba muchas vidas distintas, el cordón umbilical que unía a cada persona con la divinidad infinita, eterna. Esto permitía «una revelación del ser al ser». Otras imágenes llegaban del pasado remoto, de vidas anteriores experimentadas por este espíritu inmortal dentro del individuo, o, como tal vez dirían hoy algunos, en son especulativo, de una especie de memoria celular. Ciertamente, la idea de una memoria celular no era un concepto extraño para Russell:

En esa bellota que yace a mis pies hay una célula diminuta que tiene una memoria del roble desde el principio de la tierra y un poder enroscado en ella que puede engendrar de sí mismo todo el majestuoso ser del roble. De esa minúscula fuente, en virtud de algún milagro, puede surgir otra célula, y nacerán una célula tras otra, continuarán dividéndose, engendrando, edificando unas a partir de otras incontables miríadas de células, todas controladas por algún poder misterioso latente en la primera... Nada hay increíble en la suposición de que cada célula del cuerpo está envuelta en miríadas de memorias.[8]

¿Podría hacerse una exposición más perspicua de la hipótesis de Sheldrake sobre la causación formativa (capítulo 3)? El místico y el científico pueden llegar a conclusiones parecidas. En su libro *Song and its fountains*, Russell, de modo semejante, demostró que era capaz de anticipar cosas recientes tales como la física «del caos» (donde el estudio de las llamadas pautas fractales y de sistemas eslabonados en la naturaleza demuestra que puede haber una redistribución casi interminable de energía mediante, efectivamente, la estructura del caos, de manera que en teoría el movimiento de las alas de una mariposa puede acabar contribuyendo a un lejano huracán). Russell escribió:

Hay un misterio tan grande en nuestro menor movimiento como lo hay en nuestro ser total. El cosmos entero nos afecta. Emanaciones de los planetas más lejanos caen sobre nosotros y a través de nosotros. Todo está relacionado con todo lo demás.

Esto también prefigura la clase de interacciones que se describen en el capítulo 3, a la vez que el conocimiento de que «todo está conectado» es, como hemos visto, el fundamento de la sabiduría antigua, tradicional.

La memoria espiritual puede contener imágenes transpersonales también, imágenes relativas a recuerdos colectivos de antigüedad incalculable. Así llegó a comprenderlo Russell. Podía remontarse a los tiempos en que los Muchos emanaban del Único, el equivalente espiritual del «big bang» que, según el físico, fue el comienzo del universo.

«Este recuerdo del espíritu es la base real de la imaginación», declaró Russell. En la terminología de Russell, como en la de Blake y la de otros místicos y magos, la imaginación es un estado creativo profundo muy superior a la versión floja que la mayoría de las personas experimentan en la conciencia de vigilia normal, aunque, según arguyó Russell, ni siquiera las imágenes que surgen de eso pueden explicarse.

Memoria de la Tierra

Todos los tipos de imágenes a que se hace referencia en los párrafos anteriores podían irrumpir en la conciencia de Russell en cualquier parte, en cualquier momento: en la ciudad o en el campo, mientras meditaba, dormía y soñaba, estando despierto y consciente, incluso cuando andaba por la calle o por un pasillo. Pero Russell también tenía otra clase de experiencias místicas y visionarias:

Me convencí de que las imágenes que pueblan el cerebro no siempre han estado allí, ni se forman a partir de cosas vistas. Sé que con las imágenes de la memoria se mezclan imágenes que vienen a nosotros, a veces procedentes de mentes ajenas, a veces son vislumbres de países lejanos, a veces son reflejos de cosas que acontecen en regiones que son invisibles para los ojos externos; y a medida que la meditación va exaltándose, las formas localizables en la memoria tienden a desaparecer y tenemos acceso a una memoria mayor que la nuestra, la tesorería de recuerdos augustos en el ser innumerable de la Tierra.[9]

Russell llamaba de diversas formas a este último tipo de visión: «la memoria de la Tierra», «el aliento de la Tierra» o, a veces, «la memoria de la naturaleza», y hablaba en términos de un «espíritu de la Tierra» o *anima mundi*. Decía que la Tierra era «multicolor», con lo cual quería decir que tenía muchas capas y que aspectos nuevos del paisaje que nos rodea podían revelarse en ciertos estados de conciencia en los cuales podían verse otros seres, o imágenes de personas u objetos del pasado. Con frecuencia Russell daba el nombre de «sobrenaturaleza» a estos niveles más sutiles del campo.

Este tipo de percepción de la naturaleza era el sello místico de Russell y lo que le hace tan pertinente al tema del presente libro. De niño tuvo algunos breves indicios de su capacidad para ver el interior de su entorno natural, pero en general «No era consciente en mi niñez de que hubiera algún cielo a mi alrededor». Tenía 16 o 17 años cuando empezó a estar «atónito»:

> Andando por caminos rurales, imaginaciones intensas y apasionadas de otro mundo... empezaba a abrumarme... mis sentidos esperaban que algo se desvelara de un momento a otro... El aire teñido relucía ante mí con importancia inteligible igual que un rostro, una voz. El mundo visible se convertía en una especie de tapiz azotado y movido por los vientos... Yo decía de la Tierra [en poesía] que nosotros y todas las cosas éramos sus sueños...[10]

¡Cómo se parece esto a lo que los bosquimanos de Kalahari le dijeron a Laurens Van der Post! Russell recordó «la mayor de todas las maravillas» de su niñez cuando:

> ... Me encontraba echado en la colina de Kilmasheogue y la Tierra se me reveló como ser vivo, y la roca y la arcilla se hicieron transparentes de modo que vi seres más preciosos y majestuosos que los que había conocido hasta entonces, y me hicieron socio en la memoria de cosas poderosas, cosas sucedidas

en siglos que hacía ya mucho se habían hundido detrás del tiempo.[11]

Descartar tales experiencias representa un gran riesgo para nuestra comprensión de la naturaleza de nuestro planeta. Los pensamientos de Russell:

... se volvieron más y más hacia la vida espiritual de la Tierra. Todas las agujas del ser apuntaban hacia ella. Sentí instintivamente que todo lo que veía en visiones era parte de la vida de la Tierra, que es una corte donde hay palacios estrellados. Allí el Espíritu Planetario era Rey, y ese Espíritu que se manifestaba por medio de la sustancia de la Tierra, la Madre Poderosa, me parecía que era el ser que yo andaba buscando como Dios. El amor que sentía por la naturaleza como vestidura de esa deidad se hizo más profundo...
Creo que la mayor parte de lo que se dijo sobre Dios se dijo en realidad sobre ese Espíritu cuyo cuerpo es la Tierra.[12]

Russell reconoció que ser nombrado socio de la memoria de la Tierra implicaba un factor geográfico. En una entrevista con el gran estudioso norteamericano W. Y. Evans-Wentz, afirmó:

Las he visto [las visiones de la sobrenaturaleza] con la máxima frecuencia después de pasar unos días fuera de una ciudad o población. Toda la costa occidental de Irlanda, de Donegal a Kerry, parece cambiada por un poder mágico, y es allí donde más fácil me resulta ver. Siempre me ha resultado relativamente fácil ver visiones cuando me encuentro en monumentos antiguos como New Grange y Dowth, porque pienso que tales lugares están cargados naturalmente de fuerzas físicas y por esta razón los utilizaban como lugares sagrados hace muchísimo tiempo.[13]

En efecto, Russell sabía muy bien que en el cuerpo de la Tierra había lugares especiales donde el paisaje «se encendía de pronto... con luz sobrenatural en algún lugar solitario» y señalaba «un lugar que es tierra santa». Este asunto, la dimensión geográfica de los estados alterados, al que casi no prestan atención los estudios modernos de la conciencia, volveremos a tratarlo en la tercera parte.

Al empezar la expansión de su conciencia, Russell aprovechaba todas las oportunidades para irse a las montañas y al campo.

A veces, echado en la ladera con los ojos del cuerpo cerrados, como si durmiese, podía ver valles y colinas, relucientes como una joya... en aquella tierra veía... gentes brillantes que... eran, según creo, los que en el mundo antiguo dieron a luz leyendas de ninfas y dríadas... A veces me preguntaba si tendrían alguna vida individualizada, pues se movían como en alguna orquestación de su ser. Si una alzaba los ojos, todas hacían lo mismo. Si una se movía... muchas se doblaban siguiendo el ritmo. Me preguntaba si todos sus pensamientos eran de otro, de alguien que viviese dentro de ellos, guardián o alma superior de su tribu.[14]

Comparó tales seres con una colmena de abejas: «Un solo organismo con células inconexas». Es fascinante comparar las crónicas que hace Russell de estos habitantes de la sobrenaturaleza con la descripción que da Whitley Strieber en *Communion* de las entidades que encontró en su supuesta experiencia de secuestro:

> ... Si lo que veía eran seres reales, entonces lo más sorprendente en ellos era que parecían moverse siguiendo una especie de coreografía... como si cada acto de cada ser independiente fuese decidido en otra parte y transmitido luego al individuo.
> Vuelvo al pensamiento de que pueden ser una especie de colmena.[15]

Generalmente estos secuestros modernos se han interpretado en términos de la actuación de extraterrestres que viajan en OVNI. A decir verdad, puede que esto sea sencillamente otra señal de hasta qué punto la psique moderna se ha distanciado de la Tierra. Para ser justos con Strieber, hay que señalar que en su libro dice que no había razón para creer que sus «visitantes» procedían de otro planeta y que puede que «tengamos una relación con nuestro planeta que no comprendemos en absoluto, y los antiguos dioses, el hada y los visitantes modernos son efectos secundarios de ella».

Entre los vislumbres de otros niveles de la Tierra que tenía Russell había otras clases de seres, seres parecidos a dioses y también seres elementales. En un par de ocasiones también vio «aeronaves» llenas de luces que flotaban sobre un valle. No sabía si lo que veía era algo procedente de un ciclo de civilización anterior o del futuro. Por supuesto, los objetos se parecían notablemente a los OVNI de hoy día, que, según se dice, tienen forma de cigarro. Otras veces veía directamente el pasado. Una vez se encontraba esperando a alguien en las ruinas de una capilla antigua cuando de pronto se vio inundado de imágenes de la capilla en sus buenos tiempos e incluso vio gente que rezaba en ella.

A Russell la «Tierra me parecía... bañada en un éter de divinidad», y «tocar la Tierra era sentir el influjo de poder como si uno hubiese tocado el manto del Señor». Su capacidad de escuchar la memoria de la Tierra no era «lo que la gente llama imaginación». Russell insistía en que era «un acto de visión, o de percepción de imágenes que ya existían y respiraban en algún medio etéreo que en modo alguno difiere del medio que nos guarda nuestros recuerdos». Si modernizamos esta cita sustituyendo «medio etéreo» por «campo», no nos encontraremos muy lejos de algunas especulaciones científicas de nuestro tiempo.

En *The candle of vision* Russell escribió:

Estas memorias de la Tierra acuden a nosotros de diversas maneras. Cuando estamos pasivos y el medio etéreo que guarda estas imágenes, sin ser roto por el pensamiento, es como cristal transparente o agua en calma, entonces se produce a menudo un resplandor de color y forma sobre él, y hay lo que puede ser un reflejo de algún recuerdo de la Tierra relacionado con el lugar en que nos movemos o puede ser que tengamos una visión directa de ese recuerdo...

... A veces podía evocar deliberadamente, partiendo del recuerdo de la naturaleza, imágenes de personas o cosas pertenecientes a un pasado muy lejano, pero que yo deseaba conocer... El hecho de que la Tierra contenga tales recuerdos es importante en sí mismo, pues una vez hemos descubierto esta tablilla imperecedera, nos vemos inducidos a especular sobre si en el futuro la enseñanza de la videncia no conduciría a una revolución en el conocimiento humano.

Una versión renovada de esta posibilidad es algo a lo que ya aludimos en el capítulo anterior y volveremos a examinar en la sección final del libro, a la luz de información tanto antigua como contemporánea.

Si George William Russell era un místico de la naturaleza que describía sus percepciones con la pluma y el pincel, Pierre Teilhard de Chardin era un visionario intelectual que empleaba métodos más cerebrales para hablar de su creencia de que a la Tierra le estaba saliendo otra esfera, una capa de conciencia que él llamaba la «noosfera» (de *noos*, palabra griega que significa «mente»).

El científico sacerdotal

El temperamento de Teilhard era tan religioso como analítico, de ahí su condición de sacerdote y científico. Nació en Francia en 1881 y su padre, que era naturalista, le enseñó a estudiar el entorno natural del hogar de la familia en Auvernia. A la edad de diez años, la familia envió a Teilhard a un internado de los jesuitas, donde sacó buenas notas en todas las asignaturas salvo en los estudios religiosos. Al parecer, esto se debía a que pensaba que las imágenes que le mostraban eran ridículas e infantiles. A los 17 años de edad, sin embargo, sus profundas inclinaciones religiosas le impulsaron a ingresar en la orden jesuita y pasó sus primeros años de novicio en una de las islas del Canal, Jersey, en El Cairo y en Inglaterra.

Fue durante su estancia en Inglaterra cuando «tomó conciencia del universo, no como concepto abstracto, sino como... presencia».[16] Se ordenó sacerdote en 1912 y poco después se trasladó a París para estudiar paleontología (el estudio de los fósiles). Al estallar la guerra en 1914, Teilhard se alistó como camillero y ganó una condecoración por su valor. Como se mostraba sereno bajo el fuego, los soldados norteafricanos de su regimiento le creían protegido por su *baraka*, término árabe que significa «poder espiritual». Cuando otro soldado le preguntó cómo podía mostrarse tan sereno en plena batalla, Teilhard repuso que si le mataban, sabía que simplemente experimentaría un «cambio de estado», expresión que más adelante usaría con frecuencia al explicar su teoría de que a la Tierra se le estaba formando un campo de conciencia.

En 1916 Teilhard vivió una experiencia mística. Se encontraba meditando sobre una imagen de Cristo en una iglesia cuando de pronto le pareció que los contornos de la figura santa se derretían y que alrededor de la imagen se creaba una atmósfera vibrante. Estaba «atravesada por algo que parecían regueros fosforescentes que trazaban un sendero continuo de luz hasta las esferas más exteriores de la materia, creando una especie de red de nervios en toda la sustancia. *El universo entero vibraba...* y, pese a ello, todas las *cosas* del universo seguían estando claramente definidas, conservando todavía su individualidad...».[17]

Al terminar la guerra, Teilhard volvió a París para proseguir sus estudios de paleontología, geología y prehistoria. En 1922 recibió su doctorado cuando ya era profesor de geología en el Instituto Católico de París. Empezó a imaginar la evolución como un proceso en el que intervenían la materia, factores biológicos y la conciencia en etapas vinculadas, y comenzó a divulgar sus ideas, que eran mucho más avanzadas que el pensamiento de su tiempo, así teológico como científico. Sus conferencias despertaron gran interés entre sus alumnos. En 1923 Teilhard se trasladó a China con una misión paleontológica. Durante su ausencia se habló de sus conferencias y al cabo de un año, a raíz de su vuelta a París, sus superiores religiosos le acusaron de heterodoxo y le prohibieron que siguiera enseñando.

Convertido virtualmente en un exiliado, Teilhard regresó a China en 1926 y desempeñó el cargo de consejero científico del Estudio Geológico. Conoció a destacados paleontólogos de muchas naciones y su propia reputación creció en los círculos científicos. En 1938 fue nombrado director de un importante laboratorio geológico y paleontológico francés, pero el estallido de la segunda guerra mundial le impidió volver a Francia hasta después de seis años. Durante el tiempo que pasó en China el paleontólogo jesuita desarrolló sus ideas sobre la evolución: escribió ensayos y algunos artículos para la prensa científica, habló ante conferencias de especialistas y también ante grupos reducidos. Terminó el manuscrito de su principal libro, *El fenómeno humano* (*Le phénomène humain*), en 1938, pero el Vaticano prohibió su publicación, así como la de todos sus escritos filosóficos, en vida de Teilhard. Algunas copias de los manuscritos circularon entre sus amigos, pero, por lo demás, siguieron siendo desconocidos.

Aunque en Francia le ofrecieron formas de reconocimiento que le compensaran, Teilhard pasó los últimos años de su vida en Estados Unidos. Renée Haynes, que le conoció durante este período, dijo de él que era «callado, pero parecía tener un fuerte sentido del humor. Recuerdo unos ojos grises y una figura delgada... una "atmósfera" (lo que los hindúes llaman la *durshan*)... le acompañaba».[18]

Teilhard se veía a sí mismo como «geobiólogo» y «peregrino del futuro que vuelve de un viaje hecho enteramente en el pasado». Siempre deseó morir en domingo de Pascua, el Día de la Resurrección. Su deseo se cumpliría. La mañana de Pascua de 1955 asistió a misa en la catedral de San Patricio en Nueva York, dio un paseo por Central Park, almorzó con unos colegas jesuitas y dijo que nunca había pasado una Pascua tan encantadora. Sin embargo, aquella tarde, estando con unos amigos, se desplomó súbitamente. Recuperó la conciencia, preguntó «¿Qué ha pasado?..., ¿dónde estoy?» y murió al cabo de unos minutos.

Poco después de su muerte, se publicó en Francia *El fenómeno humano*, y sólo de la primera edición se vendieron más de setenta mil ejemplares. En 1959 se publicó una versión inglesa que algunos recibieron como uno de los acontecimientos intelectuales más sobresalientes del siglo, aunque otros se quejaron de que no era ni teología ni ciencia. Durante los años siguientes se publicaron otros libros y colecciones de ensayos de Teilhard.

La visión de Teilhard de Chardin se centraba en torno a una idea un tanto especial de la evolución. Veía el desarrollo del universo material como un fenómeno externo acompañado de un equivalente interno, «un *dentro* de las cosas». Como seres humanos, podríamos vernos exteriormente como organismos biológicos, pero también sabíamos que «dentro» de nosotros actuaba la conciencia. Teilhard escribió:

La aparente restricción del fenómeno de la conciencia a las formas de vida superiores ha servido a la ciencia, desde hace mucho tiempo, de excusa para eliminarlo de sus modelos del universo. Una excepción rara, una función aberrante, un epifenómeno... el pensamiento se clasificaba bajo alguno de estos epígrafes con el fin de desembarazarse de él... la conciencia, para integrarse en un sistema mundial, hace necesario que se considere la existencia de un nuevo aspecto o dimensión en la esencia del universo...

Es imposible negar que, en lo más hondo de nosotros mismos, aparece un «interior» en el corazón de los seres... Esto basta para garantizar que, en un grado u otro, este «interior» se imponga como existente en todas las partes de la naturaleza desde todo el tiempo. Dado que la esencia del universo tiene un aspecto interno en algún punto de sí mismo, hay necesariamente un *aspecto doble en su estructura*, es decir, en todas las regiones del espacio y el tiempo... *coextensivo con su Fuera, hay un Dentro en las cosas.*[19]

Teilhard consideraba que «todo en la naturaleza está básicamente vivo, o, como mínimo, previo». De hecho, estaba seguro de que el cosmos en general estaba «fundamentalmente y principalmente vivo». De no ser así, ¿cómo podría la vida surgir de la materia? Señaló que la «biología, al formar teorías, apenas ha reparado en la "evolución de la conciencia", apenas la ha estudiado».[20] Teilhard imaginaba una escalera ascendente de complejidad: de las partículas elementales del universo nacieron las estrellas; de sus constituciones relativamente sencillas salieron los planetas, por medio de algún agente, donde aparecieron estructuras elementales más complejas, creando la geología. También por medio de algún agente desconocido, aparecieron las macromoléculas, al menos en la Tierra, y de ellas, las células sencillas, luego la vida vegetal sencilla, luego vegetación más compleja y células también más complejas que culminaron con los organismos superiores.

El francés se dio cuenta de que en las cosas vivas a los niveles superiores de conciencia correspondían niveles crecientes de complejidad, hasta que en los seres humanos tenía lugar un desarrollo crucial de la conciencia: se volvía autorreflexiva, capaz de percibirse a sí misma. Podemos pensar en pensar. Tal como dijo Teilhard: «Sabemos que sabemos». Otros seres saben, pero no saben que saben (aunque puede que algunos de nosotros alberguemos sospechas relativas a mamíferos tales como los delfines y otros miembros de la familia de la ballena). La vida se había vuelto hacia su propio interior por medio del ser humano como agente, podía observar su propio desarrollo, su propia historia. Podía preguntar adónde iba. Mientras que los seres inferiores quedaban encallados en una forma de comportamiento, los seres humanos habían recibido un «naipe cuyo valor podían fijar ellos mismos». La humanidad, por consiguiente, era el ápice de la evolución en la Tierra (Teilhard aceptaba la posibilidad de que el proceso también tuviera lugar en otras partes). Montada a partir de los elementos básicos del universo, por la vía de la estrella, el planeta, la geología y la biología, la mente humana se había convertido en la punta de lanza de la evolución, en el esquema de Teilhard.

El pensador jesuita hacía hincapié en la naturaleza de las complejidades. Señaló que «¡hay alrededor de cien mil millones de células en un mamífero normal, y cientos de millones de átomos en cada célula!».[21] Pero la complejidad no es sencillamente cantidad: un montón de arena, por ejemplo, no es complejo, sino meramente un conjunto de granos minúsculos. «El número real de átomos que contienen las unidades complejas tiene poca importancia comparado con el número y la calidad de los *vínculos* que se establecen entre átomos», escribió Teilhard en *El futuro del hombre*. Es el eslabonamiento, las conexiones entre las partes, lo que denota complejidad. Y cuanto mayor sea la complejidad, mayor será la conciencia que haya «dentro» de la forma. Cuanto más «formidable [el] edificio de átomos y mecanismos varios que se sabe que existe en los seres vivos, *más vivos están*», comentó Teilhard con fervor revelador. El significado implícito de esto es que los átomos mismos deben contener la clave de la conciencia.

En su preocupación por la complejidad Teilhard no hacía más que expresar, a su modo propio e idiosincrático, algo que se sabe desde antiguo: que todas las cosas está conectadas unas con otras. Del «velo de la biosfera» salieron estructuras vivas de creciente complejidad y, por ende, de creciente conciencia, justamente igual que la biosfera había salido de la litosfera. Opinaba que la «tierra juvenil» poseía un «quantum de conciencia» que había transmitido a la biosfera. El proceso había continuado hasta la aparición de la conciencia autorreflexiva en los seres humanos, momento en que el avance de la evolución se había vuelto hacia sí mismo; la conciencia se hizo consciente de sí misma.

Teilhard afirmó que había una sola entidad en la Tierra y esa entidad era la vida misma. La mente y la materia eran dos energías dentro de la evolución y juntas formaban la vida. La vida «nos empuja cada vez más a verla como una corriente subyacente en cuyo flujo la materia tiende a ordenarse sobre sí misma con la aparición de la conciencia», arguyó Teilhard. Si un ser extraterrestre hubiese podido observar la vida desarrollándose en la Tierra con un telescopio especial que mostrara la conciencia bajo la forma de luminiscencia, al principio, según Teilhard, hubiera visto unos retazos de luz mortecina en la superficie de la Tierra; luego esos retazos hubiesen crecido gradualmente a la vez que se hacían más luminosos. Con el paso de los siglos los retazos se habrían extendido, entrando en contacto unos con otros y mostrando una luminosidad creciente. Al llegar el siglo XX, el mundo ya habría estado ceñido de una fosforescencia cegadora.

El sabio francés pensaba que el hecho de que el mundo fuese redondo era importantísimo, puesto que la vida, de haber aparecido en una superficie plana, se habría propagado implacablemente y luego hubiera disminuido de modo paulatino hasta desaparecer; pero en la superficie cerrada de nuestro globo forzosamente tenía que encontrarse consigo misma una y otra vez, creando vínculos e interacciones cada vez más complejos, los cuales iban acompañados de una conciencia creciente. Esto sucedió en el conjunto de la biosfera, pero especialmente en la humanidad. Teilhard lo denominó la planetización de la humanidad (proceso que, a su juicio, empezó realmente en serio durante el neolítico).

La primera fase fue la formación de proteínas hasta llegar a la etapa de la célula. En la segunda fase se formaron complejos celulares individuales, hasta el Hombre inclusive. Ahora nos encontramos en el comienzo de una tercera etapa: la formación de un supercomplejo orgánico-social, el cual, como puede demostrarse fácilmente, *sólo puede ocurrir* en el caso de *elementos personalizados, reflexivos*... la planetización de la Humanidad... la Humanidad... formando gradualmente en torno a su matriz terrestre una sola e importante unidad orgánica, encerrada sobre sí misma; un solo hipercomplejo... archimolécula hiperconsciente, coextensiva con el cuerpo celeste en el que nació.[22]

Al modo de ver de Teilhard, un avión que transportara personas de un continente a otro era sencillamente el equivalente a escala mundial del viento que lleva las semillas de una planta a otros lugares. En este caso las «semillas» eran las de la conciencia. De la biosfera salía la noosfera: el «dentro» de la biosfera, la esfera terrestre de la mente, una capa de conciencia a escala mundial. La noosfera era el «espíritu de la Tierra».

«Nos encontramos en presencia, en posesión real, del superorganismo que hemos estado buscando, de cuya existencia sabíamos intuitivamente», afirmó Teilhard.[23] Nos movíamos hacia un «cambio de estado» todavía más significativo que el que ocurrió con la aparición de la conciencia autorreflexiva: «todos nosotros juntos, y cada uno de nosotros separadamente», de la manera en que las células del cuerpo tienen su propio nivel de existencia pero se combinan para producir algo que es mayor que sus partes. «Sin duda todo procede del individuo y en primer lugar depende del individuo –comentó Teilhard–, pero es en un nivel superior al individual donde todo se cumple.» Lo que pasaba a nuestro alrededor en la sociedad humana no era movimiento desordenado, sino «algo que se movía con un propósito, como en un ser vivo».

Teilhard insistía en que la noosfera era real, tan real como la atmósfera, y no un concepto abstracto. Era una «asombrosa máquina de pensar»; era un «cerebro de cerebros». Lo que equivale «en el *exterior* a la instauración gradual de un vasto sistema nervioso... corresponde en el *interior* a la instalación de un estado psíquico sobre las dimensiones mismas de la tierra».[24] La humanidad arrojaba cantidades crecientes de energía a la noosfera con sus interconexiones físicas en incesante expansión, su implacable producción de maquinaria que incrementaba la capacidad de la conciencia para explorar y actuar y sus capacidades en crecimiento ininterrumpido en las rápidas comunicaciones mundiales. Al mismo tiempo, sus sistemas de educación, bibliotecas, museos y otros bancos de almacenaje de datos iban formando una floreciente «memoria colectiva». Esta actividad en expansión causaba un incremento de la energía psíquica dentro de la noosfera, en la que «irresistiblemente iba acumulándose una tensión creciente» que quizá llevaría a un resultado crucial:

> Hasta ahora nunca hemos visto que la mente se manifestara en el planeta excepto en grupos distintos y en estado estático. ¿Qué clase de corriente se presentará cuando el circuito se complete súbitamente?
> Creo que lo que ahora se está formando en el seno de la humanidad planetizada es esencialmente un rebote de la evolución sobre sí misma... En este momento la vida se prepara para efectuar el salto supremo, esencial... ¿Quién puede decir qué fuerzas quedarán en libertad, qué radiaciones...?[25]

Teilhard pensaba que había una posibilidad de que «un día, por medio de análisis cuantitativos químicos o mediante el descubrimiento de alguna radiación vital», la ciencia tal vez «lograría medir el poder que se emite en el curso de los acontecimientos psíquicos» en la escala en que él los concebía.[26] De hecho, fue aumentando su sospecha de que el crecimiento de la noosfera podía emitir nuevas facultades y conciencia dentro de nosotros, que «el secreto que reside en el corazón de la metafísica» llegaría a ser comprendido.[27] La «red extraordinaria de comunicaciones de radio y televisión» era quizá un anticipo de «la sintonización directa de los cerebros por medio del poder misterioso de la telepatía» que, como hasta cierto punto ya hacían las telecomunicaciones, «nos vincularía a todos en una especie de conciencia universal "eterizada"». Se preguntó:

> ... ¿no es posible que mediante la convergencia directa de sus miembros pueda [la humanidad planetizada], como si fuese por resonancia, emitir poderes psíquicos cuya existencia todavía es insospechada?... todo el complejo de relaciones interhumanas e intercósmicas se cargará de una inmediatez, una intimidad y un realismo como el que desde hace mucho tiempo

155

sueñan y perciben ciertos espíritus especialmente dotados del «sentido de lo universal», pero que nunca se ha *aplicado colectivamente.* Y es que en las profundidades y por obra y gracia de esta nueva esfera dirigida hacia dentro, el atributo de la Vida planetizada, que parece posible un acontecimiento que hasta ahora no ha podido realizarse: me refiero a la penetración en la masa humana del poder de la simpatía. Puede que en parte sea una simpatía pasiva, una comunicación de la mente y el espíritu que hará que el fenómeno de la telepatía, que es aún esporádico y fortuito, sea a la vez general y normal. Pero, sobre todo, será un estado de simpatía activa en el cual cada elemento humano distinto, saliendo de su estado de aislamiento bajo el impulso de las elevadas tensiones generadas en la Noosfera, penetrará en un campo de afinidades prodigiosas que ya podemos conjeturar en teoría. Porque, si el poder de atracción entre átomos sencillos es tan grande, ¿qué no podemos esperar si se contraen lazos similares entre moléculas humanas? La humanidad... va construyendo su cerebro compuesto ante nuestros ojos. ¿Acaso no es posible que mañana, en virtud de la profundización lógica y biológica del movimiento que junta sus partes, encuentre su corazón, sin el cual la compleción última de sus poderes de unificación nunca puede alcanzarse plenamente?[28]

El científico sacerdotal también imaginó provisionalmente una época en que el «planeta vivo» podría intentar, empleando lo que hoy se consideran procedimientos paranormales, establecer contacto con otros planetas que también hubiesen despertado como entidades conscientes.

Teilhard veía estos acontecimientos noosféricos sucediendo durante el avance evolutivo de la conciencia hacia «el punto terminal noosférico de Reflexión», al que daba el nombre de punto Omega. Percibía esta entidad como un atrayente supremo, atrayendo la conciencia hacia él. En el punto Omega, al culminar su evolución espacio-tiempo, la conciencia alcanzaría su florecimiento definitivo. Teilhard opinaba que las radiaciones emanantes del punto Omega eran amor: el amor considerado como fuerza real, tan real como la gravedad (que, de hecho, podía ser su expresión «exterior»). Pero, aunque adelantándose a la humanidad en el tiempo lineal, y punto focal de su destino evolutivo, «para ser supremamente atractivo, Omega debe estar supremamente presente». Porque su naturaleza era a la vez trascendental y del espacio-tiempo, Omega no sólo se nos adelantaba, sino que era eternamente accesible. Así pues, la «radiación» del amor, aunque emanara de un punto situado más adelante del tiempo lineal, ya estaba con nosotros debido a las propiedades de su fuente, las propiedades que le permiten trascender el tiempo.

Estas ideas no estaban tan alejadas de la idea de AE en el sentido de que existía un estado constantemente accesible de conciencia de la Tierra –como el Tiempo de los Sueños de los aborígenes– que también tenía un lugar en el tiempo lineal. Si tenía una característica trascendental, Omega también debe encontrarse en el principio: Alfa y Omega. Fue en este campo, en particular, donde Teilhard de Chardin intentó forjar vínculos con conceptos cristianos. Pero sus intentos de conciliar sus creencias cristianas con su abrumadora visión personal apenas eran posibles en los términos simplistas de la ortodoxia; es fácil ver cómo unas ideas tan embriagadoras disgustaron a la mayoría de sus superiores religiosos al mismo tiempo que atraían las críticas de muchos científicos. (Incluso a algunos de sus amigos y partidarios científicos tales como sir Julian Huxley les resultó «imposible seguirle hasta el final».)[29]

En el punto Omega la humanidad cesaría en un sentido espacio-tiempo y ascendería de lo «Ultra-Humano» a lo «Trans-Humano en el corazón esencial de las cosas»; no sería la muerte, sino un cambio de estado de proporciones últimas. Pero el punto Omega nos llevaba eones de adelanto en el tiempo normal; la «totalización» de la conciencia humana dentro de la noosfera, que crearía una especie de cerebro mundial, estaba mucho más cerca, según calculaba Teilhard. En anteriores cambios evolutivos habían intervenido millones de años, pero con el incremento de la energía psíquica y la actual planetización rápida de la humanidad, pensaba que este cambio de estado noosférico podía producirse con mucha más rapidez, aunque parece que seguía pensando en términos de miles de años. Por este motivo aconsejó que no había que desanimarse al ver el estado de los asuntos internacionales modernos. Los cristales de color de rosa con que Teilhard veía las cosas tenían algunas grietas; advirtió que «algo estallará si persistimos en tratar de meter en nuestras viejas y destartaladas cabañas las fuerzas materiales y espirituales que de hoy en adelante serán a escala de un mundo».[30] Reconoció que desde el «siglo XVIII... a pesar de nuestra obstinación esporádica en fingir que somos los mismos, de hecho hemos entrado en un mundo diferente».

Gaiafield*

En 1982 se publicó *The awakening Earth*[31] (titulado *The global brain* en Estados Unidos), de Peter Russell, libro que, hasta cierto punto, ponía al día las ideas de Teilhard de Chardin. Peter Russell opinaba que el «cambio de estado» de Teilhard, el paso de una conciencia noosférica plenamente activada, podía suceder mucho más

* En inglés, «campo de Gaia». (*N. del T.*)

rápidamente de lo que imaginara el francés. Russell señaló el rápido desarrollo de la tecnología de la información. Estaba meramente en la infancia durante los últimos años de Teilhard y, aunque el vidente jesuita había pronosticado con acierto su crecimiento, éste se había producido en escala tan grande que hasta él se hubiese llevado una sorpresa. Sin duda Teilhard hubiera considerado una ironía que la aceleración se hubiese producido al saltar la humanidad de su planeta natal, aunque no le habría costado comprender el efecto físicamente energizador que surtiría la imagen de la Tierra al ser transmitida del espacio a la conciencia planetizada de nuestra especie.

Russell deja constancia de cómo la red mundial de telecomunicaciones de 1975:

... no era más compleja que una región del cerebro del tamaño de un guisante. Pero la capacidad total de tratamiento de datos se dobla cada dos años y medio y si se mantiene este ritmo de crecimiento, la red mundial de telecomunicaciones podría ser tan compleja como el cerebro al llegar el año 2000: si esto parece un tiempo increíblemente corto, es probable que ello se deba a que pocos de nosotros nos damos realmente cuenta de lo rápido que es el crecimiento.

Los cambios que esto va a producir serán tan grandes que es posible que nuestra imaginación sea incapaz de concebir sus repercusiones. Dejaremos de percibirnos a nosotros mismos como individuos aislados; sabremos que somos parte de una red mundial que se estará integrando rápidamente, las células nerviosas de un cerebro mundial que estará despertándose.

Russell comenta que la «aldea mundial», la visión de Marshall McLuhan, ya está con nosotros, y cita cómo puede llamar a las islas Fiji desde un pueblecito de la campiña inglesa, «y mi voz tarda en llegar a las Fiji por el cable telefónico el mismo tiempo que mi cerebro tarda en decirle a mi dedo que toque el disco del teléfono». De hecho, Russell hubiera podido señalar que forma parte de nuestro lenguaje y, por ende, es una realidad conceptual utilizar el verbo «llamar» para referirnos al acto de telefonear; podemos llamar a todo el mundo. La humanidad planetizada ya ha alcanzado ese nivel de interacción estrecha.

Russell equipara el concepto de la noosfera de Teilhard con la «supermente» del místico Sri Aurobindo. Semejante conciencia planetaria podría verse como «un nivel totalmente nuevo de evolución, tan diferente de la conciencia como ésta lo es de la vida, y la vida de la materia», sugiere Russell. Esta etapa de la evolución no le estaría sucediendo a la humanidad sino, en un nivel planetario, a la Tierra misma. Russell propone el término *Gaiafield* para denominar este estado de conciencia planetaria «toda vez que aún no tenemos un término apropiado [para él] en nuestro vocabulario». El Gaiafield «poseería características totalmente nuevas, incomprensibles para la conciencia», al modo de ver de Russell.

Adoptó el término *Gaia* porque el profesor James Lovelock lo había utilizado para dar nombre a una hipótesis que introduce a la Diosa, la Tierra viva, en el laboratorio moderno.

La hipótesis de Gaia

Lovelock, científico radical inglés, ha revolucionado las ciencias de la Tierra con la hipótesis de Gaia, que sostiene que la Tierra es un organismo vivo. Lovelock es un científico e historiador natural independiente, es decir, no está ligado a ninguna universidad ni instituto de investigación. El campo de sus investigaciones es tan amplio como su tema planetario: química, biología, medicina, cibernética, fisiología, geofísica y climatología. En el National Institute of Medical Research pasó quince años «estudiando todas las ramas en que se divide la ciencia sin prestar atención a si había alguna barrera o no entre ellas».[32] En 1974 sus exploraciones interdisciplinarias fueron premiadas con el título de miembro de la Royal Society, que equivale a la National Academy of Sciences norteamericana.

Lovelock es un inconformista visionario que ha surtido un efecto profundo, no sólo en la ciencia, sino también en los campos de la filosofía, la psicología y la religión. Con la ayuda de su principal colaborador, el biólogo Lynn Margulis, ha reanimado la Tierra como tema importantísimo y apremiante de preocupación que trasciende todas las fronteras nacionales. Su visión de Gaia es oportuna, puesto que es evidente que la Tierra sufre un proceso de contaminación y destrucción en verdad peligroso. Hace poco la revista *Time* dedicó todo un número a «el planeta del año», utilizando el subtítulo de «la Tierra en peligro», en el que analizaba toda la serie de nuestros males ambientales.[33]

Lovelock, que ya pasa de los setenta, vive en una casa de campo aislada en el ángulo sudoccidental de Inglaterra. En la puerta que da entrada a la finca hay un rótulo que dice «Estación experimental de Coombe Mill». Es su concesión al decoro científico. Enfrente de la casa se halla la estatua blanca de una diosa griega, que indudablemente es la encarnación de Gaia, es decir, la Tierra.

Lovelock cree que la ciencia moderna se ha empobrecido al no tener ningún lugar para el pensador individual. Asimismo, comenta que «esta falta de individuos con tiempo y oportunidades de preguntarse por el mundo, explorarlo, ha debilitado gravemente nuestra comprensión del entorno natural».[34] La inclinación a hacerse preguntas es una invitación al descubrimiento. Precede a la puesta a prueba y el desarrollo de teorías científicas. En sus escritos afirma con frecuencia que esta hipótesis es heurística –de la palabra griega *heuriskein*: descubrir o inventar–, con lo cual quiere decir que no es un fin en sí misma. No importa que sea correcta o errónea; lo importante es que haga de trampolín para saltar hacia una explicación cada vez más coherente de cómo funciona la naturaleza. En este contexto es interesante señalar que la palabra *eureka*, asociada con los descubrimientos científicos, se deriva del mismo verbo.

Lovelock es un inventor de primera. De hecho, hace unos treinta años uno de sus inventos, el detector de captura electrónica, cuyo tamaño es el de la palma de la mano, contribuyó al nacimiento del movimiento ecologista. Este aparato asombrosamente sensible proporcionó la base de datos correspondientes a insecticidas, tales como el DDT, que se estaban acumulando hasta niveles tóxicos en alimentos, animales y personas de todo el mundo. «Estos datos –escribió Lovelock– permitieron a Rachel Carson escribir su influyente libro *Silent spring* y advertir al mundo de las consecuencias últimas que padecería si los agricultores continuaban utilizando indebidamente estos productos químicos.»[35] Posteriormente se usó el mismo aparato para controlar la erosión de la capa de ozono atmosférico de la Tierra a causa del clorofluorocarbono de los aerosoles y los refrigerantes.

En 1965 le invitaron a trabajar de experimentador en el Jet Propulsion Laboratory de California, en la primera misión de instrumentos lunares de la NASA. No transcurrió mucho tiempo antes de que le dieran la oportunidad de proyectar instrumentos de precisión para medir el suelo y las atmósferas de los planetas. La primera pregunta era: «¿Cómo se reconoce la vida en otro planeta?». Después de oír hablar de los intentos de los biólogos de detectar vida en Marte, pensó que la biología andaba muy equivocada. Ninguno de los miembros del equipo Viking de la NASA tenía una idea clara de cómo se definía la vida. La percepción de Lovelock le hizo idear la atmósfera de un planeta como una cinta transportadora de materias primas y desechos de los procesos vitales. Junto con Dian Hitchcock, filósofo que trabajaba para la NASA, Lovelock concluyó que la clave consistía en no buscar la vida abstrayéndola de su entorno, sino comparar la atmósfera de casi equilibrio de un planeta muerto como Marte o Venus con la atmósfera vibrante, en modo alguno equilibrada, de un planeta vivo como la Tierra. Luego se hizo a sí mismo otra pregunta: «¿Y si la diferencia de la composición atmosférica entre la Tierra y sus vecinos, Marte y Venus, es consecuencia del hecho de que la Tierra es la única que contiene vida?».[36]

Después de cerciorarse de que en Marte y Venus no había vida,

Lovelock sintió curiosidad por ver lo que un telescopio instalado en Marte mostraría de nuestro planeta natal. Los telescopios infrarrojos pueden determinar la composición química de las atmósferas situadas en el otro extremo de la inmensidad del espacio. El telescopio reveló lo que Lovelock llamó el «canto de la vida».[37] Mostró que la atmósfera de la Tierra era notablemente singular, incluso decididamente inverosímil: gases muy reactivos, tales como el metano y el oxígeno, coexistían sin reaccionar. Normalmente, estos gases reaccionaban con fuerza y luego dejaban de existir cuando la atmósfera alcanzaba el equilibrio, con la consiguiente muerte de todas las formas de vida. Curiosamente, no había ningún descenso hacia el equilibrio en la atmósfera de la Tierra. Esto jamás hubiera podido ocurrir por casualidad en un planeta sin vida. Lovelock presentó por primera vez estas ideas a sus colegas científicos en un artículo breve sobre «Gaia vista a través de la atmósfera», publicado en 1972.[38]

Resultaba evidente que el desequilibrio de la atmósfera, ciclo constante de gases inestables, indicaba que había vida en el planeta Tierra. «Representa una violación de las reglas de la química que debe medirse en decenas de órdenes de magnitud», escribió Lovelock.[39] Asimismo, había indicios de que existían otros mecanismos reguladores: la temperatura, el oxígeno, el nitrógeno, el metano, el amoníaco y la salinidad se mantuvieron todos, de modo asombroso, en unas escalas que eran óptimas para la vida a lo largo de millones de años. Lovelock dedujo que había un organismo superregulador que coordinaba todos los demás organismos de regulación. Siguiendo la sugerencia del novelista William Golding, Lovelock lo llamó Gaia «por la Tierra Diosa griega, conocida también por el nombre de Gea, de cuya raíz sacan sus nombres las ciencias de la geografía y la geología».[40] *Gaia – a new look at life on Earth* se publicó en 1979. Lovelock veía a Gaia como «una entidad compleja que afecta la biosfera de la Tierra, de las ballenas a los virus y de los robles a las algas, la atmósfera, los océanos y el suelo, con la totalidad constituyendo un feedback o sistema cibernético que busca un entorno físico y químico que sea óptimo para la vida en este planeta. El mantenimiento de condiciones relativamente constantes por medio del control activo puede describirse de modo conveniente con el término "homeostasis"».[41] Entraña una estabilidad interna en los organismos que compensa automáticamente las variaciones ambientales como, por ejemplo, la temperatura.

Lejos de dormirse en los laureles, Lovelock y sus colegas han ampliado continuamente la tesis original. En la conferencia Camelford sobre el significado implícito de la hipótesis de Gaia celebraba en 1987, Lovelock hizo el siguiente comentario: «Digo: "La Tierra está viva, la Tierra es un organismo", reconozco que un poco provocativamente porque pienso que mis colegas necesitan un poquito de provocación; llevan demasiado tiempo sentados en sus sillas».[42] En su obra más reciente, *The ages of Gaia* (1988), habla de los límites elusivos entre el dominio de lo animado y el de lo inanimado de un modo que sin duda perturbará a los biólogos ortodoxos: «En ninguna parte de la superficie de la Tierra hay una distinción clara entre la materia viva y la no viva. Hay meramente una jerarquía de intensidad que va del entorno "material" de las rocas y la atmósfera a las células vivas».[43]

Gaia es un tema que impone tanto respeto que es difícil comprender su historia. Si el «big bang» que generó el universo ocurrió hace quince mil millones de años, «tiene una cuarta parte de la edad del tiempo mismo».[44] Empleando el estilo de un narrador consumado, Lovelock nos cuenta la versión científica del mítico nacimiento griego de Gaia, su nacimiento del Caos:

> En algún momento de los principios de la historia de la Tierra, antes de que existiera la vida, la Tierra sólida, la atmósfera y los océanos todavía evolucionaban exclusivamente en virtud de las leyes de la física y la química. Corría cuesta abajo, hacia el estado constante y sin vida de un planeta casi equilibrado. Brevemente, en su vuelo precipitado a través de las variantes de los estados químicos y físicos, entró en una etapa favorable a la vida. En algún momento especial en esa etapa, las células vivas que acababan de formarse crecieron hasta que su presencia afectó el entorno de la Tierra hasta el punto de detener la caída precipitada hacia el equilibrio. En ese instante, las cosas vivas, las rocas, el aire y los océanos se fundieron para formar la nueva entidad, Gaia. Justamente igual que cuando el esperma se funde con el óvulo, se concibió vida nueva.[45]

Después de escribir su primer libro, *Gaia*, Lovelock conoció la obra de otro inglés, James Hutton, al que se conocía como padre de la geología. Hutton se hallaba profundamente influido por las investigaciones de la circulación de la sangre por el cuerpo que llevara a cabo William Harvey. Empleó este sistema fisiológico a modo de metáfora para describir tanto el ciclo de los elementos que sostienen la vida en el suelo como el ciclo hidrológico en el cual el agua cae en forma de lluvia, se junta en ríos y océanos y luego, al evaporarse, regresa a la atmósfera. En 1785 Hutton presentó una monografía a la Royal Society de Edimburgo. En una afirmación extraordinaria declaró: «Considero que la Tierra es un superorganismo y que su estudio apropiado debería hacerse mediante la fisiología».[46] Esta visión holística de una Tierra dinámica, viva, fue virtualmente olvidada o reprimida en el fervoroso reduccionismo científico del siglo XIX.

Por sus propios estudios de medicina y cibernética, Lovelock sabía que la fisiología era una ciencia transdisciplinaria que expresaba principios generales que eran aplicables a un amplio espectro de procesos naturales. Incorporando las percepciones fisiológicas de Hutton, el segundo libro de Lovelock introdujo una unión de las ciencias de la Tierra y las de la vida en la nueva ciencia de la geofisiología. En tono retórico pregunta: «¿Por qué junto las ciencias de la Tierra y las de la vida? Yo preguntaría: ¿Por qué han sido separadas por la despiadada disección de la ciencia en disciplinas distintas y de visión restringida? Los geólogos han tratado de persuadirnos de que la Tierra es simplemente una bola de roca, humedecida por los océanos; y de que la vida no es más que un accidente, un pasajero silencioso que casualmente ha pedido que le llevaran... El caso de los biólogos no ha sido mejor. Han afirmado que los organismos vivos son tan adaptables que han sido aptos para todos los cambios materiales que han ocurrido durante la historia de la Tierra».[47]

En todos sus escritos Lovelock llama la atención sobre este «*apartheid* científico de la biología y la geología de la época victoriana».[48] Además, deplora la manera en que cada disciplina está subdividida en numerosos enclaves pequeños que no se comunican unos con otros. «Hay en la actualidad treinta ramas diferentes de la biología –dice Lovelock–. Los cultivadores de cada rama están muy orgullosos de no saber nada de las otras. Si a un biólogo molecular le hablas de teorías de la biología de la población, te dirá: "Esas cosas no me interesan"; díselo a un botánico, y te contestará más o menos lo mismo.»[49] En cierto sentido, la separación de estas ciencias en dominios científicos distintos contiene semillas de amnesia geomántica.

La geofisiología, sin embargo, es una sola ciencia evolutiva que «describe la historia de todo el planeta. La evolución de las especies y la evolución de su entorno van fuertemente unidas como un proceso único e inseparable».[50] La autorregulación de los procesos esenciales de Gaia, tales como el clima y la formación química del suelo, es fruto directo de este proceso evolutivo sin divisiones. Un sistema de vida tan integrado es lo suficientemente complejo como para producir un comportamiento que la suma de sus partes no predice.

En vez de quedar circunscrito por la hipótesis de Gaia, Lovelock se muestra receptivo a la críticas porque sabe que no pueden hacer más que mejorar y refinar su teoría. Quizá la crítica más persuasiva fue la de Ford Doolittle, biólogo molecular canadiense. Doolittle sugirió que la autorregulación planetaria requeriría previsión y planificación por parte de un «Consejo de la Vida».[51] Razonó que comisiones de las especies tendrían que reunirse con regularidad para determinar la forma de alterar el clima, por ejemplo, al objeto de producir las condiciones óptimas para la vida. Doolittle opinaba que esto eran tonterías. Las especies rivales en modo alguno podían comunicarse unas con otras y mucho menos tomar decisiones basadas en el consenso sobre la regulación del planeta. Hablar de previsión por parte de la vida vegetal y animal sonaba a propósito. Desde una perspectiva biológica reduccionista, era inconcebible que semejante superorganismo pudiera existir.

A Lovelock le desconcertó el reparo que ponía Doolittle al comportamiento con propósito por parte de las especies. Richard Dawkins, sociólogo, expresó una objeción parecida basándose en un altruismo planetario implícito por parte de los organismos.[52] Después de pasar un año reflexionando sobre estos problemas, Lovelock presentó el modelo de Daisyworld* para ilustrar la manera en que Gaia podría evolucionar sin planificación:

> Presentó un mundo imaginario que giraba como la Tierra al describir círculos y era calentado por un astro que era un gemelo idéntico de nuestro propio Sol. En este mundo la competencia por territorio entre dos especies de margaritas, una de color oscuro y otra de color claro, hizo que se regulara con precisión la temperatura planetaria de modo que se acercase a la que era cómoda para plantas como las margaritas. No se recurrió a ninguna previsión, planificación ni propósito.[53]

¿Qué estabilizó este sistema? En Daisyworld una especie nunca puede crecer sin trabas. Si la población de un tipo de margarita crece repentinamente, el entorno se vuelve adverso y se restringe el crecimiento. De igual manera, mientras las margaritas crecen, el entorno no puede moverse hacia estados desfavorables: se lo prohíbe el crecimiento reactivo de la margarita del color pertinente. «El estrecho acoplamiento de las relaciones que restringen tanto el crecimiento de las margaritas como la temperatura planetaria es lo que hace que el modelo se comporte», sugiere Lovelock.[54]

Posteriormente, Lovelock, valiéndose de ordenadores, hizo numerosos modelos de Daisyworld, añadiendo primero una margarita de color gris, luego veinte de colores diferentes, después conejos que se comían las flores, a los que siguieron zorros que se comían a los conejos y, finalmente, sometiendo Daisyworld a catástrofes periódicas como, por ejemplo, plagas. Dijo que «la generalidad que obtiene de tales modelos es que cuantas más especies y más interacciones introduces en el sistema, más estable se vuelve éste».[55] Daisyworld es un modelo que se basa en la cibernética, palabra que se deriva del vocablo griego *kybernetes*, que designa al timonel de un barco. Conocida también por el nombre de teoría del control en ingeniería, los fisiólogos la usan para comprender los procesos de feedback biológico tales como la respiración.

* En inglés, «el mundo de las margaritas». *(N. del T.)*

En *The ages of Gaia* Lovelock muestra al lector una extraordinaria historia geofisiológica de Gaia que empieza con las primeras cianobacterias hace 3.800 millones de años. Estas bacterias de color azul y verde, que siguen dirigiendo el planeta, fueron los primeros organismos que excretaron oxígeno como desecho fotosintético. A su vez, el autor analiza con detalles fascinantes el probable desarrollo evolutivo de, por ejemplo, el oxígeno, el carbonato de calcio, la salinidad y el bióxido de carbono.[56] Lovelock señala que del mismo modo que los organismos y su entorno están estrechamente acoplados, también lo están los elementos químicos en su evolución.

Aunque el bióxido de carbono ha disminuido durante la historia de la Tierra, en los últimos cien años virtualmente ha doblado su concentración, de 180 a 350 partes por millón.[57] Producto derivado de la quema de combustibles fósiles, el bióxido de carbono actúa como trampa del calor (el efecto «invernadero») que podría derretir los casquetes de hielo de los polos, lo que a su vez haría que el nivel del mar subiera espectacularmente.[58] Lovelock calcula que en algún momento del siglo XXI el cambio de clima puede ser tan grande como el del último período glacial, hace doce mil años. Este cambio «convertiría el invierno en primavera, la primavera en verano, y el verano siempre tan cálido como el verano más cálido que puedan ustedes recordar... ¿Desaparecerán bajo el mar Boston, Londres, Venecia y los Países Bajos? ¿Se extenderá el Sahara hasta cruzar el ecuador? Es probable que las respuestas a estas preguntas salgan de la experiencia directa. No hay expertos que puedan pronosticar el clima futuro del globo».[59]

Sabemos, con todo, que Gaia se ajusta a los cambios del entorno, y desde 1971 Lovelock viene investigando otro mecanismo fisiológico relacionado con la regulación del bióxido de carbono. Junto con sus colegas, Lovelock arguye que las algas marinas emiten gas de sulfuro de dimetilo, que es la mayor, si no la única, fuente de los núcleos sobre los cuales se forman las gotitas de las nubes. A su vez, la densidad de las nubes afecta el clima mundial al reflejar luz del sol que los océanos oscuros hubieran podido absorber, compensando tal vez el aumento potencialmente alarmante de la temperatura producido por el bióxido de carbono al atrapar el calor.[60] Lovelock comunicó recientemente que «observadores independientes han comprobado que la densidad de las algas marinas en el océano Pacífico ha aumentado en un cien por cien a lo largo del último decenio. Al mismo tiempo, la cobertura nubosa y el viento han ido en aumento en todo el mundo. Éstos son los tipos de respuestas sistemáticas que cabría esperar si el sistema pudiera responder al calentamiento "invernadero"».[61]

Lovelock cree que la tala de los bosques tropicales tiene consecuencias todavía más serias que el efecto invernadero. Señala que cada año quemamos una extensión de bosque tropical tan grande como Gran Bretaña.[62] Esta destrucción impide el vasto ciclo de evaporación del agua/formación de nubes/escudo solar/lluvias que evita que estas regiones se conviertan en desiertos. Y éste es sólo uno de los muchos males del entorno que tenemos que afrontar. Utilizando la metáfora de un médico y un paciente, Lovelock sugiere «la necesidad de una profesión nueva: la medicina planetaria, una medicina general para diagnosticar y tratar los males del planeta»[63] con la geofisiología haciendo las veces de asesor científico.

No cabe duda de que Lovelock ha tocado un nervio sensible del mundillo que forman sus colegas científicos. En la conferencia Chapman de la American Geophysical Union que sobre la hipótesis de Gaia se celebró en marzo de 1988, Lovelock dijo «los biólogos la odian, a los climatólogos y a los geofísicos les gusta y los geólogos y los geoquímicos no toman partido».[64] En particular, los biólogos moleculares que siguen el tema reduccionista de Jacques Monod, es decir, el tema del azar y la necesidad de la evolución, rechazan el concepto de Gaia porque creen que entraña propósito. En cambio, Lynn Margulis, el distinguido microbiólogo que ha ayudado a Lovelock a ampliar la hipótesis de Gaia, escribió: «La historia de la ciencia está llena de los Wegeners y Galileos y Harveys cuyas observaciones fueron rechazadas porque sus fenómenos, al principio, no tenían ninguna explicación mecanicista. Aparecerán mecanismos para Gaia a medida que se sigan buscando».[65] Otra microbióloga, Penelope Boston, sugirió que «la teoría de Lovelock, si es válida, es a la evolución lo que la física einsteiniana a la física de Newton, esto es, un accesorio y una ampliación que analizan los fenómenos en un nivel diferente. La relatividad no invalida la física de Newton dentro del marco de su funcionamiento, sencillamente la trasciende».[66]

La hipótesis de Gaia también ha afectado hondamente al público en general. Dos de cada tres cartas que ha recibido Lovelock abordan las ramificaciones religiosas del asunto. La visión panorámica de Lovelock es única. Lovelock responde a la descripción que hizo Brian Swimme del científico que «ha vuelto a la cultura más amplia con relatos, asombrosos y aterradores, pero relatos que sirven para mediar entre la realidad última y la cultura más amplia. El científico, en este papel transcientífico, ha asumido una función que en anteriores eras de la humanidad cumplía el chamán o el eremita contemplativo».[67] Lovelock le dijo al psicólogo ambiental Jim Swan que «encuentra mucha inspiración para su trabajo en las visitas que hace a un pico cercano y antiguo, de formación volcánica, que se llama Brentor, en cuya cima hay una iglesia».[68] Lovelock dice que a veces, cuando sube al pico, percibe una «presencia» y tiene la sensación de experimentar un contacto fugaz con alguna entidad que es mayor que su propia mente y se encuentra fuera de ella.

En su primer libro Lovelock apenas menciona las cualidades femeninas de la Tierra. En el que siguió al primero, sin embargo, respondiendo al reciente renacer del interés por los estudios y la conciencia de la Diosa, reconoce que en las culturas antiguas se rendía culto a la Tierra como ser vivo y también como Diosa. En un pasaje de notable sinceridad explica:

> Esos millones de cristianos que hacen un sitio especial en su corazón para la Virgen María posiblemente responden como yo. El concepto de Jahweh [Jehová] como remoto, todopoderoso, omnividente, o bien asusta o es inabordable. Ni siquiera la presencia de un Dios más contemporáneo, una voz débil, quieta en el interior, es suficiente para los que necesitan comunicarse con alguien que esté fuera. María está cerca y se puede hablar con ella. Es creíble y manejable. Podría ser que la importancia de la Virgen María en la fe sea algo de esta clase, pero cabe que haya más en ello. ¿Y si María es otro nombre de Gaia?... Cualquier organismo vivo que sea una cuarta parte tan antiguo como el Universo mismo y todavía esté lleno de vigor es casi tan inmortal como jamás necesitemos saber. Ella es de este Universo y, concebiblemente, parte de Dios. En la Tierra ella es la fuente de vida eterna y vive ahora; dio a luz la humanidad y somos parte de ella.[69]

Lovelock también reconoce que además de ser la gran madre compasiva, nutridora y fértil, la Diosa es también la resuelta administradora de justicia, disolución y muerte. «Si infringías las reglas de la antigua Diosa, estabas perdido –dijo Lovelock–, y, curiosamente, la teoría de Gaia viene a decir lo mismo. Puedes hacer modelos que lo demuestren. Demuestran que cualquier especie que afecte de modo adverso su entorno es eliminada. Si seguimos corrompiendo, contaminando y arrancando la piel de la Tierra por medio de la despoblación forestal, entonces puede que seamos eliminados, pero, por supuesto, la vida continuará.»[70] Lovelock señala que Gaia no es antihumana, pero, a menos que cambiemos de proceder y empecemos a comportarnos como parte de un sistema planetario total, en vez de tratar el mundo como si existiese puramente para nuestro beneficio, nos convertiremos en parte de la historia: nada más que otra especie desacoplada que olvidó la forma de relacionarse con nuestro planeta.

Hay un paralelismo convincente entre los modelos geofisiológicos de los procesos naturales que hace Lovelock y las creencias neolíticas relacionadas con la Diosa, las creencias en ciclos de nacimiento, vida, muerte y regeneración. Ambas cosas reconocen los ciclos vitales de Gaia, una por medio de la ciencia y la otra mediante la religión. Ambas revelan percepciones profundas de los detalles y la dinámica de cada estado sucesivo además de una percepción de estado cruzado de cómo cada fase es parte integrante del conjunto del ciclo.

En su obra posterior Lovelock niega repetidamente que el designio preordenado forme parte de su argumento favorable a la regulación planetaria. Afirma, por ejemplo, que «me satisface el pensamiento de que el universo tiene propiedades que hacen que la aparición de la vida y de Gaia sea inevitable. Pero reacciono a la afirmación de que se creó con este propósito. Hubiera podido ser así; pero cómo empezó el Universo y cómo empezó la vida son preguntas inefables».[71] A juicio de Lovelock, lo que es inefable es inmanejable. Pese a ello, conserva un delicado equilibrio entre un rechazo insistente del propósito y una aceptación franca de los fenómenos imprevistos.

Lovelock se considera a sí mismo un agnóstico positivo «demasiado comprometido con la ciencia para [tener] una fe pura; igualmente inaceptable para mí, desde el punto de vista espiritual, es el mundo materialista de los hechos puros. Que Gaia pueda ser al mismo tiempo espiritual y científica me satisface muchísimo».[72] También ha comentado que «en los viejos tiempos la teología era una ciencia y me gustaría verla reintegrada a la ciencia».[73] Lovelock es uno de esos individuos raros que son capaces de tender un puente entre varias disciplinas. La tarea no es fácil, pues la ciencia, la teología y la psicología le consideran responsable. Inevitablemente, hay tensiones y problemas sin resolver, pero, como Lovelock sería el primero en reconocer, estos asuntos forzosamente darán pie a nuevas exploraciones creativas.

En agosto de 1985 se celebró en la universidad de Massachusetts un simposio con el título de «¿Es la Tierra un organismo vivo?». En calidad de presidente de un grupo de académicos que interrogó a Lovelock después de que éste presentara sus teorías, Steele le preguntó: «Si podemos estar de acuerdo en que la Tierra es un organismo vivo, ¿qué cabe decir acerca de su conciencia y su memoria?». Lovelock contestó que era la pregunta más difícil del día y así lo dejó. Sin embargo, en *Gaia* define la memoria en un sistema cibernético como la capacidad de almacenar, recuperar y comparar información con el fin de autocorregir y autodirigir el sistema.[74] La memoria es la capacidad que tiene el sistema de consultar consigo mismo, es su identidad. ¿Cómo nace la memoria? Una de las maneras es por medio de la interacción con otro sistema. Si esta interacción conduce al acoplamiento de una especie y un entorno, entonces la memoria de cada sistema se incorporará en una memoria enriquecida, de orden superior, resultante de la combinación. A la inversa, al desacoplarse, la memoria tanto de la especie como del entorno se separarán y se empobrecerán. El desacoplamiento representa un desorden cibernético, una pérdida de memoria sistémica que puede amenazar la supervivencia tanto de la especie como del entorno. Indica que la vida no tiene equilibrio. Cuando la humanidad y Gaia se desacoplan, el resultado es un sistema sin equilibrio, desbocado.

Quizá haya otra pista sobre la memoria de Gaia en la obra del antropólogo Gregory Bateson. En 1969 Bateson formuló una versión primeriza de los sistemas fuertemente acoplados cuando escribió: «La unidad de supervivencia es el organismo más el entorno. La amarga experiencia nos está enseñando que el organismo que destruye su entorno se destruye a sí mismo».[75] Tanto en Lovelock como en Bateson influían profundamente los modelos cibernéticos de sus campos respectivos. «Puede decirse –comentó Bateson– que el circuito cibernético más sencillo tiene una memoria de tipo dinámico... que no se basa en el almacenamiento estático, sino en el viaje de la información por el circuito.»[76] Por ejemplo, el ciclo de sulfuro de dimetilo que describimos antes tiene una memoria de sistema dinámico,[77] como la tienen también todos los ciclos geofisiológicos. Así pues, cabría imaginar la memoria de Gaia como el sistema dinámico producido por todos los ciclos geofisiológicos de la Tierra, incluyendo su atmósfera y su biosfera.

Para terminar, ¿qué podemos decir de Gaia? Según Lovelock, Gaia está viva y «su meta inconsciente es un planeta apropiado para la vida».[78] Sostiene «que Dios y Gaia, la teología y la ciencia, incluso la física y la biología no son formas distintas de pensamiento, sino una sola».[79] Pero también afirma que «en modo alguno veo a Gaia como un ser sensible, un Dios sustitutivo».[80] Siguiendo este razonamiento, Gaia no es capaz de un comportamiento con propósito; es una memoria colosal de sistema dinámico. Finalmente, Lovelock también considera a Gaia análoga a una Diosa bajo la forma de María o de Kali[81] «y, concebiblemente, parte de Dios».

«Si somos parte de Gaia –conjetura Lovelock–, resulta interesante preguntar: "¿Hasta qué punto nuestra inteligencia colectiva también es parte de Gaia? ¿Constituimos nosotros, como especie, un sistema nervioso de Gaia y un cerebro que puede anticipar conscientemente cambios en el entorno?"»[82] Lovelock cree que nuestras redes de comunicaciones han «incrementado de manera inmensa el alcance de la percepción de Gaia. Ahora, por medio de nosotros, está despierta y es consciente de sí misma. Ha visto el reflejo de su bello rostro por medio de los ojos de los astronautas y las cámaras de televisión de las naves espaciales que describen órbitas».[83] Aquí la atención se centra en la extensión científica de la inteligencia y los sentidos de Gaia por medio de la humanidad, en vez de en una comunión con el planeta, lo cual recuerda el punto de vista de Teilhard de Chardin.

La hipótesis de Gaia es el fundamento científico de un despertar mundial de la amnesis geomántica. Aunque ha sacado la conclusión de que Gaia es «inteligente», Lovelock no aborda de forma directa la cuestión de una «mente» de la Tierra. Sin embargo, cita a Bateson, que escribió que «hay una mente más grande de la cual la mente individual es sólo un subsistema».[84] Esta mente mayor, según Bateson, es comparable con Dios y quizá sea a lo que se refiere la gente cuando habla de Dios, pero se halla encarnado en la estructura social y ecológica de este planeta. Esta mente mayor es la que se explora en la última parte del presente libro.

TERCERA PARTE

Re-memorar

Vimos por última vez a nuestro amnésico metafórico cuando trataba de reunir todos los fragmentos de recuerdos de su vida anterior para formar con ellos alguna clase de imagen coherente. Ya se ha percatado de que dispone de poco tiempo y de que debe encontrarles sentido a los fragmentos porque representan una información que le ayudará a juzgar la situación en que se encuentra. Faltan demasiados fragmentos para que pueda recordar perfectamente la información, pero está seguro de que podrá recuperar suficientes aspectos positivos de su existencia anterior a la amnesia y utilizarlos para mitigar su actual situación apurada. Contempla la fotografía que encontró hace poco y que sacudió su memoria y sus emociones; está seguro de que es la fotografía de un viejo amigo. Teme por su propia seguridad y, debido a sentimientos hondos que justo ahora empieza a expresar, también teme por la seguridad del amigo de la fotografía. ¿Podrá recordar a tiempo?

Tenemos que dejar a nuestro imaginario amigo en esa situación incierta ¡porque la última parte del relato todavía no se ha escrito! Del mismo modo que nuestro amnésico tiene que tratar de juntar todos sus recuerdos fragmentarios, también nosotros debemos hurgar en nuestro pasado en busca de un camino que nos permita avanzar. Debemos crear algunas formas de pensar nuevas que tengan por fundamento principios perennes que son inherentes a las tradicionales visiones del mundo. Tenemos que recordar, tanto en el sentido de recordación como en el de reconstrucción, literalmente re-memorar.

Con el concepto de la Tierra como cosa viva no se debe jugar. O lo utilizamos en serio o no lo utilizamos. Y si lo usamos en serio, tenemos que hacer frente a su principal consecuencia implícita: que nuestro mundo es un ser. Si está vivo, ¿cómo podemos imaginar su conciencia? Si tiene conciencia, ¿podemos contactar directamente con ella? La última sección del presente libro intenta bosquejar algunas respuestas prototípicas. Inevitablemente, es la parte más especulativa de nuestra aventura, pero sólo estos intentos de recordar servirán para forjar las perspectivas que se requieren para nuestro futuro aquí en la Tierra. Tales intentos no tienen por qué ser excesivamente abstractos, sino que pueden identificar procederes específicos, como se demostrará. Tal como canta Robin Williamson en *The circle is unbroken*:

Vamos a construir el barco del futuro
con una pauta antigua que viaja lejos.

Capítulo 6

Hacia la mente de la Tierra

Hemos visto que los pueblos antiguos creían que el mundo estaba vivo, que pulsaba de energías, que tenía un alma, que soñaba. Mientras examinábamos cómo nos hemos apartado de ese punto de vista, también hemos observado que las investigaciones modernas nos muestran o nos recuerdan que la vida y su entorno planetario están eslabonados en niveles que se encuentran más allá de lo visible, de lo obvio; estos eslabones ciertamente suponen electromagnetismo y tal vez fuerzas más sutiles. También hemos visto que pensadores influyentes que usaban modos primarios de conciencia humana –científicos, místicos y visionarios– han reintroducido, cada uno a su manera, la idea de la Tierra viva durante el siglo XX. Lo que debemos preguntar ahora es: ¿cómo podemos proseguir con esa idea a partir de aquí?

El problema tiene dos aspectos que es necesario abordar: ¿qué modelo conceptual podemos formar en relación con la conciencia de nuestro planeta y, suponiendo que existe tal conciencia planetaria, hay alguna manera práctica por medio de la cual la inteligencia humana pueda tratar de establecer comunicación o integrarse con ella?

Aunque todas las sugerencias que se ofrezcan para usarlas al abordar el antiguo asunto de la Tierra viva forzosamente se le antojarán discutibles a la mente moderna, al menos durante un futuro previsible, los métodos que vamos a someter a consideración sobre el posible contacto con la conciencia de la Tierra son pragmáticos, pues son accesibles a la experiencia directa y, en última instancia, incluso se prestan a las pruebas objetivas en algunos casos. Pero, si bien los dos aspectos del problema están relacionados en esencia, de momento debemos tratarlos por separado.

«Anima mundi»

¿Cómo podemos imaginar una conciencia terrestre, planetaria? Algunas personas de nuestra cultura se enfadan mucho cuando se les

173

hace esa pregunta. Señalan las rocas, el suelo, el océano, el paisaje y, soltando un bufido, responden: «¿Cómo pueden todas estas cosas constituir algo vivo?».

En principio es un problema de reconocimiento. Si la Tierra tiene conciencia, será a escala planetaria, una escala que la hace virtualmente invisible a nuestra percepción, del mismo modo que una pulga no puede percibir la totalidad del animal que es su «huésped». Pero inmediatamente se plantea otra cuestión: ¿quién podría identificar la naturaleza o la ubicación de la conciencia *humana*? Puede que algunos traten de soslayar este importantísimo problema diciendo que la conciencia se manifiesta en el comportamiento de los seres humanos. Pero sabemos que la Tierra también se comporta como si fuera un organismo vivo. Lovelock ha demostrado cómo los sistemas terrestres se frenan y equilibran mutuamente, cómo se mantienen constantemente condiciones óptimas y cómo la Tierra se regenera. Todo esto son características de la vida y, de hecho, de la conciencia. La Tierra se organiza a sí misma. Además, como señala Peter Russell, una rama de la Teoría General de Sistemas se ocupa de los sistemas vivos, y uno de sus precursores, James Miller, comprobó que todos los sistemas vivos «se componen de... diecinueve subsistemas críticos que parecen caracterizar a los sistemas vivos... Es muy difícil encontrar ejemplos de sistemas no vivos que posean los diecinueve subsistemas críticos y al mismo tiempo se organicen a sí mismos... Gaia parece responder a ambos criterios».[1]

Si lo único que consigue la evasión es meter al escéptico en un atolladero, no menos problemas causa abordar directamente la cuestión de la naturaleza humana. A juicio de la mayoría de la gente de hoy, parece que la sede de la identidad personal se encuentra dentro de la cabeza, en un punto equidistante de las cejas, ligeramente más arriba. Pero si inspeccionáramos esa parte de la cabeza, sólo encontraríamos hueso, tejidos y líquidos. El cerebro, mejor dicho, todo el cuerpo podría desmontarse célula a célula sin descubrir ni rastro de la conciencia. El sentido de la ubicación de la identidad personal es como el «altavoz fantasma» situado entre dos altavoces estereofónicos; es un espejismo. Dado el estímulo requerido –una enfermedad mental (que es un trastorno mecánico incontrolable del cerebro), una conmoción traumática, una experiencia casi mortal, sustancias alucinógenas, un poderoso catalizador estético o emocional, un ejercicio ritual o de yoga–, la ubicación de nuestra conciencia puede desplazarse de un lado a otro. Puede dar la impresión de que se cierne sobre la cabeza; puede trasladarse a cualquier parte del cuerpo; puede abandonar el cuerpo por completo (el éxtasis del chamán o la experiencia ex corpórea occidental); o puede fundirse con algo que haya en el entorno.

Devereux recuerda un episodio delicioso que ocurrió hace muchos años cuando, encontrándose en un estado de conciencia alterada, participó directa y poderosamente en la conciencia de nivel principal de una flor, un narciso por más señas. De modo totalmente involuntario, se estableció una interacción con la flor: atrajo la mirada de Devereux y «se mostró» a él. Como si tuviera rayos X en los ojos, Devereux vio unas minúsculas gotas de agua subiendo dentro del tallo y luego los pétalos se movieron como en una serie de fotografías tomadas unas detrás de otras. Este efecto temporal acelerado se observó clara y analíticamente. Luego la conciencia del propio Devereux penetró en la del narciso. Su sentido del «ser» se mantuvo, pero sus bordes «se suavizaron» y pudieron fundirse con el objeto estudiado. La sensación que creó la luz al caer sobre los pétalos del narciso fue como un rayo de sol en el primer amanecer del Edén... continuamente.

El sentido social normal de la identidad personal es sencillamente una coordenada del tiempo y el espacio; en la experiencia trascendental, cuando lo que normalmente entendemos por tiempo y espacio se supera, las coordenadas resbalan y se deslizan y acaban causando el acontecimiento que se denomina «muerte del ego». De modo parecido, al volver, las coordenadas se restablecen, aunque normalmente formando un ángulo nuevo y garboso y, al menos durante un tiempo, en una relación más frágil. Ésta es la experiencia iniciadora de muerte-renacimiento que han buscado los chamanes y los místicos durante toda la historia de la humanidad.

El mismo problema de ubicación afecta a elementos específicos de la conciencia humana. Por ejemplo, en Estados Unidos el investigador del cerebro Karl Lashley pasó treinta años cortando porciones de cerebro y tratando de localizar la sede del almacenamiento de recuerdos, pero se vio obligado a concluir que «no es posible demostrar la localización aislada de la memoria en ninguna parte del sistema nervioso». Abundan las teorías que pretenden explicar esta dificultad, pero, en general, carecen de datos que las corroboren o estos datos son escasos. Una de las teorías, la que afirma que la memoria es fruto de trémulas reverberaciones eléctricas en el cerebro, posiblemente puede explicar la memoria a plazo muy corto, pero no resuelve el problema de las memorias a largo plazo y complejas. Otra sugerencia de que la memoria está codificada en moléculas de ARN (ácido ribonucleico) en el cerebro posiblemente explique algunas formas de aprendizaje sencillo, pero dista mucho de explicar los complejos recuerdos de los seres humanos. Y, si bien no hay necesidad de dudar de que pueden formarse redes de células nerviosas o neuronas como respuesta a un «input» experimental, y que partes del cerebro tales como el hipocampo parecen intervenir en la función de la memoria, tales mecanismos no son en sí mismos recuerdos. Que el mecanismo no es la memoria es un hecho, de la misma manera que una puerta no es la habitación.

Por mucho que ahondemos, no podremos encontrar la sede física de la memoria humana. La mente es en verdad un fantasma en la máquina del cerebro físico, como comentó Arthur Koestler. De igual modo, quizá haya un fantasma dentro de la condición física de la Tierra –el espíritu de la Tierra que propuso AE o el *anima mundi* de la Antigüedad–, el alma del mundo. Si no podemos comprender la naturaleza de la memoria o conciencia humana, no es extraño que nos cueste comprenderla en un nivel planetario. Pero, a menos que lleguemos a entender la naturaleza de la conciencia, no podremos percibir su asociación con el ser humano o con el planeta.

El punto de vista ortodoxo que predomina, en lo que se refiere a la conciencia, dice que se trata de un fenómeno transitorio que se manifiesta por medio de los procesos electroquímicos del cerebro. A toda persona que haya experimentado, deliberada o involuntariamente, una expansión significativa de su propia conciencia le cuesta entender cómo alguien puede albergar tal punto de vista. Sin embargo, investigadores tales como Rupert Sheldrake instan a sus colegas biólogos a que adopten un enfoque más en consonancia con las actitudes nuevas de los físicos, que estén más dispuestos a aceptar el concepto de los campos que se comenta en el capítulo 3. Si los campos de memoria de las especies que propone Sheldrake existen, entonces la conciencia en conjunto debe existir en forma de campo. De hecho, podemos ver la totalidad de la existencia como una interacción de fenómenos de campos, en varios niveles. Esta fantasmagoría de «estados del espacio», de campos, es probablemente lo que observan las personas que experimentan niveles de conciencia profundamente intensificados. Esta «delicada telaraña sagrada... este trémulo mosaico».[2] Desde esta perspectiva, el «medio etéreo» o memoria de la Tierra de AE y la «noosfera» de Teilhard existirían y habría una interacción entre ellas, del mismo modo que la habría entre el campo de la mente humana individual y el de la Tierra y todas las cosas que hay en el entorno. Todo está conectado.

Como hemos señalado, cuando una persona vive una experiencia que produce cambios mentales, una de las primeras sensaciones que se registran es la alteración de la percepción del tiempo y el espacio. Estos cambios de percepción pueden producirlos muchos factores aparte de los episodios psicóticos o la ingestión de material psicoactivo: muchas personas han experimentado una aparente disminución de la marcha del tiempo durante un accidente de automóvil o una situación extrema similar, por ejemplo. Sin embargo, estos dos aspectos de nuestra existencia, los más fundamentales, el tiempo y el espacio, no puede verlos, tocarlos ni percibirlos ninguno de nuestros sentidos, aunque los registremos indirectamente de varias maneras. Estos aspectos, que abarcan todo lo demás que hay en el universo, son la nada desde el punto de vista de nuestros sentidos, como lo es lo que los contempla: la conciencia. Si el tiempo y el espacio cambian cuando se altera la conciencia, puede ser que la conciencia esté relacionada con un aspecto –o, más probablemente, que *sea* ese aspecto– del espacio-tiempo, lo cual es una forma de describir la geometría del universo físico según la teoría especial de la relatividad de Einstein, en la cual el espacio y el tiempo se consideran conjuntamente como una especie de entidad única.

El espacio-tiempo se explora y estudia científicamente por medio de matemáticas especializadas. De momento no hay matemáticas de la conciencia como tal, pero se sabe que el espacio-tiempo se comporta de ciertas maneras que podrían proporcionar pistas relativas a la naturaleza de un campo de conciencia planetaria o, como mínimo, darnos una indicación sobre cómo debemos empezar a pensar en tal cosa.

Por la teoría general de la relatividad de Einstein, así como por datos experimentales más recientes, sabemos que la presencia de masa distorsiona la geometría del espacio en sus proximidades: se experimenta la «gravedad». La gravedad es una expresión del espacio curvado; cuanto más espacio curve una masa, más fuerte se percibirá la gravedad. Los seres humanos viven dentro del espacio curvado de la Tierra... y dentro de su tiempo, porque la curvatura del espacio afecta automáticamente al tiempo, pues ambas cosas forman parte del mismo sustrato de la existencia del tiempo-espacio. Sin embargo, debido a factores geológicos variables, hay anomalías de la gravedad sobre la superficie de la Tierra. Las variaciones del espesor de la corteza de la Tierra, la distribución variable de las masas minerales en ella, la altura sobre el nivel del mar: todos estos factores afectan la fuerza de la gravedad y cuanto mayor sea su fuerza, con más lentitud pasa el tiempo. Este efecto, aunque minúsculo, es lo bastante grande como para que pueda medirse, pero para medirse se necesita la increíble precisión de los relojes atómicos. Por ejemplo, un reloj atómico que se ponga en órbita sobre la Tierra, donde la gravedad es más débil que en el nivel del suelo, mostrará un tiempo transcurrido diferente de un reloj que se haya dejado en el suelo, aun cuando se sincronizaran antes del despegue. De modo parecido, el ritmo de un reloj transportado de Washington, que es una ciudad baja, a la ciudad de Denver, situada a casi dos kilómetros sobre el nivel del mar, sería diferente; los habitantes de Washington envejecen menos rápidamente (por un grado muy pequeño) que los de Denver...[3]

Existen mapas que muestran las variaciones de la gravedad sobre secciones de la superficie de la Tierra; en estos mapas los contornos se arraciman en algunas zonas y se separan mucho en otras. De hecho, un mapa así muestra los contornos del tiempo sobre el paisaje. Las fluctuaciones del espacio-tiempo en el campo son, por supuesto, muy pequeñas, pero las fuerzas pequeñas pueden surtir un efecto sorprendente en las cosas vivas, como vimos claramente en el capítulo 3. Dado que las variaciones que consideramos aquí se han medido con instrumentos, es muy posible que las cosas vivas también puedan registrar tales cambios, aunque sea por debajo del umbral de la percepción consciente. El doctor Cyril Smith de la universidad de Salford, Inglaterra, hace hincapié en que «la sensibilidad y la precisión con que los sistemas vivos pueden hacer uso de cantidades físicas no deben subestimarse».[4]

En relación con las ondas de gravedad, el biólogo Lyall Watson comentó en 1973 que:

> ... de momento nadie ha podido demostrar que la vida sea consciente de ellas. Los mejores datos obtenidos hasta la fecha proceden de un biólogo suizo que trabajó con unos pequeños insectos voladores que llevan el interesante nombre de abejorros. Metió enjambres de insectos en un recipiente opaco y comprobó que respondían a la aproximación invisible de un pedazo de plomo por fuera. Al acercar más de 35 kilos de plomo al recipiente, los insectos se agruparon en el lado más alejado del plomo. No podían ver el plomo y parece que el experimento estaba pensado de forma que eliminase todas las demás pistas, así que debemos suponer que al menos estos insectos son conscientes, mediante un cambio en la gravedad, de la distribución de las masas a su alrededor.[5]

Hasta ahora la gravedad se ha medido únicamente por medio de sus efectos; nadie ha medido ondas de gravedad (ondulaciones de la curvatura del espacio) directamente, aunque detallados estudios astronómicos han confirmado su existencia.

La gravedad es el más débil de los cuatro tipos de energía reconocidos científicamente que hay en el universo (los otros tres son el electromagnetismo y las fuerzas nucleares «fuertes y débiles»), así que resulta dificilísimo encontrar formas de detectarla directamente. No obstante, puede que la naturaleza ya haya perfeccionado su propia forma de hacer esto, como se ha comprobado tan a menudo en el caso de otros efectos de la energía. La naturaleza de esa detección puede registrarse en la conciencia. Quizá, tal como ha especulado el doctor Arnold Lieber:

> ... descubriremos que hay «gravoceptores» dentro del cuerpo humano. Podrían estar situados a lo largo de las vías nerviosas y en las paredes de los vasos sanguíneos. Los gravoceptores, al captar el empuje inmediato de la fuerza gravitatoria, podrían mediatizar los cambios súbitos del funcionamiento nervioso y vascular.[6]

La gravedad puede ser débil, pero es fuerte en términos de la distancia sobre la cual su presencia es efectiva desde una fuente dada. La observación del avance y el retroceso de las mareas contra la costa es un ejemplo sencillo. Ciertamente la gravedad reúne condiciones para que se la considere la más fundamental de las fuerzas físicas del universo y quizá sería mejor calificarla de sutil que de débil. Es una fuerza sutil que nace de la geometría –que, de hecho, es esa geometría– del espacio curvado. Si también la conciencia es un aspecto del espacio-tiempo, entonces quizá se produzcan efectos análogos a los de la gravedad. Si una masa puede distorsionar el espacio y dar origen a la gravedad, tal vez también pueda efectuar lo que llamamos conciencia. Si los abejorros pueden percibir un trozo de plomo, sin duda los seres humanos pueden percibir (y responder a todo ello) grandes yacimientos minerales en la corteza de la Tierra, aguas subterráneas, grandes cordilleras de roca o montañas de hierro. ¿No es así? (Es interesante que el poeta Robert Graves afirmara en una ocasión que las principales religiones habían tenido su cuna en regiones donde había importantes yacimientos de hierro.) Sin duda la ciencia será capaz de poner a prueba esta posibilidad, al menos indirectamente por medio de los estudios de masas de los ritmos del cerebro en diversos lugares, por ejemplo.

Podría ser que las minúsculas variaciones temporales correspondientes a las anomalías gravitatorias sobre la corteza de la Tierra afectaran la conciencia de un modo sutil. Por ejemplo, todos hemos vivido la experiencia de que ciertos paisajes o lugares crearan determinados sentimientos dentro de nosotros sin ninguna razón visible. Si la conciencia es un aspecto del espacio-tiempo, entonces la masa debe surtir un efecto. En teoría, esto significaría que podría dibujarse un mapa de contornos de la conciencia correspondiente a determinado paisaje, del mismo modo que hoy existen mapas que indican las anomalías de la gravedad. Quizá en esto consistían los antiguos sistemas de geomancia. El chino que cultivaba el *feng shui*, por ejemplo, observaría las propiedades magnéticas de un lugar, consideraría la configuración del terreno, luego bajaría precipitadamente por las laderas[7] para percibir, por medio del movimiento de su cuerpo sobre la superficie, en qué dirección fluía la energía sutil de la Tierra, su *chi*. Según la topografía del lugar, y las posibilidades económicas de su cliente, el geomante *feng shui* a veces ordenaría que se hicieran cambios en gran escala en la forma de las colinas o riscos circundantes y cabe que incluso alterase el curso de los ríos. Adivinaría el equilibrio del *chi* terrestre y atmosférico y la relación entre las polaridades del yin (suave, negativo) y el yang (angular, positivo) en un lugar. Todo esto se hacía con el fin de producir condiciones óptimas para la habitación humana; para crear armonía, buena suerte y felicidad. Si despojamos este procedimiento de sus símbolos y expresiones pintorescos, puede que estemos mirando lo que, en esencia, eran métodos arcaicos de manipular los contornos de la conciencia.

Einstein fracasó en su intento de formular una teoría del campo unificado que combinara la gravedad con las otras tres fuerzas fundamentales en términos de la geometría del espacio-tiempo. Pero sigue la búsqueda, de diversas maneras, de aquel antiguo «santo grial»: una fuerza o medio universal. En los años ochenta se hablaba de una quinta fuerza o «hipercarga» y de otras formas de gravedad desconocidas. El físico Michael Nieto, en Los Álamos, ha predicho que acabarán descubriéndose tres clases de gravedad.

Un poco fuera de los límites incluso de esta búsqueda científica de carácter esotérico están los descubrimientos del científico médico australiano Bevan Reid y del físico Sergei Barsamian. Creen tener datos experimentales que sugieren la existencia de un campo de energía «de bajo nivel» que satura todo el universo. Este campo universal tiene una memoria y lleva información. La mayoría de los descubrimientos de Reid y Barsamian son fruto del estudio del crecimiento de los cristales. En una serie de experimentos efectuados en 1984 Reid y su colega H. E. Anderson cristalizaron cloruro de sodio en presencia de proteínas. Las formas habituales de cristal son cúbicas. Sin embargo, cuando se llevaron a cabo varias acciones concurrentes a distancias que iban de unos pocos centímetros a 30 metros del lugar de cristalización, se observaron cambios acentuados en las pautas de crecimiento de los cristales. En una de las pruebas, pedazos de plomo colocados a una distancia de 20 centímetros provocaron cambios claros en las pautas de cristalización. El efecto era repetible. Diferentes pesos de plomo no cambiaron el tipo alterado de pauta de cristalización que se había producido. En otras pruebas varias reacciones químicas que tuvieron lugar a distancias de entre 5 y 15 metros alteraron la tasa y la pauta de cristalización del cloruro de sodio. Una de las pruebas se hizo con un muro de ladrillo entre el proceso de cristalización y las reacciones químicas. En varias de las pruebas el proceso de cristalización tuvo lugar en un entorno protegido eléctricamente, para eliminar las interferencias electromagnéticas. Se encontraron pruebas de que parte de la acción a distancia estaba asociada con el oxígeno ambiente, pero se consideró que el resto de los efectos demostraban aspectos desconocidos de la «estructura y otras propiedades del espacio».[8]

En otros experimentos, el revestimiento de polímero de los portaobjetos captaron la imagen de las bacterias en un cultivo situado a 75 centímetros de distancia, y revelaron pautas de vórtice al colocarlos sobre pesas de plomo. Parece que el plomo concentra la fuerza que Reid y sus colegas afirman detectar; esto parecería sugerir que, al igual que la gravedad, de un modo u otro está asociada con la distorsión del espacio.

Quizá a la ciencia le cuesta percibir y entender el campo universal porque lo que trata de estudiarlo, la conciencia humana, es en realidad una expresión de dicho campo. Hasta cierto punto, viene a ser como tratar de levantarse tirando de los cordones de tus propios zapatos.

En el capítulo 1 figuran sólo unos cuantos de los nombres tradicionales con que otras culturas se referían a la fuerza vital universal; es significativo que hoy no tengamos una palabra para denominarla. Eso se debe a que en relación con ella tenemos un punto ciego; no tenemos ninguna palabra porque no tenemos ningún concepto que la requiera. O bien recurrimos a términos antiguos tales como *chi*, o usamos la terminología fragmentaria de la ciencia moderna; y es esa fragmentación lo que nos impide ver claramente la cuestión, como una imagen en un espejo roto.

Pero, prescindiendo de cuáles sean su naturaleza, sus mecanismos y su nombre, si realmente queremos pensar en la Tierra como ser que vive y siente, tendremos que contemplar su conciencia como alguna clase de efecto de campo. Puede estar estructurado en muchos niveles diferentes, pero constituiría todo un supercampo, un campo de la Tierra o Gaiafield, una vasta entidad consciente totalmente invisible para sus partes constituyentes. Gaia, teniendo los pensamientos de un planeta, sensible a las formas de vida que existieran dentro de ella, percibiendo el empuje y la atracción de su compañera lunar, los planetas y el Sol, reconociendo las energías que brotaran dentro de su litosfera, sintiendo la brisa de los rayos cósmicos que rizara su magnetosfera y su atmósfera, y quizá escuchando el tintineo de lejanos campos de estrellas del mismo modo que podríamos oír las campanas de una iglesia en el otro extremo de un campo. Gaia, con la memoria de eones.

Aunque semejante campo de la Tierra tendría que ser sutil e impregnarlo todo, podría influirse recíprocamente con otros campos, conocidos y desconocidos. La masa y el electromagnetismo podrían afectar este campo de la conciencia.

Las consecuencias implícitas del hecho de que la humanidad desconozca semejante campo son enormes. Consideremos el efecto que nuestras ciudades, por ejemplo, surtirían en tal campo hipotético. Por ser vorágines de masa y energía, las ciudades modernas tienen sus propios campos, que podrían tergiversar el campo de la Tierra. Podría considerarse que las ciudades tienen su propio microclima de la conciencia. Ésta es precisamente la experiencia de vivir en una gran ciudad; muchas personas la perciben, pero la realidad de un campo de la Tierra sigue eludiendo la aceptación moderna. La constatación de su existencia significaría que la geomancia, en vez de considerarse una superstición antigua y curiosa, pasaría a ser un asunto de interés. A la luz de las condiciones que existen hoy en la Tierra, habría que crear una geomancia nueva. La escala, la orientación y los materiales de los edificios serían cuestiones importantísimas. La forma de interacción de las condiciones naturales y artificiales sería una consideración fundamental al situar los edificios y las nuevas ciudades. La generación y el uso de electricidad, la propagación de la radio, las microondas, etcétera, plantearían problemas geománticos de los cuales los antiguos sistemas nunca tuvieron que ocuparse.

No se trata de simples fantasías. Ya tenemos problemas geománticos de los que la sociedad moderna toma nota pero que no se ven en ese contexto: los efectos de los cables de alta tensión y de los transmisores de microondas en la salud de las personas que viven cerca de ellos; la alarma provocada por el gas radón; los bloques de pisos que parecen fomentar la delincuencia; los problemas de salud de los oficinistas que se exponen a bancos de aparatos electrónicos; la misteriosa incidencia de la leucemia en los alrededores de las centrales nucleares (y la naturaleza actualmente inexplicable de las concentraciones geográficas de ciertas enfermedades es un peliagudo problema geomántico que todavía no se ha abordado); y las enfermedades físicas y mentales que causa el estrés de la vida en la ciudad. Son sólo algunos de los campos de preocupación más obvios que es casi seguro que requieren que se les aplique una dimensión geomántica.

Los problemas ecológicos de mayor amplitud que asedian a nuestro mundo puede que deban al tipo de conciencia que engendran los vórtices energéticos de las ciudades algo más de lo que parece a primera vista. Los planes correspondientes a la agricultura, al campo, a los procesos industriales, a la eliminación de desechos, al tratamiento de los bosques tropicales y virtualmente a todo lo demás se llevan a cabo de acuerdo con los dictados de procesos mentales que surgen de la conciencia urbana. La ciudad habla a la ciudad de asuntos mundiales («Washington respondió prudentemente hoy a las sugerencias de reducción de las armas de alcance medio en Europa propuestas por Moscú»); es en instituciones ciudadanas donde se ha creado el invento abstracto de la economía mundial y donde se sirve al mismo. La humanidad urbana es ahora, de hecho, como una colonia de astronautas sentados en una burbuja-base en algún planeta extraño. La visión desde esta burbuja urbana es la que crea una lógica económica que permite, e incluso fomenta, la destrucción de los bosques tropicales, y que puede permitir que las masas pasen hambre en una parte del mundo mientras en otra los alimentos se pudren debido al exceso de producción. El estado de ánimo que se produce en los microclimas humanos de la conciencia es esencialmente nocivo. Está reñido con la sabiduría del campo de la conciencia natural, planetaria al que trastorna sin saberlo.

Habiendo creado esta situación perjudicial, tenemos que mirar con esperanza hacia algún sentido de equilibrio, algún profundo cambio de la mente y el corazón en la corriente principal de la cultura, un cambio que sea capaz de modificar la situación y reducirla a proporciones gobernables. Un paso importante en tan colosal proceso tiene que ser la aceptación de la idea de que la Tierra está viva: sólo una imagen tan sencilla y directa puede albergar la esperanza de conmover los sentimientos de la gente en una escala suficiente para permitir la enorme realineación de nuestras actitudes y de nuestra relación con el planeta que va haciéndose esencial. La clave de este paso importantísimo consiste en aceptar la idea de que el planeta es consciente, de algún modo. A su vez, tal concepto en esencia tendrá que salir de una nueva apreciación de la naturaleza de la conciencia misma.

Lo que sugerimos aquí es que la adopción de la idea de un campo de la conciencia es el obstáculo crucial. Las personas que estén dispuestas a estudiar con atención el funcionamiento de su propia mente, a ser más sensibles a las variaciones de la conciencia que tienen lugar dentro de ellas, como hizo AE, por ejemplo, pronto se darán cuenta de que el cerebro es sencillamente un órgano que trata algo que procede de «fuera». Del mismo modo que los ojos tratan la luz pero no la crean, las orejas tratan los sonidos pero no los crean, los órganos respiratorios tratan el aire que respiramos pero no lo producen directamente, también el cerebro trata la conciencia pero no la produce. Aceptamos que el cerebro trata estímulos que le proporcionan desde fuera del cráneo por medio de las conocidas ventanas de los sentidos, pero ahí parece detenerse la aceptación. Sin duda el cerebro es más parecido a un receptor de televisión, si se nos permite esa tosca analogía; sintoniza con el campo de la conciencia del mismo modo que el receptor de televisión sintoniza con el campo electromagnético. El cerebro selecciona «canales» procedentes del campo, lo que Aldous Huxley llamó «Mente en Libertad», y su tratamiento puede verse determinado por la biología mecanicista. Pero no produce realmente el campo, al menos no lo produce directamente. Desde luego, se añade material personal a la información extraída de la «Mente en Libertad» cuando a ésta la trata el individuo, de la misma manera que otros órganos del cuerpo modifican el material que pasa por ellos, pero del mismo modo que fracasará el intento de encontrar al hombrecillo del televisor abriendo un agujero en la pantalla, fracasará también el intento de encontrar la conciencia dentro de los circuitos físicos del cerebro. El presentador que vemos en la pantalla está en un estudio lejano; manipular el aparato puede afectar la recepción del canal (la señal), pero no afecta nada de lo que esté sucediendo en el estudio.

Los circuitos del cerebro constituyen un mecanismo que permite la recepción del campo de la conciencia y es casi seguro que permite la transmisión por ese campo. Pruebas de esta capacidad de transmisión nos las facilita sin duda la labor de personas tales como Persinger (véase el capítulo 3). El campo de la conciencia puede tener una resonancia estrecha con los campos naturales de frecuencia bajísima que laten al compás del ritmo de la Tierra o de los cerebros vivos, o incluso puede que se componga parcialmente de ellos.

La aceptación de la conciencia como fenómeno de campo, a diferencia de efecto centrado en el cráneo, produciría un avance del entendimiento en todos los niveles de la actividad humana: física, psicológica, parapsicológica, social, ecológica, económica. Sería útil y quizá sorprendentemente eficaz que hoy imagináramos la conciencia como un efecto ambiental, que revistiéramos el paisaje terrestre con el paisaje mental, como dice Steele (véase el capítulo 1). ¿Podrá la cultura occidental hacer alguna vez acopio de valor y dejar que la conciencia salga del cráneo? ¿Osaremos dejar que el genio salga de la lámpara?

Las puertas mentales de Gaia

Dando por sentado, a efectos del debate, que existe alguna clase de campo de conciencia planetaria, ¿hay alguna forma de que podamos intentar la interacción con él? Los pueblos tradicionales recurrían para ello a un estado de ánimo de bordes más suaves, menos centrado en el ego, que el que poseemos hoy. Tal como Teilhard de Chardin señaló repetidas veces, se nos está formando un nivel de conciencia cada vez más autorreflexivo. Cabe argüir que esto puede cumplir alguna función evolutiva, pero no hay duda de que nos separa del entorno natural, como hemos señalado. Mientras que los pueblos tradicionales se integraban mentalmente (y, por ende, en términos del comportamiento social) con su entorno de una manera inconsciente, los seres humanos modernos tendrán que percatarse conscientemente del proceso. Tendremos que aprender a comulgar con el campo de la Tierra a nuestro modo, pero tendremos que combinar aspectos de la sabiduría antigua con nuestra comprensión actual. En último término, puede ocurrir que éste sea en verdad un paso evolutivo, y que, aunque hemos seguido un rumbo peligroso, haya sido un viaje que teníamos que emprender al objeto de prepararnos para una integración más completa, de mayor trascendencia, con el *anima mundi* que la alcanzada anteriormente.

Así pues, ¿cómo empezamos la interacción con el campo de la Tierra? Utilizando la analogía del cuerpo humano, diremos que aunque toda la persona está llena de vida, tenemos que comunicarnos con esa persona utilizando determinados cauces, generalmente los cinco sentidos. Por lo tanto, si bien todo el planeta puede estar lleno de conciencia, necesitaremos identificar los cauces que permitirán que nos comuniquemos con el campo de la Tierra. Vimos en el capítulo 5 que AE era consciente de que los factores geográficos, en particular los lugares antiguos, podían interpretar un papel en estos estados alterados. Raynor C. Johnson recordó que cuando el doctor Monk Gibbon le preguntó por qué tenía que ser así, él, AE, le respondió que «del mismo modo que un alma humana que usa un cuerpo tiene sentidos especiales en éste, también el cuerpo de la Tierra poseía regiones especiales por medio de las cuales era sumamente claro que tenía lugar el tráfico de la percepción».[9]

Usando la analogía del ordenador, que es más arriesgada, sabemos que podemos comunicarnos con él por medio de un teclado, un micrófono y otros métodos. Así pues, ¿qué posibilidades de comunicación tiene el planeta para su espíritu?

El electromagnetismo natural en ciertos contextos es indudablemente una de tales posibilidades. Los campos de frecuencia bajísima parecen comprender una posibilidad mundial con procesos de escala planetaria. Al parecer, éstos podrían vincular la mente humana directamente con los ritmos planetarios (capítulo 3).

En el capítulo 4 vimos que, aparentemente, en algunos lugares sagrados y antiguos se había utilizado deliberadamente piedra con propiedades magnéticas y radiactivas. Asimismo, señalamos que numerosos lugares de todo el mundo parecían situados en relación con factores geológicos tales como las líneas de las fallas y los yacimientos de minerales, donde es probable que se produjera la intervención de efectos electromagnéticos, entre otros.

La gravedad, o algún aspecto de esta fuerza poco comprendida, puede que también aportara una «ventana» o vinculación en circunstancias determinadas. También como vimos en el capítulo 4, Pierre Méreaux afirmó que había descubierto anomalías de la gravedad entre los complejos de hileras de piedras que hay en Carnac, y en Norteamérica se han efectuado algunas investigaciones que indican la existencia de anomalías, tanto magnéticas como de la gravedad, en los manantiales. También las fallas señalan a veces cambios en los valores locales de la gravedad. Pero todo esto es territorio virgen y habrá que saber mucho más antes de que la gravedad pueda considerarse seriamente como un elemento de vinculación.

Puede que las rocas o los minerales en sí mismos sean un tipo de interfaz; sin duda el Chico Huérfano (capítulo 1) hubiese estado de acuerdo. En su libro *Stalking the wild pendulum*,[10] Itzhak Bentov escribió: «Sabemos que la materia es conciencia (o, si lo prefieren, *contiene* conciencia). Esta conciencia, si es suficiente (una masa crítica), adquirirá una tenue percepción de sí misma. Puede que a lo largo de millones de años esta vaga percepción se refuerce hasta adquirir una identidad más definida, posiblemente mediante la interacción con otros seres».

A modo de ejemplo, Bentov habló de una roca en una hendidura, donde un animal halla refugio. El animal se siente agradecido a la roca y la roca registra ese agradecimiento. Más adelante, un pájaro construye allí su nido, pone huevos y empieza una nueva vida y esto refuerza considerablemente el ego de la roca, incrementando su coeficiente de conciencia. «Antes o después –comentó Bentov– la conciencia de la roca evolucionará hasta convertirse en un "espíritu de la roca".» Más y más seres se sienten atraídos hacia la roca, cuya conciencia va en aumento. Cuando al fin un ser humano encuentra la roca, esa persona percibirá que en el lugar hay algo especial. Más y más personas acudirán a la roca. Antes de que transcurra mucho tiempo, «ya se ha creado un culto. Esto refuerza inmensamente el ego del "espíritu de la roca" debido a que los pensamientos de las personas que se concentran en él hacen que crezca su poder... le estimula el nivel de energía que produce el sistema nervioso humano... Finalmente, el "espíritu de la roca", que empezó bajo la forma de una percepción vaga y tenue en una masa de materia, se convierte en un poderoso espíritu o dios tribal».

Bentov señala que ahora podemos medir la energía producida por el pensamiento en el cerebro fuera de la cabeza (capítulo 3) y que la energía que interviene en el pensamiento se transmite, por lo tanto. En su modelo del espíritu de la roca Bentov vio la estructura mineral absorbiendo e integrando, de hecho, esa frecuencia de energía.

El bioquímico escocés A. G. Cairns-Smith ha argüido que eones antes de que la célula «de alta tecnología» apareciese en la Tierra, debía de haber una estructura precursora de ella, una estructura «de baja tecnología», posiblemente alguna forma de cristal. Refiriéndose a las ideas de Cairns-Smith, J. T. Fraser escribe:

La idea de que las primeras formas de vida eran parecidas al cristal no es nueva en sí misma. Se ha sabido que entre los reinos de lo vivo y de lo no vivo, los cristales representaban el grado más alto de organización estable. La materia inorgánica no es capaz de crear sistemas estables, más ordenados, que los que se encuentran en los cristales...

Cairns-Smith, especialista en la química de la arcilla, postuló que la vida primitiva heredó en su núcleo una estructura cristalina sólida pero sustituyó su química por lo que más adelante se convirtió en el sistema proteínico ADN-ARN de la vida «moderna». Moderna dos mil millones y medio de años. Durante los últimos quince años, Cairns-Smith y científicos de la NASA... han llevado estas ideas más lejos y... empezaron a describir un panorama cada vez más verosímil de los orígenes cristalinos de la vida...

Quizá nuestros antepasados más lejanos fueran fideos moleculares que flotaban en un caldo primordial, quizá cristales que temblaban rítmicamente en la arcilla húmeda.[11]

De modo parecido, Robert O. Becker ha comparado los cristales con los organismos vivos. Hace una lista de las definiciones «mínimas indispensables» de los procesos que tienen que ocurrir antes de que a una entidad se la pueda calificar de viva: tiene que haber alguna manera de recibir, tratar y almacenar datos ambientales: «dicho de otro modo, una especie de conciencia y memoria toscas deben existir desde el principio»; debe haber una capacidad de percibir los daños y repararse; y, finalmente, tiene que existir una forma de actividad cíclica. Prosigue diciendo:

Lo gracioso es que todos estos criterios los reúnen las actividades de los cristales semiconductores... La idea de que ciertas rocas, en el transcurso de mil millones de años aproximadamente, se volvieron poco a poco sensibles a su entorno, crecieron, aprendieron a «dolerse» cuando un río de lava y la lluvia sulfúrica se comía parte de un vértice, se reconstruían lentamente, latían de, bueno, vida, incluso pasaban por una etapa de cristal líquido y se liberaban de sus nidos de piedra... todo esto puede parecer un poco extraño. Sin embargo, en realidad no es más extraño que imaginar la misma transformación a partir de gotitas de caldo [primordial]. El cambio se produjo de algún modo.[12]

Durante siglos, y probablemente milenios, los cristales y las joyas se han asociado con tradiciones esotéricas y propiedades curativas en muchas culturas de diversas partes del mundo. Los antiguos egipcios, por ejemplo, llevaban piedras preciosas que poseían ciertas propiedades, a la vez que el cristal de roca o cuarzo –«luz solidificada»– era un rasgo clave en las ceremonias de iniciación de los aborígenes australianos; los cristales podían molerse y beberse mezclados con agua o insertarse directamente en la piel de la persona que se iniciaba.[13] En la Europa medieval se suponía que ciertos cristales tenían determinadas propiedades y estas ideas perduran en nuestros días. En años recientes los cristales han experimentado un renacimiento en los círculos de la Nueva Era. Tal vez debido a su propiedad piezoeléctrica –la conversión de presión física en carga eléctrica y viceversa–, generalmente creen algunos grupos de hoy que los cristales de cuarzo pueden almacenar señales que introduce en ellos la mente humana: estas señales pueden ser pensamientos, sentimientos o energías curativas. Del mismo modo, se dice que esa información almacenada es accesible por medio de ciertos procedimientos. En el capítulo 4 describíamos experimentos del Proyecto Dragón en los cuales la interacción huma-

187

na con minerales producía cambios conmensurables en las piedras utilizadas.

Sin duda el cristal es un componente en muchos lugares megalíticos. Por ejemplo, en Callanish, grupo de círculos de piedras en la remota isla de Lewis, frente a la costa occidental de Escocia, cuesta encontrar una piedra vertical entre las docenas que hay allí en la que no aparezca clavado un pedazo de hornblenda, cuarzo y feldespato. Y en Cornualles, el círculo de Duloe se compone de enormes monolitos de puro cuarzo blanco. Muchos de los círculos de piedras contienen, o contenían, algún elemento de cristal dentro de su estructura. En Irlanda, el enorme montículo con cámaras de Newgrange tiene el lado oriental de cuarzo blanco (de cara al sol naciente). Es claro que los constructores de megalitos tenían alguna razón para utilizar cristales en sus lugares. Puede que no sea científico, pero, desde luego, es tentador soñar despierto con lo que podía estar almacenado en los cristales de estos lugares antiguos, si la información que posiblemente contienen pudiera descifrarse.

Otro aspecto de la roca, que se menciona en el capítulo 4, son los fenómenos lumínicos que se producen en el granito en lugares cerrados, oscuros y ricos en gas radón tales como dólmenes y *fogous*. En la actualidad estos fenómenos pueden observarse de forma fidedigna. También hemos visto que ciertos terrenos, especialmente los terrenos con fallas donde tienden a estar ubicados monumentos antiguos de determinadas clases, parecen producir fenómenos de luz terrestre: bolas de luz anómalas. Estos dos fenómenos fascinantes y complejos volveremos a comentarlos más adelante, en términos de su posible valor como elementos vinculantes. Cabe que las luces de la tierra representen la vinculación más directa con el campo de la Tierra.

Uno de los principales elementos de vinculación potencial donde podría crearse un estado de «mente de la Tierra» tiene que ser la sustancia química que más abunda en la corteza de la Tierra: el agua. Es un elemento tan obvio que resulta fácil pasarlo por alto. Al principio uno piensa que, desde luego, el agua es demasiado común y demasiado vulgar para desempeñar tan exaltado papel. Pero ocurre lo contrario. El agua es apropiada para cumplir esa función precisamente debido a su ubicuidad y su naturaleza es, de hecho, misteriosa y compleja, como revelan unos cuantos hechos básicos sobre ella.

Aproximadamente las tres cuartas partes de la superficie de la Tierra consisten en agua, lo cual concuerda con la proporción aproximada que se encuentra en las cosas vivas (la proporción en los seres humanos es de alrededor del 65 %). Hay volúmenes vastos en la litosfera bajo la forma de agua subterránea; en la superficie de la Tierra bajo la forma de océanos, lagos, ríos y casquetes de hielo; la atmósfera, bajo la de vapor de agua; y dentro de las células y los tejidos de la biosfera. El agua resiste el calentamiento más que la mayoría de las sustancias y se calienta con la mayor facilidad entre 35 y 40 °C, escala estrecha que abarca la temperatura corporal preferida, alrededor de 37 °C, que muestran los mamíferos, entre ellos, por supuesto, los seres humanos. Es más densa como líquido que como sólido, a diferencia de casi todas las demás sustancias; a medida que su temperatura desciende hacia los 4 °C, empieza a volverse más ligera de peso porque se expande en lugar de contraerse como hacen otros materiales, y al alcanzar los 0 °C, su volumen ha aumentado en alrededor de un 10% (por esto las cañerías no protegidas tienden a reventar cuando hiela).

El agua es rara porque puede hacer tanto de ácido como de base, de manera que en condiciones apropiadas puede reaccionar consigo misma: no es una sustancia inerte. El agua es virtualmente el disolvente universal, capaz de erosionar la roca y disolver el metal con el paso del tiempo. Esto se debe a que las moléculas de agua tienen la capacidad de penetrar en la estructura molecular de casi toda la demás materia. Hasta cuando cae en forma de lluvia, el agua extrae material de la atmósfera, por lo que el agua de lluvia es siempre una solución de algo. El agua que hay en un vaso incluso absorberá partículas de vidrio en un período muy breve. La estructura molecular específica del agua la hace al mismo tiempo fuerte y flexible. La fuerza que proporciona el hidrógeno que hay dentro de ella se manifiesta en la «película» que mantiene unidas las gotitas de agua o que se forma sobre la superficie superior del agua. A esto se le llama «tensión superficial». Las moléculas de agua no se adhieren sólo unas a otras, sino también, con facilidad, a otras superficies: las cosas «se mojan» cuando el agua las toca. También contienen mucha energía: pueden absorber y expulsar calor en mayor escala que casi todas las demás sustancias.

El hielo es la estructura de hidrógeno más perfectamente unida que se conoce, con retículos cristalinos exactos que persisten incluso en el estado líquido. Tal como dice Lyall Watson:

> Puede que el hielo derretido parezca claro, pero en realidad contiene regiones efímeras de cristales que se forman y disuelven muchos millones de veces por segundo. Es como si el agua líquida recordara la forma de hielo de la que procedió más recientemente y se repitiera la fórmula una y otra vez, dispuesta a volver a ella en cualquier momento. Si pudiéramos tomar una fotografía con exposición suficientemente corta, es probable que mostrara zonas con aspecto de hielo incluso en un vaso de agua caliente.[14]

Las cualidades receptivas o impresionables del agua se expresan claramente en su naturaleza. El agua refleja. También es increíblemente sensible a los diminutos estímulos ambientales, como el científico italiano Giorgio Piccardi descubrió en los años treinta. Piccardi comprobó que el índice de reacciones químicas que tenían lugar en las soluciones de agua podían verde afectadas misteriosamente por influencias cósmicas, tales como los ciclos lunares y de manchas solares, las erupciones solares, o los súbitos chubascos de rayos cósmicos. Como ha señalado Michel Gauquelin, el agua está «sujeta a cambios importantes incluso como resultado de la influencia de energía muy baja... El agua que se estudia en el laboratorio es tan sensible a cambios muy leves en los campos eléctricos o magnéticos como los animales que estudió Brown [capítulo 3]».[15]

Debido a que el agua constituye una parte tan grande de nuestro cuerpo, estas influencias sutiles deben ocurrir también dentro de nuestras células y tejidos. Por consiguiente, el agua nos vincula de modo profundo tanto al entorno terrestre como al extraterrestre.

El ingeniero alemán Theodor Schwenk ha equiparado la sensibilidad del agua a la del oído humano. Considera que el agua es un «órgano no sensorial receptivo... el medio impresionable por excelencia». En un experimento hizo que un número de botellas de agua preparadas de manera idéntica fuesen agitadas por medios mecánicos durante períodos breves antes, durante y después de un eclipse total de Sol. Luego introdujo en cada botella un número determinado de granos de trigo y dejó que germinaran. Las hojas de trigo que brotaron del agua agitada durante el eclipse eran significativamente raquíticas comparadas con las que salieron de las muestras agitadas antes y después del fenómeno. Schwenk sacó la conclusión de que el agua y estructuras suyas tales como los vórtices eran en realidad «órganos sensoriales abiertos al cosmos», capaces de *transmitir* impresiones. Como comenta Lyall Watson: «Es un pensamiento fascinante y provocativo que una masa de agua merezca que se la considere un organismo por derecho propio».[16]

El asunto de una posible función de memoria en el agua ha dado algunos giros notables a finales de los años ochenta. En 1988 el inmunólogo francés Jacques Benveniste y sus colegas publicaron un ensayo en la revista científica británica *Nature*...,[17] si bien «con reservas editoriales». Esto fue porque Benveniste y sus colaboradores comprobaron que podían afectar las células blancas de la sangre con soluciones de anticuerpos tan diluidas que ni una sola molécula de anticuerpo podía estar presente en el agua. Sugirieron que posiblemente el agua podía hacer las veces de «patrón» de la molécula básica del anticuerpo, y estaban convencidos de que la «transmisión de la información dependía de que se agitara con vigor, posiblemente provocando una organización submolecular del agua».

Obviamente, los descubrimientos del equipo se acercaban de un modo inquietante a un principio de homeopatía que los científicos ridiculizan y según el cual soluciones increíblemente diluidas de sustancias apropiadas (proceso que utiliza la agitación, lo que representa un detalle interesante) son eficaces, según se cree, para curar enfermedades, cuyos síntomas son provocados por grandes cantidades de las mismas sustancias que se diluyen. El artículo de fondo de aquel número de *Nature* decía claramente por qué era improbable que se aceptaran los resultados que obtuvieron Benveniste y sus colaboradores; eran «sorprendentes, no sólo porque apuntan hacia un fenómeno nuevo, sino porque atacan la esencia misma de dos siglos de observación y racionalización de fenómenos físicos».[18]

Sin embargo, a lo largo de los años otros han alcanzado resultados parecidos a los de Benveniste y sus colegas. Entre las investigaciones más interesantes cabe señalar las del doctor C. W. Smith de la universidad de Salford, con los doctores Jean Monro y Ray Choy de la unidad de alergias del hospital Nightingale de Londres. Monro y Choy venían utilizando un método creado en Norteamérica por el doctor J. Miller para tratar a los pacientes que padecían alergias múltiples. El método consiste en diluir un alergeno –sustancia productora de alergia– en agua. Se efectúa una serie de diluciones y, al llegar a la número 34, ya no queda ningún vestigio químico de la sustancia, pero la serie prosigue y se llevan a cabo más diluciones. Estos grupos de alergenos diluidos en agua se usan en la piel del paciente hasta que se llega a una dilución en la cual éste experimenta una reacción máxima. No debería producirse, toda vez que los niveles superan los que permiten la intervención de cualquier factor químico. Pero se produce, como han confirmado pruebas minuciosas. El hecho de que algunos pacientes con alergias múltiples sean increíblemente hipersensibles a la electricidad[19] proporcionó la pista que indujo a los doctores londinenses a trabajar con Smith.

Smith descubrió que el efecto que se producía era eléctrico en vez de químico y los investigadores comprobaron que podían provocar los síntomas de un paciente transmitiéndole campos eléctricos de frecuencias variables. Asimismo, se descubrió que el agua expuesta a campos eléctricos recordaba de un modo u otro las frecuencias aplicadas.[20]

El físico Fred Alan Wolf ha sugerido que el agua puede poseer una capacidad de memoria todavía más esotérica, invocando para ello la física cuántica. Ha propuesto osadamente que la memoria se graba en escala molecular o atómica en el agua que está presente «en las sinapsis o conexiones entre neuronas en el cerebro».[21] Si esto es verdad, entonces no cabe duda que el agua es un medio que contiene memoria.

El agua también parece responder al sonido. En Baviera, por

ejemplo, existe la antigua tradición llamada *Tonsingen*, es decir, cantar a tono. Todos los días de la estación de cultivo, al caer la noche, los agricultores cantan notas ascendentes mientras remueven un poco de arcilla en un cubo de agua siguiendo la dirección contraria a las manecillas del reloj; luego cantan notas descendentes mientras agitan la mezcla en la otra dirección.[22] Después dejan los cubos en la oscuridad durante la noche y a primera hora del día siguiente rocían los cultivos con su contenido.

Marcel Vogel, ex investigador científico de IBM que ha trabajado mucho con cristales, ha confirmado que el sonido del tambor de un chamán puede afectar la estructura del agua, especialmente, al parecer, si en ella se ha sumergido un cristal. Afirma que si se hace girar agua alrededor de un cristal, el líquido absorbe del mineral una carga que puede medirse. Esto recuerda una costumbre parecida del antiguo Tíbet, donde ciertas piedras preciosas se metían en agua que luego el paciente bebía. El investigador norteamericano Pat Flanagan ha confirmado que los cristales que se meten en agua afectan la tensión de su superficie durante un breve período.

Vogel también afirma que al estudiar el agua «procedente de varios lugares sagrados, encuentro una estructura en esa agua que es única del agua en grandes cantidades. Obtuve una muestra de un manantial sagrado de Hungría y encontré un nivel de energía que trascendía todo lo que había visto hasta entonces».[23]

Es claro que el agua varía de calidad y naturaleza. El agua de manantial y el agua sometida a movimiento vigoroso como en los arroyos de montaña y los riachuelos está más «viva» que el agua del grifo o la almacenada. Como han demostrado médicos que buscaban agua que pudieran beber los pacientes con problemas de alergia agudos, las botellas de agua de manantial enterradas en el suelo durante unos días adquieren propiedades especiales, purificadoras. A la luz de este descubrimiento, cabe preguntarse qué cualidades notables podría poseer el agua de manantial que sube a través de los estratos desde las profundidades geológicas. Y si existe el agua primaria –es decir, el agua que se produce en lo hondo de la Tierra en lugar de la recogida de la lluvia que se cuela por medio de la corteza–, ¿tendrá también propiedades particulares? Las fuentes del agua son importantes y afectan su carácter.

Además de su fuente, la agitación a que se somete el agua parece importante. Schwenk, Vogel, el equipo de Benveniste, los homeópatas y la tradición llamada *Tonsingen* nos dicen algo sobre el valor del agua que ha sido agitada. El místico y estudioso alemán Rudolph Steiner también recomendó que se hiciese girar el agua destinada a fines agrícolas, para lo cual tenía procedimientos precisos. Y Pat Flanagan comprobó que el agua que se movía en espiral era capaz de producir potenciales eléctricos de hasta 20.000 voltios.[24]

Además de todos estos misterios y maravillas, aunque probablemente en relación con ellos, el agua puede mostrar cualidades todavía más sutiles y profundas. Así parece indicarlo la creencia tradicional de que ciertos manantiales producían agua que era capaz de impartir poderes especiales, ya fueran curativos o visionarios, y también parece indicarlo la insistencia de personas tales como los geomantes *feng shui* en el sentido de que el agua podía conducir el *chi*, es decir, el campo de energía universal. Las corrientes de agua de flujo rápido y recto en un lugar tendían a sacar el *chi* y debían evitarse. En cambio, los estanques y las balsas que se alimentaban de agua dulce podían mitigar los efectos del *feng shui* malo o *sha* en un lugar, y las «corrientes de aguas lentas, sinuosas y profundas conducían a la acumulación de *chi*», especialmente si formaban una balsa enfrente de una casa o de una tumba.[25]

Así pues, el agua puede atraer el campo de la Tierra o éste puede resonar directamente en ella. Su campo puede tener una relación especial con el campo del planeta, convirtiéndolo en uno de los principales puntos de relación con el *anima mundi*, o en uno de sus principales órganos sensoriales. La creencia de que los pozos y manantiales santos vinculan con el campo de la Tierra es inherente a la tradición céltica del agua, como se desprende de esta descripción que hace el estudioso J. C. Cooper:

> Las aguas, los lagos, los pozos sagrados... tienen propiedades mágicas y son la morada de seres sobrenaturales... también dan acceso al otro mundo, y los poderes de las aguas representan la sabiduría del otro mundo y la presciencia de los dioses. Tir-nan-og, el paraíso de los celtas, la tierra de los eternamente jóvenes, está más allá de las aguas o debajo de ellas.[26]

Sueños de la Tierra

Ahora debemos acudir a los lugares sagrados de la Antigüedad en busca de formas de utilizar realmente estos elementos vinculantes, cauces o sentidos planetarios en potencia. Como podemos deducir del capítulo 4, los lugares antiguos probablemente contienen uno o más de los elementos de relación con el campo de la Tierra y se seleccionaron o construyeron para tal propósito. La conservación de muchos de estos lugares nos proporciona conocimientos antiguos que podemos utilizar en nuestra búsqueda. Al decirnos dónde es necesario que esté nuestra base de operaciones, nos proporcionan el primer paso.

El segundo paso consiste en entender los antiguos lugares de poder. También en el capítulo 4 vimos cómo los investigadores modernos lo intentan y señalábamos que unos cuantos aspectos empiezan a aclararse. Si queremos tener el sueño de la Tierra en un círculo de piedras, por ejemplo, es necesario saber con qué piedra tenemos que estar en contacto para ello. Si no sabemos cuál es la piedra magnética o radiactiva concreta, el lugar –el antiguo instrumento– no se usa de modo apropiado.

El tercer paso es aprender cómo deben usarse los elementos vinculantes, las antiguas puertas de la mente. Una vez más debemos buscar la señal en la sabiduría antigua, que nos dice que se requieren estados alterados. El lugar antiguo es el campo geofísico en el que debe cambiarse la conciencia. Este cambio podemos hacerlo en cualquier parte, desde luego, pero estos puntos sagrados, estos órganos sensoriales de Gaia, hacen las veces de «guías de ondas» de la conciencia liberada en el estado alterado. Cabe esperar una diferencia cualitativa entre un estado alterado en un *fogou* y en una habitación de la ciudad, por ejemplo.

Un estado alterado puede alcanzarse de diversas maneras; probablemente algunas son más apropiadas en ciertos lugares que en otros y, de hecho, su aceptabilidad varía de una persona a otra. El ayuno es un método seguro de hacer que la conciencia sea más móvil, como lo es también la meditación. Obviamente, es necesario empezar el ayuno uno o dos días antes de visitar un lugar, pero la meditación tiene que hacerse *in situ*. Es probable que estos métodos alcancen su eficacia máxima cuando se combinan. Un método más activo consiste en recurrir a un ritual de tambor y movimiento: la danza. La luz trémula realza este proceso porque su efecto intermitente puede alterar los ritmos del cerebro. Tradicionalmente esto se producía por medio de una hoguera (cosa que hoy no debe hacerse en los lugares), aunque ciertos grupos de indios americanos utilizaban pedazos de cuarzo agitándolos en una especie de sonajero (la fricción de pedazos de cuarzo puede producir una cantidad sorprendente de luz cuando se contempla en una oscuridad apropiada). Hoy puede utilizarse una linterna, aunque esto impediría la producción de iones del aire (partículas cargadas) que afecten la conciencia, iones que los otros métodos crean además de la luz trémula.

Otro método que muchos tal vez encontrarán más atractivo consiste en soñar. Los psicólogos conocen desde hace mucho tiempo el valor de los sueños como instrumento para diagnosticar y muchas personas han aprendido a usar el proceso misterioso como medio de autodescubrimiento. Puede, sin embargo, ser un instrumento todavía más potente que conduzca a establecer contacto con niveles transpersonales del campo de la conciencia, incluyendo lo que AE denominó la memoria de la Tierra o «supernaturaleza».

Los sueños rituales se practicaban en el mundo antiguo, generalmente en dos contextos determinados. Uno era el sueño iniciativo del candidato a chamán, el otro era el sueño divinatorio, que se empleaba especialmente en relación con la curación, y este tipo de sueño es el apropiado para el nuevo chamanismo que aquí imaginamos.

El templo soñador de Epidauro, en Grecia, es probablemente el más conocido de este tipo, pero había cientos de lugares así en los países mediterráneos, incluyendo Egipto, en la época grecorromana. Los sueños rituales (incubación de sueños) en lugares santos se remontan, de hecho, a miles de años antes de la Grecia antigua, y no hay duda de que en todo el mundo se usaban versiones diferentes de ellos.

El procedimiento básico de «sueño de templo» entrañaba ciertos preparativos, que solían ser la abstinencia sexual, el ayuno, las ofrendas al dios que se iba a invocar (generalmente Esculapio, el dios de la curación en el mundo grecorromano), baños rituales y, a veces, libaciones copiosas del agua que brotaba en el lugar del sueño (la profetisa del templo de Apolo en Delfos, por ejemplo, bebía del manantial de Castalia antes de instalar su trípode sobre los vapores alucinógenos que brotaban en el lugar: algunos dicen que salían de una falla o fisura;[27] otros, que era fruto de la quema de hojas de laurel). El aspirante al sueño se dormía finalmente en una celda especial para soñar. Si todo iba bien, el dios invocado, o una imagen o espíritu asociado con él, aparecería en el sueño del paciente. En tradiciones anteriores, el sueño mismo era intrínsecamente curativo, pero más adelante se suponía que en el sueño se revelaba una cura y había que descifrar el mensaje. En el sistema griego, los ayudantes del templo o *therapeutes* ayudaban a los pacientes a interpretar sus sueños: éste es el origen de la palabra terapeuta. Se usaban métodos parecidos para otros tipos de sueños con propósito, por ejemplo, la profecía.

Las ruinas de un templo de sueños romano-británico, que ahora se encuentran en una finca particular de Lydney Park, en Gloucestershire, revelan muchas cosas acerca de la naturaleza de los elementos vinculantes en un lugar sagrado. El templo se construyó en un promontorio (conocido por el nombre de «Dwarf's Hill») desde el que se divisa el río Severn, en el siglo IV d. de C., cuando la presencia romana en Inglaterra iba disminuyendo. Las inscripciones descubiertas al efectuar excavaciones indican que el templo se dedicó a Nodens, dios nativo británico que tenía sus raíces en Irlanda. Nodens era un dios de la caza y la curación; también tenía conexiones con el agua, como señaló el estudioso norteamericano James Hersh, que concluye:

> Su aspecto de Neptuno en la placa de bronce que se encontró en el templo, el hecho de que lo rodeen tritones y un pescador que atrapa un salmón, el predominio de los baños y su acceso directo a la sala de incubación... la proximidad de todo el recin-

to del templo a un manantial potente y el hecho de que desde el promontorio se divise el Severn; todos estos factores señalan hacia la antigua conexión simbólica del agua y la curación.[28]

Otro factor que recalca la conexión con el agua es un suelo de mosaico que se descubrió en el lugar y en el que se ven peces y una serpiente marina. Ciertamente en el promontorio hay numerosos manantiales y también contiene otra cosa: hierro. De hecho, el complejo templo-baños se edificó directamente sobre una mina de hierro prehistórica. Además, en la colina hay fallas, como no tardaron en descubrir los constructores del templo; es evidente que poco después de quedar terminado, una de las columnas se derrumbó y fue a caer en el interior de una falla geológica del lecho de roca que había pasado desapercibida; fue necesario llevar a cabo reparaciones y alteraciones. La inspección preliminar que efectuaron los del Proyecto Dragón en febrero de 1989 sugirió la posibilidad de que hubiera una anomalía magnética cerca del centro de la cima y que el templo estuviera construido en una zona cuya radiación daba una lectura que era el doble de las obtenidas en puntos periféricos alrededor del promontorio.

Otra técnica importante para alcanzar estados alterados de la conciencia es el uso de plantas psicoactivas. Este método plantea dificultades de investigación, sin embargo, ya que el actual condicionamiento cultural contra los estados alterados ha permitido que los alucinógenos se confundieran con los narcóticos peligrosos y se dictaran leyes parecidas contra ellos. El resultado ha sido limitar la investigación legítima de la conciencia.

En las culturas tradicionales las sustancias alucinógenas se consideraban sagradas, beneficiosas y parte esencial del sistema de creencias religiosas de una sociedad o tribu. Los alucinógenos naturales vienen usándolos pueblos tradicionales de todo el mundo desde hace incontables generaciones. Hay cientos, posiblemente miles, de plantas, cactos, cortezas de árbol, resinas y hojas que poseen propiedades psicoactivas y todas ellas las han utilizado las personas en uno u otro momento, en tal o cual sitio, para alterar su conciencia. El empleo de alucinógenos se remonta a la prehistoria. En el Nuevo Mundo, por ejemplo, pinturas murales precolombinas descubiertas en Kuaua kiva, Nuevo México, muestran una figura que tiene en la mano un poco de toloache, que es alucinógeno. En el Mundo Antiguo, un hombre enterrado en una cueva hace cincuenta mil años, en lo que actualmente es el norte de Irak, estaba acompañado de una serie de flores[29] que, según se ha demostrado, eran psicoactivas.[30] Pinturas rupestres prehistóricas de Tessalit, al sur de Argelia, muestran figuras con hongos sagrados.[31]

Los pueblos indígenas siempre han utilizado las experiencias que estas sustancias permiten para establecer contacto con las raíces del mundo natural y con la memoria del planeta. Los yebamasa de Amazonia, por ejemplo, toman cají; bajo su influencia encuentran los míticos héroes, dioses y demonios que los llevan por el universo para que estudien sus secretos. Del mismo modo, los tucanos de América del Sur usan yajé y «el fluir del tiempo se invierte, por así decirlo... uno vuelve y reexperimenta los principios del género humano y el origen del universo».[32] Los indios huicholes de México mastican peyote o mezcal y «al hacerlo, el tiempo adquiere una duración mítica».[33] María Sabina, chamana india mazateca de América Central, dice que cuando come el hongo sagrado puede «mirar hacia abajo hasta el principio mismo. Puedo ir a donde nace el mundo».

El psicólogo norteamericano Alberto Villoldo participó en un viaje siguiendo las misteriosas líneas de Nazca, en el Perú. Estas líneas completamente rectas, entremezcladas con imágenes de seres y de formas geométricas, se grabaron por motivos que se desconocen en las pampas cerca de la ciudad de Nazca, hace uno o dos milenios. El grupo, encabezado por el chamán don Eduardo Calderón, tomó una infusión basada en el cacto de San Pedro, que es muy alucinógeno. Vieron visiones, desde luego... colectivamente. Por poner un ejemplo, a un miembro del grupo «parecía seguirle una mujer de mayor edad y un niño con un perro, que, al parecer, vieron casi todos. El chamán pidió al hombre que identificara a la mujer mayor y al niño. Contestó que era su madre, que había muerto el año anterior, y que el niño era él mismo, paseando al perrito que tenía cuando era pequeño».[34] Esta clase de pruebas del concepto de campo de la conciencia no deberían pasarse por alto.

Los chamanes han utilizado estas drogas desde hace siglos, no sólo para averiguar cosas sobre la historia del mundo, el funcionamiento de la naturaleza y la condición espiritual de la humanidad, sino también para fines curativos, clarividencia y otras funciones extrasensoriales, especialmente el clásico vuelo o éxtasis del chamán: la experiencia extracorpórea. De esta manera pueden viajar grandes distancias y ver lugares, personas y acontecimientos lejanos. Seis de nueve personas que participaban en una ceremonia en la que consumían el alucinógeno ayahusca dijeron al etnólogo Kenneth Kensinger que habían visto la muerte de su abuelo, acontecimiento que no les fue confirmado hasta dos días después por la radio de campaña del investigador. Los casos de este tipo son una prueba más de que la conciencia no está centrada en el cráneo.

La forma en que pueblos «primitivos» de los bosques tropicales y otros lugares remotos adquirieron su avanzado conocimiento de los alucinógenos y las hierbas curativas es un misterio para los farmacólogos modernos. Lo que se olvida es que las personas que pueden comunicarse directamente con la naturaleza por medio de plantas psicoactivas reciben las mejores lecciones de geología, historia, prehistoria, botánica, biología y psicología que pueden recibirse en la Tierra. Y ello es debido a que las da la Tierra.

El respetadísimo micólogo R. Gordon Wasson sugirió la posibilidad de que los hongos sagrados fueran los artífices de la génesis de la religión y también del nivel de conciencia en los seres humanos, el nivel que los distingue de los animales: la autorreflexión. Terence McKenna refuerza este punto de vista. Se refiere a experimentos con chimpancés que han demostrado que responden mejor cuando los premian con el alucinógeno dimetiltriptamina (DMT), que se encuentra en muchas especies vegetales diferentes, que cuando les proporcionan alimento y bebida. McKenna arguye que si los primeros seres protohumanos también se vieron atraídos por tales sustancias a lo largo de las generaciones, cabe que se produjeran claros avances de la conciencia que, de no ser por ello, no hubiesen producido, al menos con tanta relativa rapidez como, al parecer, tuvieron lugar. Hace referencia a Henry Munn (*The mushrooms of language*, 1973), que arguye que la ingestión de hongos psicoactivos puede estimular la actividad del lenguaje. De modo todavía más sensacional, como mencionábamos en el capítulo 1, McKenna sugiere:

> Un punto de vista acerca de los alucinógenos vegetales es considerarlos como mensajes interespecies o exoferomonas. Las feromonas son compuestos químicos que un organismo exuda al objeto de llevar mensajes entre organismos de la misma especie...
> Si los alucinógenos actúan en calidad de exoferomonas, entonces la relación simbiótica dinámica entre el primate y la planta alucinógena es en realidad una transferencia de información de una especie a otra.[35]

El etnopsicólogo alemán Holger Kalweit resume el poder de los alucinógenos tal como se usan en la clase de estructura disciplinada y mítica que se encuentra en las culturas tradicionales diciendo que permiten la «comunicación entre especies, contactos con seres suprapersonales... así como con entidades cósmicas y formaciones arquetípicas».[36]

Obviamente, los alucinógenos naturales deben verse como otro elemento de vinculación, literalmente una puerta de la mente, con el *anima mundi*, pero, debido al efecto especialmente fuerte que surten en la conciencia humana, tal vez sea mejor pensar que son agentes facilitadores que deben usarse en conjunción con los otros cauces.

Aunque los alucinógenos pueden actuar en cualquier parte, cabe que haya conexiones geográficas entre los sitios donde se cultiva vegetación alucinógena y la situación de los lugares sagrados. En la actualidad tales vínculos apenas se han investigado, pero los estudios preliminares que el investigador británico Paul Bennet llevó a cabo en diez círculos de piedras del norte de Inglaterra han revelado que dos tipos de alucinógenos naturales crecen cerca de cada uno de los lugares. Podría ser una indicación de la clase de alucinógenos que en su tiempo se usaban en los círculos. Si nuevos exámenes botánicos corroboran esta pauta, podría ser significativo, toda vez que los pueblos tradicionales trataban estas plantas como si tuvieran su propia sensibilidad. El espíritu de la planta, hongo, cacto o lo que fuera podría aparecer en una visión a la persona que tomara la sustancia. Se solicitaría el permiso del espíritu de la planta antes de usar el alucinógeno y se trataría con veneración el lugar donde crecieran estas cosas. Así pues, bien puede que la ubicación de ciertos tipos de lugar estuviera relacionada con la botánica local.

Por esta razón, puede decirse que sólo los alucinógenos naturales y específicos de un lugar son instrumentos apropiados para el cambio mental en el contexto que se considera en el presente capítulo. Sin embargo, este método de alcanzar estados alterados no puede recomendarse aquí porque la utilización de tales sustancias en el actual clima cultural es ilegal en la mayoría de los casos, a la vez que la selección de alucinógenos naturales podría ser peligrosísima, posiblemente letal, sin la ayuda de un experto que asegurase la identificación y la dosificación correctas de las diversas plantas, hongos, etcétera.

Poca duda cabe de que de todos los métodos de producir estados alterados que acabamos de mencionar los sueños son los más prácticos y eficaces. Es probable que dos tipos de lugar sean los más apropiados para este método: las piedras magnéticas en los círculos de piedras –o los afloramientos de roca en lugares de poder naturales– y los pozos sagrados antiguos.

En un círculo de piedras, la piedra magnética (si la hay) puede identificarse[37] por medio de la utilización cuidadosa de una brújula llena de líquido. Este proceso requiere más tiempo si se utiliza en un pico o en un afloramiento de roca que las leyendas locales o los indígenas supervivientes consideren que es sagrado. Durante el período de sueño la cabeza debe tocar realmente la piedra magnética. En algunos casos, como mencionábamos en el capítulo 4, a la piedra o al afloramiento se le puede dar forma de asiento tosco que permita sentarse en él de forma natural o tumbarse cómodamente.

Que dormir tocando con la cabeza una «piedra de poder» puede producir estados alterados (sueños especiales) se indica, por supuesto, en el relato bíblico de Jacob (capítulo 1). De modo parecido, en el templo sintoísta de Usa, en el Japón, el emperador solía incubar sueños mientras dormía en un lecho de incubación llamado *kamudoko*, que estaba hecho de piedra pulimentada. Hay numerosas asociaciones de «piedras de poder» especiales con la condición de rey o reina. Quizá el ejemplo más conocido sea la Piedra de Scone que se coloca en la Silla de la Coronación en la abadía de Westminster; los monarcas británicos son coronados sobre ella. De hecho, se dice que la Piedra de Scone es la piedra sobre la que Jacob tuvo su sueño.

El problema especial del nuevo chamán es cómo integrarse o comunicarse con el campo de la Tierra, el *anima mundi*. Del mismo modo que un paciente en un templo de curación invocaría a un dios que se apareciese en el sueño curativo, el moderno chamán necesita invocar calladamente, poderosamente, a la Tierra Diosa, la mismísima Gaia, y confiar luego en el proceso que sigue en un estado de ensueño en un antiguo lugar sagrado. Una guía de ondas es un instrumento que sirve para encauzar energía electromagnética en una frecuencia dada. Podemos utilizar el término de modo menos técnico, pero con el mismo sentido general aquí para sugerir que la piedra o zona magnética podría hacer las veces de guía de ondas para la conciencia soñadora, para permitir una sintonización muy precisa con el campo de la Tierra. El magnetismo de la roca puede influir en el hipocampo, que es sensible al electromagnetismo además de ser el rasgo del cerebro asociado con los sueños. La técnica de retención de estado cruzado tendrá que desarrollarse por medio de la práctica, para que el sueño especial pueda recordarse claramente y, de hecho, registrarse. Puede ser que los puntos más significativos del ciclo de sueño sean los momentos antes de que se empiece a dormir de pleno, el estado hipnagógico, y los momentos situados entre el sueño y la vigilia total. Típicamente, estas dos fases producen ráfagas breves y súbitas de material visionario; fisiológicamente son cuando el cerebro está produciendo ritmos en las frecuencias theta y alfa baja, que, como señalábamos en el capítulo 3, son las mismas que las de algunas ondas de frecuencia bajísima. Así pues, cabe que en estos estados clave, en estos umbrales, resuenen en uno los ritmos mundiales y también cabe que sean los momentos en que se abra el cauce de la conciencia que lleva al campo de la Tierra, afinado por el contacto físico con la piedra magnética, que tiene un extremo empotrado en el suelo y el otro sobresaliendo como una antena.

Algunos pozos santos parecen provocar un estado de somnolencia, como mencionábamos brevemente en el capítulo 4. Por ejemplo, en el notable y solitario pozo santo que hay en Sancreed, Cornualles, Devereux ha presenciado como todo un grupo de unas quince personas se volvía lánguido o se dormía. La zona inmediata que rodea la cámara de granito subterránea que encierra las aguas cristalinas del pozo da el tipo de lecturas altas en el contador Geiger que se asocian con muchas partes de Cornualles (es interesante constatar que se obtienen lecturas parecidas en algunas partes de Nuevo México donde hay muchas kivas indias) y la superficie del agua dentro de la cámara da lecturas muy altas. También Steele ha experimentado un efecto similar en un manantial ligeramente radiactivo con asociaciones legendarias que hay en North Bimini, en el Caribe; después de beber y bañarse allí, él y sus colegas fueron vencidos por el sueño. (En el agua había también otras sustancias químicas que afectan a la mente.) Otros casos de esta clase inducen a pensar que la radiación natural intensificada puede producir cierto estado de somnolencia (y, por ende, frecuencias de ritmo cerebral equivalentes a frecuencias bajísimas).[38]

Puede que la radiación ionizante natural sea sólo un factor en el efecto indudablemente tranquilizador que se experimenta en casi todos los pozos sagrados que permanecen intactos; en tales lugares te encuentras cerca de una poderosa masa de agua subterránea y eso en sí mismo puede tener campos que surten un efecto.

Los antiguos pozos y manantiales santos tienen vinculaciones tradicionales con el espíritu de la Tierra, y generalmente esto se nota de forma casi palpable en tales lugares; son lugares verdaderamente sagrados. Sería una grosera violación celebrar rituales o ceremonias ruidosos, o incluso físicamente enérgicos, en estos lugares. Soñar es ideal para tales lugares; si los sueños de la Tierra pueden tenerse en alguna parte, es en estas aguas sagradas. Beba el agua del manantial o pozo, luego encójase y duérmase cerca del punto de salida, después de invocar al *anima mundi*. En estos lugares, más que en cualquier otra parte, es apropiado imaginar el espíritu de la Tierra como una figura de diosa, porque, como dice J. C. Cooper, las aguas sagradas tradicionalmente son «símbolos de la Gran Madre y se asocian con el nacimiento, el principio femenino, el útero universal, la *prima materia*, las aguas de la fertilidad y el refresco y la fuente de la vida».[39]

En este sentido, es interesante señalar que muchos, si no todos, de los casos más fidedignos de visiones marianas, las supuestas apariciones de la Virgen María, han ocurrido en lugares asociados con el agua. En Lourdes, en 1858, vieron a Bernadette Soubirous, en uno de los episodios visionarios, recogiendo tierra de la gruta y metiéndosela en la boca hasta sentir náuseas. Siguió haciéndolo hasta que encontró barro en vez de tierra, entonces comió algunas hojas de una planta que había cerca de allí. Los que la observaban quedaron intrigados, hasta que de la tierra removida brotó un manantial. En dos días salían unos sesenta y ocho litros de agua diarios, y esta agua se convirtió en el «agua de Lourdes», famosa por sus propiedades curativas. Bernadette explicó que la Virgen de la visión (que nadie más que ella vio) le había señalado el suelo a la vez que decía: «Ve y bebe en el manantial y lávate en él». Al encontrar la zona de barro, le había ordenado: «Ve y come esa planta que hay allí».[40] (Sería interesante averiguar si las hojas tenían propiedades alucinógenas.) La gruta también estaba situada cerca de una corriente de agua. Al parecer fue un acontecimiento dependiente del factor geográfico en que una persona entró en comunicación directa, en interacción, con el campo de la Tierra y obtuvo información específica.

Otro ejemplo de la relación entre el agua y las visiones marianas nos llega de La Salette, Francia. En septiembre de 1846 una niña y un niño observaron una luz brillante cerca de un arroyo que discurría por una ladera rocosa. Vieron «una señora bajo la luz» que, después de comunicarse con los niños (haciendo profecías específicas de importancia local que luego fueron corroboradas), se disolvió lentamente de la cabeza para abajo dejando sólo «una luminosidad en el aire» que pronto se desvaneció. No sólo se apareció la Virgen junto a un arroyo, sino que después de la visión se formó otro arroyo a partir de un manantial «que empezó a manar a destiempo». El arroyo adquiriría fama de tener propiedades curativas. Quizá no deje de ser importante el hecho de que los niños hubieran dormido antes de la visión, que se produjo a primera hora de la tarde, después de que comieran pan de centeno. El centeno puede verse afectado por el llamado cornezuelo del centeno, que es un parásito muy alucinógeno que vive en la planta y que de vez en cuando iba a parar al pan. ¡En un caso, «colocó» a todos los habitantes de un pueblo francés!

La «Santísima Virgen», a la que se asocia con el manantial vivo, la fuente cerrada y el mar es, por supuesto, una versión cristianizada de la Gran Madre, la Madre Diosa: Gaia.

También hay que tener en cuenta que la identificación de la Virgen María en lo que han pasado a ser visiones marianas aceptadas es discutible. En Lourdes, por ejemplo, al principio Bernadette afirmó que había visto algo blanco y que lo había interpretado como la figura de una mujer o una muchacha. En aquellos momentos se refería a ello diciendo «esa cosa». De hecho, el primer rumor que circuló por la comarca decía que se trataba del fantasma de una chica local que había muerto recientemente. Hasta algún tiempo después no cuajó la idea de que era la Virgen María. Tampoco los niños de La Salette identificaron a «la señora» que habían visto bajo la luz. De vez en cuando se ven formas blancas cerca de los pozos y, sobre todo en los países no católicos, normalmente se considera que se trata de fantasmas. La mayoría de las figuras espectrales que se ven en estos episodios son femeninas y en el folclore es frecuente llamarlas fantasmas «de la Dama Blanca».

Columnas gaseosas, levemente luminosas –que a menudo interpretan como figuras unos testigos que generalmente están asustados y tratan de poner la mayor distancia posible entre ellos y los fenómenos–, suelen denunciarse con frecuencia coincidiendo con brotes de fenómenos lumínicos del tipo que llamamos «luces terrestres» (véase el capítulo 4) y es muy posible que tengan que ver con factores geológicos tales como fallas que experimentan alguna tensión tectónica, como, al parecer, ocurre con las luces mismas.[41] Desde luego, hay casos en que se han visto fenómenos lumínicos en pozos (que, por supuesto, frecuentemente estaban asociados con fallas) y a veces se ha hablado tanto de luces como de «fantasmas» en los pozos santos. En 1973 un caso clásico fue denunciado por el párroco y otros testigos en Saint Mary's, Willesden, en el norte de Londres. La iglesia se fundó en el siglo X y fue importante centro de peregrinaje en la Edad Media, después de que la Virgen se apareciera e hiciese brotar un manantial. En el incidente de 1973 apareció dentro de la capilla un curioso fulgor dorado que no proyectaba sombra.

Evidentemente, los pozos y manantiales santos son los lugares muy especiales de la Diosa, el *anima mundi*, donde se ven visiones y tienden a aparecer ciertas clases de fenómenos. Asimismo, tradicionalmente se les asocia con los sueños. Francis Hitching ha escrito que en Grecia más de trescientos centros médicos primitivos, donde los pacientes experimentaban sueños curativos, se hallaban situados en fuentes de agua.[42]

Mientras que las aguas sagradas son el tipo perfecto de lugar para los sueños del campo de la Tierra, los recintos megalíticos como los dólmenes y los *fogous* son menos apropiados. En el capítulo 4 afirmábamos que los recintos de esta clase, si estaban hechos de granito o situados en un tipo de geología apropiado, pueden convertirse en cámaras de radiación natural concentrada. Empiezan a encontrarse indicios de que las personas que entran en tales campos tienden a experimentar «lapsos temporales», en los cuales personas, objetos o escenas aparecen momentáneamente con un realismo total. Aunque semejante entorno parece muy propicio para sintonizar con el campo de la Tierra que se postula, toda vez que proporciona un trampolín para la experiencia de cambio mental, el probable chamán necesita escoger un estado alterado en el cual sea consciente. La única clase apropiada de sueño en esta situación serían los sueños lúcidos. Un sueño lúcido es cuando una persona cobra conciencia dentro de un sueño; para ello se necesita cierta preparación, pero no es excepcionalmente difícil. Es una manera de alcanzar experiencias extracorpóreas y también las usan los ocultistas para acceder a otros niveles de conciencia (podríamos decir que a otras frecuencias del campo) y para adquirir un gran control de sus capacidades imaginativas.

También se ha mencionado que un tipo de fenómeno lumínico hasta ahora desconocido lo han observado personas dignas de confianza en el interior de dólmenes, *fogous* y lugares por el estilo. Este fenómeno suele aparecer bajo la forma de puntitos de luz blanca y espirales o franjas de luz suave que se mueven sobre la superficie de granito. Los efectos lumínicos de este tipo podrían ser el resultado de la intensificación de la radiactividad de fondo en los espacios cerrados; puede tratarse de una forma poco conocida de electromagnetismo. Sin embargo, hay algunos datos (no publicados) que inducen a pensar en la posibilidad de que se trata de una forma totalmente nueva de energía. Sin duda los antiguos constructores de megalitos conocerían este fenómeno y considerarían que las luces eran una manifestación de algún espíritu. Tenemos que preguntarnos: ¿cómo aparecen estas luces cuando se observan al hallarse uno en un estado alterado de la conciencia? Es muy posible que sean un elemento vinculante muy eficaz con el campo de la Tierra una vez hayamos aprendido a usarlas.

Luces del mundo

La clase de labor «de vinculación» que hemos descrito en líneas generales sólo puede llevarla a cabo un individuo o, preferiblemente, un reducido grupo de personas que con el tiempo haga descubrimientos que puedan aplicarse en un nivel mucho más amplio. Hay, con todo, un aspecto de energía primordial en el paisaje, un aspecto con el que cabe que estén relacionados algunos lugares sagrados antiguos, que ya está preparado para aplicarle el método de la «gran ciencia». Esta energía son los fenómenos lumínicos que la Tierra saca de su cuerpo. Como hemos señalado, estas «luces terrestres» frecuentan terrenos específicos: la geología con fallas, los picos y riscos de las montañas, las masas de agua y las regiones donde hay yacimientos de minerales.

En Estados Unidos se han identificado más de cien regiones donde aparecen luces de éstas. Llamadas con frecuencia «luces fantasmales», algunas son decididamente percepciones erróneas de los faros de coches lejanos, pero otras son indudablemente auténticas. En los alrededores de Marfa, en el sudoeste de Texas, por ejemplo, se han registrado con regularidad fenómenos lumínicos centrados en las montañas Chinati desde la primera crónica por escrito que de ellas hizo el colonizador blanco llamado Robert Ellison en 1883. Ellison creyó que lo que veía eran las hogueras de un lejano campamento apache; hasta que las luces empezaron a moverse de un lado para otro. Las luces brincan sobre la pradera. Los geólogos las han perseguido de cerca en jeeps, la gente las ha visto desde las carreteras de la región y se han tomado fotografías de ellas. Típicamente tienen el tamaño de una «pelota de béisbol» (como la mayor de las luces terrestres que se observan en todo el mundo) y son blancas, amarillentas o anaranjadas. Tienden a ejecutar acrobacias aéreas y tienen una naturaleza juguetona, casi de gatito, lo cual es típico del comportamiento de estas luces en todas partes. Al igual que todas las luces terrestres, pueden nacer repentinamente, así como cambiar de forma, fundirse unas con otras o dividirse en luces más pequeñas. O bien «se apagan» de pronto o poco a poco.

Otros lugares de Estados Unidos donde se han observado estas luces son Brown Mountain y Maco Station, en Carolina del Norte. Desde alrededor de 1908 ha habido discusiones en torno a la naturaleza de las luces de Brown Mountain, pero las últimas investigaciones sugieren que al menos un núcleo de los fenómenos observados en el lugar, donde hay fallas, corresponde al tipo de luz terrestre. Sólo una luz se observó en Maco Station durante el decenio de 1860, pero en 1873 se le unió otra en sus regulares paseos nocturnos. Ambas desaparecieron después de un terremoto en 1886 y transcurrió algún tiempo antes de que en el lugar volviera a verse una luz.

Dale Kaczmarek, investigador de fantasmas con base en Chicago, ha puesto punto final a por lo menos un caso de luces fantasma, al probar que eran una refracción de faros lejanos, pero afirma que una bola de luz que aparece a menudo cerca de Joplin, Missouri, es real. La ha fotografiado (igual que han hecho otros) y la han visto de cerca y también con gemelos. La describe como un «objeto con forma de diamante, de color dorado y con el centro hueco. De hecho, a través de él podían verse los árboles y los arbustos... La zona donde la luz estaba hace un segundo seguía mostrando cierta clase de luminosidad o fosforescencia. La zona despedía chispas de energía». Luces relacionadas con el terreno se han visto en otras partes de Missouri, en Oklahoma, Virginia, Colorado, Utah, California, Alaska, en los estados de Nueva York y Washington y en otras muchas zonas de Estados Unidos. Un grupo de investigación norteamericano, el llamado Vestigia, afirma que casi todos los lugares donde se sabe que aparecen luces fantasmales se encuentran sobre o cerca de líneas de fallas.

Parece ser que la primera asociación entre luces anómalas y fallas la hizo el investigador francés F. Lagarde en los años sesenta, aunque el famoso coleccionista norteamericano de anomalías Charles Fort había reparado en la curiosa coincidencia entre algunos terremotos y la aparición de extraños fenómenos lumínicos en el aire hacia principios de siglo; asimismo, el geocientífico italiano I. Galli había registrado la aparición de luces coincidentes con terremotos incluso antes.

Actualmente, en los círculos científicos se acepta que la Tierra puede producir luces extrañas en asociación con algunos terremotos (luces de terremoto o EQLs) y también en conjunción con algunas tormentas eléctricas (bolas relámpago). Las luces de terremoto se parecen a las bolas, los efectos de resplandor y las columnas de luz que se ven de vez en cuando alrededor de ciertas montañas, riscos y promontorios. A veces las llaman «descargas de pico de montaña» y hasta el momento no tienen explicación; y, si bien poseen algunas características eléctricas, tienen otras propiedades (tales como la capacidad de cruzar pantallas metálicas sin producir una descarga) que son nuevas y que cuesta explicar ateniéndose a las leyes del electromagnetismo. Son una prueba clara de que la naturaleza puede producir cuerpos móviles de luz, cuerpos multicolores y de formas variadas. Estos fenómenos son parientes cercanos de las luces terrestres y la principal distinción entre las dos cosas estriba en que los fenómenos relacionados con el terreno no aparecen sólo en conjunción con un terremoto o tempestad de truenos.

El profesor Michael Persinger ha sugerido[43] que la fuente de energía que produce el fenómeno tipo luces terrestres puede ser la tensión tectónica de bajo nivel que hay en ciertos puntos dentro de la corteza de la Tierra. Puede que campos de esta tensión crucen ciertas regiones durante el leve doblamiento de la geología local en ciertos momentos. Esto puede provocar un terremoto de intensidad pequeña o mediana en los puntos donde la corteza cede un poco –típicamente en las fallas–, pero en partes más resistentes de la geología se forman poderosos campos electromagnéticos, que a veces dan por resultado la manifestación de fenómenos lumínicos. Los mecanismos exactos por medio de los cuales tiene lugar todo esto todavía no se conocen y cabe que queden por descubrir campos totalmente nuevos de la geofísica. Persinger equipara el efecto con uno que se observa en la meteorología: la energía que normalmente se halla dispersa en la atmósfera produce suaves brisas y vientos, pero, dadas ciertas circunstancias, esa misma energía puede transformarse en el terrible vórtice de fuerza que llamamos tornado. Rasgos típicos de las zonas de luz terrestre son las fallas, los yacimientos de menas y las masas de agua (desde hace tiempo se observa que las luces revolotean alrededor de lagos, embalses y a veces corrientes de agua y cascadas). A menudo son lugares que tienen un historial de actividad sísmica moderada.

Persinger y John Derr, del US Geological Survey, han comprobado que esta teoría la corroboran los estudios detallados de determinadas zonas tales como la reserva de indios yakimas, en el estado de Washington. En los años setenta hubo rachas de fenómenos lumínicos[44] en la reserva bajo la forma de bolas de luz ígnea, efectos de resplandor y destellos y curiosas nubes luminiscentes. También eran frecuentes los ruidos sordos bajo tierra. Las luces fueron bien observadas por múltiples testigos y también se tomaron fotografías. Los fenómenos tendían a congregarse alrededor de Toppenish Ridge, cordillera de múltiples fallas que cruza serpenteando la reserva. Además, la reserva yakima se encuentra en el flanco oriental de las montañas Cascadas, cerca de donde Kenneth Arnold vio sus famosos «discos volantes» en 1947 y despertó el interés por los «platillos volantes» y los OVNI. (Por cierto que Arnold nunca pensó que sus discos fueran extraterrestres.) Las Cascadas son de gran importancia geológica. Se encuentran en el margen de placas tectónicas –grandes lajas de la corteza de la Tierra que flotan sobre magma semiderretido– que son propensas a la actividad sísmica. Así lo demostró la erupción del monte Saint Helens en 1980.

Otra región que estudiaron Persinger y Derr fue Uinta Basin, en el nordeste de Utah. Esta zona experimentó una «psicosis de OVNI» también en los años setenta. Una vez más se vieron bolas y ovoides de luz, y globos que parecían tener un lustre metálico se observaron a la luz del día. Derr y Persinger llevaron a cabo sus estudios en 1985[45] y encontraron indicios convincentes de la veracidad de la hipótesis relativa a la tensión tectónica.

En Gran Bretaña y en Escandinavia se han encontrado indicios parecidos. En Gran Bretaña se localizaron zonas de luz terrestre en algunas partes de la cadena Penina, alrededor de Burton Dassett, Warwickshire, alrededor de Helpston, Cambridgeshire, en Dartmoor, Devon, en algunas regiones de Gales, en lagos específicos de Escocia y en otros muchos lugares bien definidos. En la cadena Penina un pequeño grupo de investigación llamado Project Pennine, a cuya cabeza estaban David Clarke y Andy Roberts, ha encontrado casos notables de fenómenos que ocurren en las mismas regiones desde hace generaciones. Se han observado bolas de luz en repetidas ocasiones y a veces, en un valle con fallas llamado Longdendale, en el que hay una cadena de embalses, ¡se ilumina toda la ladera de un promontorio! Se ha observado que la temperatura baja mucho coincidiendo con este último efecto lumínico. Los escasos habitantes de la cadena Penina son reacios a hablar de los fenómenos, pero es claro que los padres y los abuelos de los actuales agricultores y pastores también vieron las luces y que éstas despertaban en ellos un fuerte sentimiento de superstición y temor. Leyendas, topónimos y tradiciones también reflejan la existencia de luces en las zonas que se sabe que son afectadas por los fenómenos.

En una de estas zonas, los agrestes páramos de los alrededores de Grassington, en Yorkshire, muchos agentes de policía han visto las luces durante sus patrullas nocturnas y se han tomado algunas fotografías extraordinarias. Clarke y Roberts han podido mostrar correlaciones entre los fenómenos lumínicos, las fallas y la actividad sísmica. En Gales, Devereux y sus colegas también han podido detectar correlación entre ciertas zonas de luz terrestre y parecidos factores geológicos, y en Escocia siete de los ocho lagos donde se producen fenómenos lumínicos se encuentran sobre fallas importantes, mientras que el octavo se ve afectado por fallas menores, de índole local. El material británico incluye los relatos de numerosos testigos presenciales que vieron luces surgidas directamente del suelo.

En Noruega, el remoto valle de Hessdalen, cerca de la frontera con Suecia, experimentó un tremendo brote de luces a principios de los años ochenta (también hay pruebas de la aparición menos frecuente de fenómenos así en los años anteriores y posteriores). Un equipo de investigadores noruegos y suecos especializados en OVNI arrostró las inclemencias del invierno para fotografiar, observar visualmente y registrar con instrumentos los fenómenos lumínicos mientras éstos se producían. Existen ahora varios cientos de fotografías de los fenómenos de Hessdalen. En el valle hay fallas, actividad sísmica de bajo nivel y notables yacimientos de minerales. En Suecia se ha hecho una labor excelente, entre la que destaca la realizada por Dan Mattsson, y se han identificado varias «ventanas» de actividad de fenómenos lumínicos.[46, 47] También en Suecia se ha comprobado la correlación entre la actividad sísmica, los yacimientos de menas de hierro y de otro tipo y las fallas.

Los investigadores han encontrado parecidas zonas de luces terrestres o ventanas en todo el mundo. (El lector encontrará documentación completa de todos los lugares que se mencionan en el presente capítulo, así como de muchos más, en *Earth lights revelation*,[48] que también contiene detalles de las investigaciones y otros datos.) En muchos países hay ciertas zonas de valles, montañas, colinas, praderas, desiertos o páramos donde a lo largo de prolongados períodos aparecen silenciosa y esporádicamente luces curiosas que surgen del suelo y se elevan en el aire o chisporrotean y se disuelven. Fenómenos de esta clase se producen constantemente en algún lugar de la Tierra. De vez en cuando se registra un súbito incremento de la actividad en uno de estos lugares, o durante unos días, semanas o meses aparece fugazmente un nuevo fenómeno y entonces tenemos una «psicosis de OVNI».

Recientemente se ha sugerido que la idea moderna de que estas cosas son extraterrestres puede ser sencillamente sintomática de la dolencia moderna, la ceguera de la Tierra, que de tantas formas se manifiesta. Hasta después de la segunda guerra mundial no se asociaron estas luces con fuentes extraterrestres, lo cual coincidió significativamente con nuestra propia etapa de desarrollo tecnológico. Antes de ese momento, las coordenadas eran diferentes y encontramos interpretaciones que hablan de aviones extranjeros desconocidos, tecnología misteriosa del enemigo (durante los períodos de guerra), aeronaves, meteoros extraños, espíritus, portentos, señales de Dios, etcétera, según el período a que nos remontemos. Una de las interpretaciones más duraderas afirmaba que las luces eran dragones que surgían de cavernas profundas de la tierra y volaban por los aires expulsando su ígneo aliento. Esta explicación se discutió desde, como mínimo, el siglo XIII, momento en que Alberto Magno consideró que la idea de los dragones era «imposible»; según él, las misteriosas luces ígneas eran «vapores» que ardían en el aire, expulsando un humo que la «gente ignorante» confundía con alas de dragones. En 1590, según Christopher Hill, se pensó que el luminoso dragón volador era en realidad un «gas encendido». Pero todavía en 1792 los campesinos que vieron unas curiosas luces aéreas sobre una parte de Escocia creyeron que se trataba de dragones, según el diario de un clérigo del lugar.

Hoy día, las personas tienden o bien a no creer ni pizca en las luces –punto de vista subjetivo que el hecho de no haber visto ninguna intensifica mucho– o a considerar que son naves procedentes del espacio exterior. Estas actitudes polarizadas han obstaculizado irremisiblemente el estudio de este notable fenómeno energético. El punto de vista de los escépticos tiene cierta justificación; la mayoría de los OVNI que la gente dice haber visto son objetos vulgares que se han confundido con naves espaciales, simples engaños o fruto de problemas psicosociales de personas que subconscientemente se forjan la fantasía de que ven un OVNI o experimentan un encuentro más complejo. Pero no está justificado que se rechace totalmente el fenómeno, sobre todo ahora que se han identificado lugares específicos donde hay una gran incidencia de fenómenos lumínicos.

Mientras que las visitas de naves extraterrestres pueden ser verdad o no serlo, las luces terrestres existen indudablemente. Pero tres aspectos de las luces impiden que los partidarios de las explicaciones basadas en los OVNI acepten el origen terrestre de los fenómenos. Uno de ellos es que en algunas ocasiones se ve como las luces aéreas recorren cierta distancia sobre el paisaje (estas ocasiones son más raras de lo que podría pensarse). En realidad, se sabe que las luces terrestres también lo hacen. Por poner un ejemplo, en abril de 1905, cerca de Llangollen, Gales, tres párrocos que se encontraban en un acueducto sobre el río Dee (cerca de la falla del Acueducto) vieron que unas bolas de luz azules y blancas salían del suelo; la mayoría de las bolas titilaron y «reventaron pavorosamente», pero unas cuantas se estabilizaron, se hicieron más brillantes y siguieron volando hasta perderse de vista.

Una segunda preocupación de los partidarios de las naves espaciales es que la idea de la luz terrestre no explica los «discos diurnos» aparentemente hechos de metal. El setenta por ciento o más de todas las noticias sobre OVNI se refieren, de hecho, a fenómenos lumínicos solamente; muy pocas de ellas hablan de objetos metálicos. Pero la naturaleza de la energía que forma las luces bien podría parecer metálica a la luz diurna; el plasma, por ejemplo, puede adquirir la falsa apariencia de lustre metálico cuando se ve a la luz del día. Asimismo, pueden producirse efectos refractivos entre un medio suspendido en algo y este algo, sea lo que sea: las burbujas de aire en el agua, por ejemplo, parecen tener una superficie plateada.

Finalmente, tenemos los casos en que se habla de naves, entidades humanoides y secuestros. Estos casos constituyen una minoría reducidísima, pero, debido a sus aspectos sensacionalistas, la prensa habla mucho de ellos. John Keel, investigador norteamericano de los OVNI, sin embargo, observó hace mucho tiempo que todos los objetos con aspecto de nave que se ven muestran, en alguna u otra etapa, características que no son sólidas.

Persinger ha publicado un trabajo[49] sobre los efectos que la proximidad de un fenómeno lumínico podría surtir en el funcionamiento del cerebro de un testigo. Suponiendo que haya alguna forma de campo electromagnético alrededor de las luces, o quizá en el lugar inmediato, coincidiendo con la aparición de las mismas, Persinger hace uso de los efectos clínicos que se sabe que tales campos tienen en las regiones de los lóbulos temporales del cerebro (entre las que está el hipocampo). Todos los efectos referentes a testigos de encuentros –pérdida de la noción del tiempo (es decir, por supuesto, amnesia), visiones notables (mientras el individuo se encuentra en estado de vigilia consciente), voces exteriorizadas, sensaciones corporales (especialmente alrededor de la zona genital en ciertas condiciones de campo), e incluso sensaciones de «flotación» (muchos secuestrados dicen que les hacen «flotar» hacia la nave espacial)– pueden reproducirse experimentalmente. La interferencia electromagnética de la región del hipocampo también puede crear pequeñas distorsiones en el recuerdo recobrado, tanto después como justo antes del trastorno propiamente dicho. La condición electroquímica natural del cerebro de un testigo también será un factor determinante en su respuesta a los campos que rodeen una luminosidad. La existencia de este material clínico, experimental, virtualmente la desconocen los críticos del origen terrestre de los fenómenos lumínicos. Otra pista convincente en el sentido de que los testigos de encuentros de cerca en realidad han experimentado un estado alterado involuntario es la gran semejanza que existe entre las noticias que hablan de experiencias de secuestro y las que se refieren a episodios de salida del cuerpo y de casi muerte. Persinger cataloga la experiencia variable de cambios mentales de dichos testigos en orden creciente de proximidad a un fenómeno lumínico. El factor clave es que las luces pueden causar estados alterados.

Es posible que la capacidad productora de imágenes que tienen las luces también explique algunos casos de encuentros de cerca con «hadas». El famoso ocultista W. E. Butler dijo al escritor Mike Howard que una vez, cuando él y su esposa estaban paseando en Hampshire, en el sur de Inglaterra, pasaron por donde había una piedra antigua. La esposa de Butler, que es médium natural, vio a un hada vigilando la piedra, mientras que Butler sólo vio una esfera de luz.

Algunos testigos se han acercado mucho a luces terrestres sin que, al parecer, sufrieran efectos perjudiciales, mientras que otros han padecido de amnesia grave e incluso quemaduras cutáneas. Puede que esta variabilidad tenga algo que ver con la frecuencia con que actúen las luces. Se ha observado una variabilidad parecida en el caso de las bolas de luz. No hay duda de que algunas luces terrestres han chamuscado o quemado la vegetación alrededor del lugar donde aparecieron.

Como hemos visto, las luces terrestres se han visto siempre a través de los filtros conceptuales que predominan en la época de que se trate, y las modernas ideas sobre extraterrestres no son peores (pero tampoco mejores) que muchas de sus predecesoras. Sin embargo, no hay razón por la cual los que sientan la necesidad de aferrarse al concepto extraterrestre no puedan apreciar al mismo tiempo la importancia de los fenómenos lumínicos relacionados con el terreno.

Las sociedades tradicionales nunca han dudado que las luces sean terrestres, aunque a veces del orden que AE denominó «sobrenaturaleza». Los indios americanos de la región de las Cascadas, los snohomish, afirman que las luces son puertas para entrar en el «otro mundo». Algunos de los indios yakimas, cuya reserva fue escenario de numerosos fenómenos lumínicos en los años setenta, como hemos visto antes, manifestaron al investigador Bill Rudersdorf que las luces –su número, color, dirección de vuelo, etcétera– se usan para la adivinación, del mismo modo que los augures etruscos utilizaban el vuelo de los pájaros. En California algunos indios tienen una tradición relativa a una bola de luz llamada la «comedora de espíritus»: no era prudente acercarse demasiado a ella. Existe una tradición parecida alrededor de Darjeeling, en la India, donde se cree que las luces son los faroles de los *chota-admis* u «hombrecillos». Acercarse excesivamente a ellas puede provocar enfermedad o muerte. En Malaysia las llaman *pennangal*: cabezas espectrales, incorpóreas. A comienzos de siglo, un funcionario del gobierno británico vio como estas luces jugueteaban alrededor de una colina llamada Changkat Asah durante una noche entera. En la colina también había una roca que a veces se iluminaba; la gente del lugar la llamaba *bilek hantu*, es decir, «habitación de espíritu». Las *pennangal* volaban a poca distancia del suelo, subían perezosamente en el aire hasta alcanzar grandes alturas y también volaban como flechas y se precipitaban. El funcionario dijo que eran redondas por delante y levemente ahusadas por detrás. Se trata de una típica forma «de renacuajo», objeto frecuente de los comentarios de los testigos en todo el mundo. Los japoneses tenían espíritus luminosos de forma parecida, los llamados *shito-darma*. En Hawai, existen los *Akualele*: los espíritus o dioses voladores. Los aborígenes australianos tienen sus luces Min Min, que ellos consideran los

211

espíritus de los antepasados o de brujos malvados. Algunas tribus esquimales creen que las luces las mandan magos malévolos. Los lapones creían que eran las armas de chamanes rivales (y decían más o menos lo mismo de la aurora boreal). Los indios penobscotes también opinaban que las luces podían ser los espíritus de chamanes, pero a veces podían ser *eskuda'hit*, es decir, «seres de fuego».

En la vieja Europa el folclore revela que las luces podían verse como augurios (generalmente de muerte), espíritus de los muertos, o, especialmente en Alemania y Dinamarca, «luces de tesoro», esto es, globos de luz que señalaban la ubicación de riquezas ocultas. Puede que esto venga de la tradición que comentábamos en el capítulo 4 en el sentido de que las luces que se ciernen sobre el suelo o brotan de él señalaban el lugar donde había vetas importantes de metal. Esta creencia minera estaba muy extendida y llegaba a Gran Bretaña, donde se ha observado que antiguas minas de plomo figuran con frecuencia en las noticias sobre bolas de luz que se dan actualmente.

Si las luces aparecen en zonas específicas debido a alguna asociación de factores geológicos existentes en tales lugares, cabría esperar que pudiera probarse la existencia de tales luces en el laboratorio. A decir verdad, no cabe duda de que se observan luces raras en varios experimentos cuando se ejerce presión sobre muestras de roca o cuando estas muestras se rompen, lo cual representa en pequeña escala lo que sucede en el cuerpo real de la Tierra. Por ejemplo, durante experimentos con trozos de granito en una máquina que aplastaba piedras, Devereux vio bolas de luz anaranjadas, neblinas resplandecientes y, en una ocasión, una lucecita azul, centelleante, que describía con precisión curvas geométricas en el espacio.

A la luz de la creencia tradicional de que la vida nació de la Tierra, un ensayo publicado en *Nature* en el año 1986[50] reviste gran interés. En él se describe como Brian Brady, del US Bureau of Mines, junto con Glen Rowell, llevó a cabo unos cuantos experimentos consistentes en triturar rocas utilizando intensificadores de imágenes, así como espectroscopios. Observaron luces que podían explicarse, así como fenómenos lumínicos que no eran tan fáciles de identificar. Las luces aparecían en el aire, en condiciones próximas al vacío, en gases seleccionados y... bajo el agua. Brady y Rowell detectaron cambios químicos en el agua causados por los fenómenos lumínicos y ello les indujo a insinuar que podía haber otro aspirante energético a la biogénesis, los orígenes de la vida en la Tierra. Las teorías actuales sugieren que los magmas precámbricos recibieron energías de relámpagos que provocaron la formación de cadenas de aminoácidos, o que formas bacterianas tal vez arribaron a la Tierra a bordo de fragmentos de meteoro o de cometa. Si las sospechas de Brady y Rowell son correctas, entonces sería el cuerpo mismo de la Tierra, las rocas, el que dio a luz la vida. Desde el punto de vista mítico, esta teoría es la que más satisface. Lejos de ser extraterrestres, cabe que las luces sean nuestras propias luces antecesoras.

En el capítulo 4 afirmábamos que se ha comprobado que en Gran Bretaña ciertos lugares antiguos ocupan paisajes con las mismas características geológicas que producen luces terrestres. Desde luego, se han observado luces que jugueteaban alrededor de círculos de piedras y en otros tipos de lugares antiguos y sagrados de diversas partes del mundo.[51] Por poner sólo unos cuantos ejemplos, se vieron bolas de luz blanca jugueteando sobre el círculo de piedras de Castlerigg en el Distrito de los Lagos de Inglaterra en 1919; en Irlanda a las luces que se ven sobre colinas prehistóricas con terraplenes las llaman «luces de hadas»; los fenómenos luminosos que se producían alrededor de los sitios que se usaban para enterrar a los muertos recibían de los vikingos el nombre de *haugeldir*; se han visto bolas de luz describiendo círculos alrededor de templos del Himalaya; en el pico más meridional de Wu-tai Shan, en China, se construyó un templo especialmente para contemplar los fenómenos lumínicos; y se han detectado bolas de luz y anomalías magnéticas entre las misteriosas líneas de las pampas en Nazca, en el Perú. Asimismo, muchas de las colinas y montañas santas que hay repartidas por el mundo –el monte Shasta en California, por ejemplo, y Glastonbury Tor en Inglaterra– producen luces extrañas.

Aunque es indudable que en la manifestación de luces terrestres intervienen factores geofísicos, los fenómenos no son sencillamente «bolas de electricidad». Es cierto que poseen algunas características electromagnéticas, pero también otras que son exóticas y extraordinarias. Parecen revolotear sobre el borde mismo de la realidad física normal. Mientras los testigos presenciales seguían la trayectoria de una luz sobre Hessdalen, por ejemplo, la señal de radar se encendió y apagó rápidamente, aunque a simple vista la luz parecía ser continua. Se han dado casos de bolas de luz que pueden verse desde ciertos ángulos pero no desde otros. En un informe sobre una de las luces de la cadena Penina, el testigo, un agricultor, observó una luz anaranjada que se cernía sobre un arroyo y tuvo la impresión de que no ocupaba correctamente el espacio tridimensional. Las incontables noticias referentes a las formas y el comportamiento de los fenómenos lumínicos señalan hacia algo que está más allá de nuestra actual comprensión de la física.

Hay aspectos todavía más misteriosos. Es muy común que en una zona donde se produce una racha intensa de luces aparezcan diversos efectos psíquicos, tales como duendes. Este aspecto virtualmente no se ha investigado. Pero quizá la cualidad más notable de las luces, que es también la que encuentra más oposición, sea que algunas de ellas parecen demostrar inteligencia. A menudo parecen inquisitivas de un modo juguetón. Se acercan a las personas y dan vueltas alrededor de ellas. Con frecuencia los testigos tienen la impresión de que el fenómeno los observa. Dos geólogos que persiguieron dos luces de un extremo a otro de Mitchell Flat, cerca de Marfa, Texas, se llevaron la impresión de que las bolas luminosas jugaban al «tú la llevas» con ellos. En su estudio de los fenómenos de Uinta, el biólogo Frank Salisbury hizo constar que «muchos testigos tenían la impresión de que los OVNI reaccionaban a lo que ellos hacían o incluso a lo que pensaban... Las reacciones a los pensamientos serían difíciles de probar... No obstante, hay muchos casos en que algo que hizo el observador... provocó el rápido alejamiento del OVNI. Ésta parece ser una pauta claramente discernible».[52] Miembros del equipo de Hessdalen dijeron a Devereux que estaban convencidos de que cierto porcentaje de las luces que habían visto eran capaces de responder a pensamientos, comentarios en susurros entre miembros del equipo o gestos leves (tales como levantar una cámara). Exactamente de la misma manera, el doctor Harley Rutledge, que dirigió un equipo universitario encargado de estudiar una «psicosis» en Piedmont, Missouri, en los años setenta, sacó la impresión de que cierto porcentaje de las luces que vieron, y con frecuencia fotografiaron, reaccionaban a él y a los miembros de su equipo. A Rutledge le pareció que se creaba «una relación, una cognición» entre los observadores y las luces. «Se jugó a un juego.» Fue un aspecto que le «perturbó» y desde entonces había «pensado en ello todos los días».[53] El sargento de policía Tony Dodd, que ha visto muchas luces en los páramos que rodean Grassington, en Yorkshire, dijo a Devereux que él y algunos de sus colegas se habían percatado de que las luces se acercaban a los coches de policía si los agentes encendían el faro giratorio del techo. Las anécdotas de esta clase son legión.

Si no estamos dispuestos a aceptar que las luces albergan diminutos pilotos extraterrestres dotados de telepatía, o que son zánganos dirigidos telepáticamente desde alguna remota nave madre, tenemos que empezar a pensar que los fenómenos mismos son inteligentes o, como mínimo, sensibles a la conciencia. Quizá nos encontramos ante un tipo de energía que forma una vinculación directa con el campo de la Tierra, el *chi* del planeta, que es parte del campo de la conciencia en la misma medida en que también es parte de campos electromagnéticos.

En el contexto de la idea que se explora en el presente libro, parece seguro que una parte de la investigación consistiría en localizar tales luces y tratar de crear una interacción con ellas. Como hemos señalado, pueden verlas múltiples testigos, pueden fotografiarse y pueden dejar rastros físicos. Por estas razones son accesibles al método de la «gran ciencia» de un modo en que no lo son, todavía, a los otros campos de investigación que se sugieren en páginas anteriores. Por lo que sería una cifra irrisoria comparado con lo que normalmente cuesta financiar las investigaciones, sin duda sería posible probar a satisfacción de todos que estas luces verdaderamente existen.

Pero la ciencia oficial dice que las luces no existen, así que ¿para qué malgastar dinero en investigaciones inútiles? Al mismo tiempo, los expertos en OVNI discuten entre ellos sobre si los «OVNI» son sencillamente el fruto de efectos psicosociales o si proceden del espacio exterior, mientras que en los lugares donde ocurren fenómenos lumínicos con regularidad, la gente está demasiado avergonzada para hablar de ello con forasteros, trata el asunto como si fuera algo que debiera mantenerse en secreto o no le da ninguna importancia. Así que entre los científicos, los expertos en OVNI y los habitantes de los diversos lugares estas notabilísimas e inesperadas manifestaciones de nuestro planeta brillan con luz trémula y casi pasan desapercibidas.

«La tablilla imperecedera»

Puede que tengamos que esperar mejores tiempos para que este fenómeno, que quizá es una expresión real del campo mismo de la Tierra, lo estudie como es debido la ciencia oficial, pero debemos preguntarnos si tenemos tiempo para esperar.

Si queremos poner fin a la destrucción de nuestro planeta, nosotros –la generación actual– necesitamos averiguar pronto si la comunicación entre la conciencia humana y la planetaria es verdaderamente una posibilidad. Si se puede establecer contacto, y si puede ser un contacto consciente, una interacción, tendremos que aprender a interpretar la información que la Tierra misma nos dé. Sobre todo, puede que aprendamos a respetar nuestro planeta una vez más.

Aunque la ciencia oficial no quiera cooperar, debemos intentar con urgencia la creación de un nuevo chamanismo. No se trata de hacer castillos en el aire. En el momento de escribir esto, el Dragon Project Trust y un pequeño grupo de investigadores especializados en muchos campos del conocimiento ya han empezado a trabajar en un programa de investigación que se basa en los métodos tradicionales que usaban los pueblos antiguos, pero depurado por la comprensión y el lenguaje de disciplinas tales como la geofísica, la psicología, la biología y la física cuántica. En cierto sentido, esto concuerda con el sueño de AE, el sueño de que la memoria de la Tierra, «la tablilla imperecedera», sería objeto de una «preparación en la videncia» que conduciría a «una revolución en el conocimiento humano». El nuevo chamanismo será un chamanismo capaz de hablar a nuestro tiempo; el conocimiento mismo, la sabiduría, es perenne.

Dicho de forma muy sencilla: literalmente tenemos que sentarnos y hablar una vez más con este ser inmenso, la Tierra, al que casi hemos olvidado, al que casi no conocemos. La conversación girará en torno a los viejos tiempos y hacia dónde iremos desde aquí.

Notas

Capítulo 1

La Tierra olvidada

1. Andrija Puharich, *Beyond telepathy*, Doubleday, 1962. Véase el capítulo 5, «The memory capacity of objects».
2. J. Donald Hughes, *American Indian ecology*, Texas Western Press, 1983.
3. Citado de Stan Steiner, *The vanishing white man*, Harper and Row, 1976.
4. Citado de Dorothy Wit, ed., *The talking stone*, Greenwillow Books, 1979.
5. Lyall Watson, *Lightning bird*, Hodder and Stoughton, 1982.
6. J. Donald Hughes, *op. cit.*
7. Citado de Jerome Rothenberg, ed., *Shaking the pumpkin*, Doubleday, 1972.
8. Terence McKenna. Citado de la ponencia «Vision quest through sacred plants», presentada en la International Transpersonal Conference, 15 de octubre de 1988, Santa Rosa, California.
9. Lewis Thomas, «Debating the unknowable: when the scientific method won't work», *Proceedings of the Conference «Is the Earth a living organism?»* (1 al 6 de agosto de 1985) celebrada en la Universidad de Massachusetts, Amherst. Publicado por el National Audubon Society Expedition Institute, Sharon, Connecticut, 1985.
10. Lucien Levy-Bruhl, *Primitive mentality*, Macmillan, Nueva York, 1923.
11. Carl Jung. Comentario sobre «The secret of the golden flower» en *The Collected Works*, vol. 13, Bollingen Series XX, Pantheon Books, 1962.
12. Citado de Morris Opler, «Myths and tales of the Jicarilla Apache Indians», 1938. *Memoirs of the American Folklore Society*, vol. 31.
13. Ralph Metzner. Citado de la ponencia «Shamanism before and beyond history», presentada en la Ojai Foundation, California, 4 al 5 de octubre de 1988.
14. D. H. Lawrence, *Studies in classical American literature*, Thomas Seltzer, 1923.

15. Mircea Eliade, *Myths, dreams and mysteries*, Harper and Brothers, 1960.

16. Terence McKenna, *The invisible landscape*, Seabury Press, 1975.

17. Terence McKenna. Citado de la ponencia «Vision quest through sacred plants», *op. cit.*

18. Hans Peter Duerr, *Dreamtime*, Blackwell, 1985.

19. Citado de Stanley Breeden, «The first Australians», *National Geographic*, febrero 1988.

20. *Ibíd.*

21. Citado de Mircea Eliade, *Australian religions: an introduction*, Cornell University Press, 1973.

22. *Ibíd.*

23. Bruce Chatwin, *The songlines*, Penguin Books, Nueva York, 1987.

24. Laurens Van der Post, *The heart of the hunter*, W. Morrow, 1961.

25. *Ibíd.*

26. *Techqua Ikachi* (Tierra y vida), 1978, núm. 13, Hoteville, Arizona.

27. Benjamin Lee Whorf, *Language, thought and reality*, MIT Press, 1956.

28. J. Donald Hughes, *op. cit.*

29. Hugh Cochrane, *Gateway to oblivion*, W. H. Allen, 1981.

30. Joan Price, «The Earth is alive and running out of breath» en *ReVision*, invierno/primavera 1987.

31. Citado de Geary Hobson, ed., *The remembered Earth*, University of New Mexico Press, 1981.

32. Citado de J. Donald Hughes, *op. cit.*

33. Laurens Van der Post, *op. cit.*

34. J. Donald Hughes, *op. cit.*

35. *Ibíd.*

36. Nancy Zak, «Sacred and legendary women of native America: their relationship to Earth Mother», en *Proceedings of the Conference «Is the Earth a living organism?»*, *op. cit.*

37. Barbara Walker, *The women's encyclopedia of myths and secrets*, Harper and Row, 1983.

38. Merlin Stone, *When God was a woman*, Harvest Brace and Jovanovich, 1976.

39. Marija Gimbutas. Citado de la ponencia «Ancient Goddesses-faces of the feminine», presentada el 8 de noviembre de 1985 en la Ojai Foundation, California.

40. *Ibíd.*

41. Marija Gimbutas. Citado de la ponencia «The Earth Fertility Goddess of old Europe», *Dialogues D'Histoire Ancienne*, núm. 13, 1987.

42. *Ibíd.*

43. Michael Dames, *The Silbury treasure: the great Goddess rediscovered*, Thames and Hudson, 1976.

44. Marija Gimbutas, «The gift of the Goddess returning», presentada en mayo de 1985 en la Ojai Foundation, California.

45. Marija Gimbutas, comunicación personal, enero de 1989.

46. Gertrude Rachel Levy, *The gate of horn*, Faber and Faber, 1948.

47. Mircea Eliade, *Myths, dreams and mysteries*, *op. cit.*

48. Marija Gimbutas, «The Earth fertility Goddess old Europe», *op. cit.*

49. Marija Gimbutas, «The three waves of the Kurgan people into old Europe, 4500-2500 BC», *Archives Suisse D'Anthropologies Generale*, vol. 43, núm. 2, 1979.

50. *Ibíd.*

51. *Ibíd.*

52. Riane Eisler, *The chalice and the blade*, Harper and Row, 1987.

53. Barbara Walker, *op. cit.*

54. Eleanor Gadon, «Sacred places of India». Ponencia presentada en el simposio «Spirit of Place», Universidad de California, David, 8 al 11 de septiembre de 1988.

55. Gregory Bateson, *Mind and nature*, Dutton, 1979.

56. Ajit Mookerjee, *Kali*, Destiny Books, 1988.

57. *Ibíd.*

58. *Ibíd.*

59. Federico García Lorca, «Teoría y juego del duende», conferencia.

60. Citado de J. A. Kopp, «The present status of scientific research on soil radiations», *Transactions of the Swiss Society of Science*, 1970.

61. Reverendo E. J. Eitel, *Feng Shui*, Cokaygne Press, 1973.

62. Merlin Stone, *op. cit.*

63. E. A. E. Reymond, *The mythical origin of the Egyptian temple*, 1969, Manchester University Press, Barnes and Noble, Nueva York.

64. *Ibíd.*

65. *Ibíd.*

66. *Ibíd.*

67. *Ibíd.*

68. *Ibíd.*

69. *Ibíd.*

70. Richard Grossinger, ed., «Alchemy: pre-Egyptian legacy, millennial promise», en *The Alchemical tradition in the late twentieth century*, North Atlantic Books, 1983.

71. Marija Gimbutas, comunicación personal, febrero de 1989.

72. Citado en Richard Grossinger, *op. cit.*

73. Richard Grossinger, *ibíd.*

74. Harry y Maurice Simon Sperling, traductores, *The Zohar*, Tol'Doth, vol. 2, Soncino Press, 1984.

75. Citado en Mircea Eliade, *Cosmos and history*, Garland Pub., 1985.

76. Barbara Walker, *op. cit.*

77. Daniel Matt. Citado de la ponencia «The Shekinah» presentada en la conferencia «The Goddess and the living Earth», abril de 1988, California Institute of Integral Studies, San Francisco.

78. M. Berman, *The re-enchantment of the world*, Bantam Books, 1984.

79. Doctor J. H. Hertz, ed., Éxodo III, 5. Citado en *The Pentateuch and Haftorahs*, Soncino Press, 1971.

80. Conocido también por el Monte de la Mirra o el Monte del Temor de Dios, el mismo lugar donde Abraham se dispuso a sacrificar a su hijo Isaac.

81. Rabino Moshe Weissman, «Vayaitzay», en *The Midrash says*, Benei Yakov Publications, 1980. Según la tradición oral de la Tora, Jacob realmente se durmió sobre doce escalones a guisa de almohada, y cada piedra

exclamaba: «¡Quiero que el *tzaddik* (hombre santo) repose su cabeza sobre mí!». Durante la noche todas las piedras pequeñas se fundieron para formar una única piedra grande.

82. Doctor J. H. Hertz, *op. cit.* Génesis, 28, 17.

83. G. S. Kirk y J. E. Raven, Theogony, 116, en *The Presocratic philosophers*, Cambridge University Press, 1960.

84. Hugh G. Evelyn-White, traductor, *Homeric hymns*, The Loeb-Classical Library, 1914.

85. Riane Eisler, *op. cit.*

86. G. S. Kirk y J. E. Raven, *op. cit.*

87. John Precope, *Hippocrates on diet and hygiene*, Zeno, 1952.

88. G. S. Kirk y J. E. Raven, *op. cit.*

89. Platón, *Timaeus*, 30D. Citado de J. Donald Hughes, «Man and Gaia, a classical view», *The Ecologist*. vol. 13, núm. 2/3, 1983.

90. Platón, *Philebus*, 29A-30A. Citado de J. Donald Hughes, *ibíd.*

91. Platón, *Laws*. Citado de J. Donald Hughes, «History of the spirit of place in the West», ponencia presentada en el simposio «The Spirit of Place», *op. cit.*

92. *Republic*, 414E. Citado de J. Donald Hughes, «Mother Gaia, an ancient view of Earth», *Omnibus* (Londres), núm. 8, noviembre de 1984.

93. J. Donald Hughes, «History of the spirit of place in the West», *op. cit.*

94. J. Donald Hughes, «Mother Gaia, an ancient view of Earth», *op. cit.*

95. Barbara Walker, *op. cit.*

96. H. J. Rose, *Religion in Greece and Rome*, Harper and Brothers, 1959.

97. *Ibíd.*

98. *Ibíd.*

99. Dolores LaChapelle, «Sacred land, sacred sex», en M. Tobias, ed., *Deep ecology*, Avant Books, 1984.

100. George Talland, *Deranged memory*, Academic Press, 1965.

101. Plutarco, *On the decline of oracles*, 419B-420A, Loeb Classical Library, vol. 5, Heinemann, 1936.

Capítulo 2

Un cambio de mente

1. Véanse, Arthur Evans, *The God of ecstacy. Sex roles and the madness of Dionysos*, St. Martin's Press, 1988; Elaine Pagels, *The Gnostic Gospels*, Vintage, 1981; George E. Mylonos, *Eleusis and the Eleusian mysteries*, Princeton University, 1961, apéndice; Franz Cumont, *The oriental religions in Roman paganism*, Dover, 1956.

2. Agustín, *Concerning the city of God against the pagans*, traducción de Henry Bettenson, David Knowles, ed., Penguin Books, Nueva York, 1981.

3. *Ibíd.*; Matthew Fox, O. P., «Creation-centered spirituality from Hildegard of Bingen to Julian of Norwich. 300 years of an ecological spirituality in the West», en *Cry of the environment*, Joranson y Bukigan, eds., Bear

and Co., 1984; Etienne Gilson, *History of Christian philosophy in the Middle Ages*, Random House, 1955.

4. *Phoneix fire mysteries. An East-West dialogue on death and rebirth...* Compilación y edición a cargo de Joseph Head y S. L. Cranston, Crown, 1977.

5. Leslie V. Grinsell, *Folklore of prehistoric sites in Britain*, David and Charles, 1976; John Michell, *The view over Atlantis*, Sago Press, 1969; Keith Thomas, *Religion and the decline of magic*, Scribner's Sons, 1971.

6. Leslie V. Grinsell, *op. cit.*

7. Se encuentran todavía ejemplos en el siglo XIX (y probablemente en el siglo en curso). Véanse Hans Peter Duerr, *Dreamtime*, Blackwell, 1985; Janet y Colin Bord, *Earth rites. Fertility practices in preindustrial Britain*, Granada, 1982; Leslie V. Grinsell, *op. cit.*; William Borlase, *Antiquities, historical and monumental of the county of Cornwall*, Londres, 1769.

8. *Meditations with Hildegard of Bingen*, traducción de Gabriele Uhlein, OSF, Bear and Co., 1983.

9. Hildegardis, *Scivias*, citado en Matthew Fox, *op. cit.*

10. Hans Peter Duerr, *op. cit.*

11. Citado en Daniel J. Boorstin, *The discoverers*, Vintage, 1985.

12. Joan Evans, *Magical jewels of the Middle Ages and the Renaissance, particularly in England* (Oxford, 1922), edición Dover, 1976.

13. Diversas fuentes han sido útiles, por ejemplo: Jacques Sodoul, *Alchemists and gold*, traducción de Olga Sieveking, G. P. Putnam's Sons, 1972; A. Cockren, *Alchemy rediscovered and restored*, Mokelumne Hill, California, Health Research, reimpresión 1963; C. A. Burland, *The arts of the alchemists*, Widenfeld and Nicolson, 1967; Stanislas Klossowski de Rola, *Alchemy the secret art*, Bounty Books, 1973; F. Sherwood Taylor, *The alchemists*, Collier, 1962; Titus Burkhardt, *Science of the cosmos, science of the soul*, Penguin Books, 1971; John Reed, *Through alchemy to chemistry, a procession of ideas and personalities*, Harper and Row, 1963; Mircea Eliade, *The forge and the crucible*, traducción de Stephen Corrin, Harper and Row, 1962; Morris Berman, *The re-enchantment of the world*, Cornell University Press, 1981; Allen G. Debus, *The English Paracelsians*, Oldbourne Book Co. Ltd., 1965. Véanse también Allen G. Debus, *The chemical dream of the Renaissance*, W. Heffer and Sons Ltd., Cambridge, 1968; Elias Ashmole, ed., *Theatrum chemicum britannicum...* (1652), Allen G. Debus, ed., reimpresión Johnson Reprint Corp., 1967; Carolyn Merchant, *The death of nature. Women, ecology and the Scientific Revolution*, Harper and Row, 1980.

14. George Economou, *The Goddess Natura in medieval literature*, Harvard University Press, 1972.

15. He contraído una gran deuda de gratitud con Anne Brannen tanto por llamarme la atención sobre este texto como por su interpretación del mismo. La obra se encuentra en *Middle English literature*, Charles W. Dunn y Edward T. Byrnes, eds., Harcourt Brace Jovanovich Inc., 1973.

16. Janet y Colin Bord, *op. cit.*

17. Brian Branston, *The lost gods of England*, Oxford University Press, Nueva York, 1974.

18. Reverendo Richard Warner, *Antiquitates culinariae or curious tracts*

relating to the culinary affairs of the old English, Londres, 1791. Véase también Janet y Colin Bord, *op. cit.*

19. Janet y Colin Bord, *op. cit.*; Brian Branston, *op. cit.*

20. Eugene F. Rice, Jr., *The foundations of Early Modern Europe*, Norton and Co., 1970.

21. Véanse Carolyn Merchant, *op. cit.*; Edwin Arthur Burtt, *The metaphysical foundation of modern physical science*, Doubleday Anchor Books, 1954; E. J. Dijksterhuis, *The mechanization of the world picture*, traducción de C. Dikshoorn, Clarendon Press, 1961.

22. Mis descripciones de la agitación en la campiña inglesa y de las diversas clases marginales deben mucho a Christopher Hill, *The world turned upside down. Radical ideas during the English revolution*, Viking Press, 1972. También a B. R. Burg, *Sodomy and the perception of evil: English sea rovers in the seventeenth century Caribbean*, New York University Press, 1983. Doy las gracias a Sean McShee por esta referencia.

23. Christopher Hill, *op. cit.*; Carolyn Merchant, *op. cit.*

24. *Ibíd.*; doctor George Rosen, *The history of miner's diseases. A medical and social interpretation*, Schuman's, 1943.

25. Mis comentarios sobre la minería del carbón se inspiran en el clásico J. U. Nef, *The rise of the British coal industry*, 2 vols., Londres, 1932. Véase también George Rosen, *op. cit.*

26. J. U. Nef, *op. cit.*; George Rosen, *op. cit.*

27. Véanse J. U. Nef, *op. cit.*, y George Rosen, *op. cit.*

28. Mircea Eliade, *op. cit.*

29. Janet y Colin Bord, *op. cit.*

30. Morris Berman, *op. cit.*; George Rosen, *op. cit.*

31. Christopher Hill, *op. cit.*

32. Citado en Carolyn Merchant, *op. cit.*

33. Georg Agrícola, *De re metallica*, edición Dover, 1950.

34. Eugene F. Rice, *op. cit.*; Carolyn Merchant, *op. cit.*

35. Samuel Mintz, *Sweetness and power, the place of sugar in modern history*, Penguin Books, Nueva York, 1986.

36. Carolyn Merchant, *op. cit.*; Christopher Hill, *op. cit.*

37. Christopher Hill, *op. cit.*

38. Janet y Colin Bord, *op. cit.*

39. Allen G. Debus, *The chemical dream*, *op. cit.*; Keith Thomas, *op. cit.*; Christopher Hill, *op. cit.*

40. Christopher Hill, *op. cit.*; Margaret Bailey, *Milton and Jakob Boehme, a study of German mysticism in seventeenth century England*, Oxford University Press, Nueva York, 1914; Keith Thomas, *op. cit.*

41. P. M. Rattansi, «Paracelsus and the Puritan revolution», *Ambix*, 11, 1963.

42. David Kubrin, en su artículo «Newton's inside out! Magic, class struggle, and the rise of mechanisms in the West», en Harry Woolf, ed., *The analytical spirit, essays on the history of science in honor of Henry Guerlac*, Cornell University Press, 1981, comenta con mayor detalle por qué existía esta coincidencia parcial. Véase también Winthrop S. Hudson, «Mystical religion in the Puritan Commonwealth», *Journal of Religion*, 28, 1948. La cita de Vaughan procede de (Thoma) S. (Vaugha) N.,

Aula Lucis, or the House of Light, Londres, 1652. La pretensión de que existió una apreciación anterior de la lógica «dialéctica» la han recibido con escepticismo algunos estudiosos, pero la han sugerido varios marxistas y ex marxistas. Véase, por ejemplo, Joseph Needham y Ling Wang, *Science and civilization in China*, Cambridge, 1956; Christopher Hill, *op. cit.* y David Kubrin, «How Sir Isaac Newton helped restore law'n'order to the West» (distribuido privadamente), un ejemplar del cual se encuentra en la biblioteca del Congreso de EE.UU. También A. L. Morton, *The everlasting gospel. Study in the sources of William Blake*, Lawrence and Wishart, 1958; Carolyn Merchant, *op. cit.* Véase también Mao Tse Tung, «On contradiction», *Selected reading from the works of Mao Tse Tung*, Pekín, 1967.

43. Christopher Hill, *op. cit.*

44. Esta expresión la usó el profesor Allison Coudert. Véase Christopher Hill, *op. cit.*

45. Janet y Colin Bord, *op. cit.*

46. «Earth Mother, Worship of», New Catholic Encyclopedia, vol. 5, McGraw-Hill, 1967-1979; Arthur Evans, *op. cit.*; Hans Peter Duerr, *op. cit.*

47. Joan Evans, *op. cit.*

48. Barbara Shapiro, *John Wilkins 1614-1672, an intellectual biography*, University of California Press, 1969; John Wilkins, *Vindicaiae Academiarum*, Oxford, 1654; P. M. Rattansi, *op. cit.*; Morris Berman, *op. cit.*; Robert Lenoble, *Mersenne ou la naissance du mechanisme*, Librairie Philosophique, J. Vrin, 1943; Nina Rattner Gelbart, «The intellectual development of Walter Charleton», *Ambix*, 18, 1971; Carolyn Merchant, *op. cit.*

49. *The crisis in Europe 1560-1660*, Trevor Aston, ed., Routledge and Kegan Paul, 1965.

50. John Keill, *An introduction to natural philosophy*, Oxford, 1740.

51. Thomas Sprat, *History of the Royal Society of London for the Improvement of Natural Knowledge* (Londres, 1667), reimpresión, Jackson I. Cope y Harold W. Jones, eds., Universidad de Washington, 1958.

52. Para el período de la guerra civil, véase R. Trevor Davies, *Four centuries of witch beliefs. With special reference to the great rebellion*, Methuen, 1972.

53. Para las brujas aristocráticas y siete reyes que practicaban la «antigua religión», véase Eric Ericson, *The world, the flesh, the devil. A biographical dictionary of witches*, Mayflower Books, 1981; véase también Peter Burke, *Popular culture in Early Modern Europe*, T. Smith, 1978.

54. Peter Burke, *op. cit.*; Carlo Ginzburg, *The night battles, witchcraft & agrarian cults in the sixteenth & seventeenth centuries*, Penguin Books, 1985; Monica y Barbara Mor Sjoo, *The great cosmic mother. Rediscovering the religion of the Earth*, Harper and Row, 1987.

55. Como han señalado varios historiadores, los manicomios no se fundaron hasta el siglo XVIII.

56. Wendell Berry, *The unsettling of America. Culture and agriculture*, Avon Books, 1978.

57. *Ibíd.*

58. Peter Burke, *op. cit.*; compárese Hans Peter Duerr, *op. cit.*, p. 60.

223

59. Compárese el comentario de Peter Burke en el sentido de que algunos protestantes eran contrarios a la idea misma de la festividad (*op. cit.*).

60. *Ibíd.* Compárese Henry More, *Enthusiasmus Triumphatus; or a brief discourse of the nature, kinds, and cure of enthusiasm* (Londres, 1656), reimpresión William Andrew Clarke, Los Ángeles, 1966.

61. *Ibíd.*

62. *Ibíd.*; Max Beloff, *Public order and popular disturbances, 1660-1714*, Oxford, 1938.

63. Peter Burke, *op. cit.*

64. W. A. Shaw, *A history of the English church during the Civil War and under the Commonwealth 1640-1660*, vol. 1, Longman, Green and Co., 1900.

65. John Michell, *The old stones at Land's End, an enquiry into the mysteries of the megalithic science*, Pentacle Books, 1979, citando a Borlase. También, comunicación particular de John Michell. Otras piedras tuvieron un fin violento en el siglo XVII. Véase, por ejemplo, Leslie V.Grinsell, *op. cit.*

66. Doctor William Stukely, *Abury, a temple of the British druids...*, Londres, 1743.

67. La mejor biografía de Newton es la de Richard S. Westfall, *Never at rest. A biography of Isaac Newton*, Cambridge University Press, 1980. Sobre la atracción y la repulsión que le inspiraba el cartesianismo, véase especialmente Alexandre Koyre, *Newtonian studies*, Chapman and Hall, 1965.

68. Esto se encuentra en sus *Questiones quaedam Philosophiae*, Cambridge University Library, Ms. Add 3996, fol. 85-135. Hay un estudio del cuaderno en Richard S. Westfall, «The foundations of Newton's Philosophy of nature», *British Journal for the History of Science*, 1, 1962; A. R. Hall, «Sir Isaac Newton's notebook, 1661-65», *Cambridge Historical Journal*, 9, 1948. El cuaderno propiamente dicho se publicó hace poco, comentado, con el título *Certain philosophical questions. Newton's Trinity notebook*, J. E. McGuire y Martin Tammy, eds., Cambridge University Press, 1983.

69. Isaac Newton, *De gravitatione*, en Marie Boas Hall y A. R. Hall, eds., *Unpublished scientific papers of Isaac Newton*, Cambridge University Press, 1962.

70. Los conceptos biológicos de Newton los comenta Henry Guerlac en «Theological voluntarism and biological analogies in Newton's physical thought», *Journal of the History of Ideas*, 44, 1983. Los comentarios sobre la alquimia de Newton se inspiran en la biografía de Richard S. Westfall, *op. cit.*; Betty Jo Teeter Dobbs, *The foundations of Newton's alchemy, or, The hunting of the green lyon*, Cambridge, 1975; y P. M. Rattansi, «Newton's alchemical studies», en *Science, medicine and society in the Renaissance, Essays to honor Walter Pagel*, Allen G. Debus, ed., Nueva York, 1972, vol. 2. *The vegetation of metals* se encuentra en Bundy Ms 16.

71. Esta distinción, aunque a veces se utiliza terminología diferente, fue una preocupación central de Newton durante toda su carrera.

72. Bundy Ms 16. Véase también *The correspondence of Isaac Newton*, edición de H. W. Turnbull y otros, Cambridge University Press, 1959, vol. I. Henry More destacó la necesidad de nutrimento de los astros, que Newton también afirmó, como doctrina de Paracelso. (Henry More, *op. cit.*)

73. Richard S. Westfall, *op. cit.*

74. *Ibíd.*

75. Citado en *ibíd.*, p. 371. Compárese p. 363.

76. *Ibíd.*

77. Cambridge University Library, Ms. 3970, fols. 619-620.

78. Estas alusiones se encuentran en todas las *Queries* de la *Optica* y en el famoso Scholium General de los *Principia*, así como en lugares dispersos de los manuscritos no publicados.

79. Los comentarios sobre el cambio del concepto newtoniano de las cualidades de la materia se inspiran en J. E. McGuire, «The origin of Newton's doctrine of essential qualities», *Centaurus*, 12, 1968.

80. La cosmogonía de Hooke en relación con Newton es el tema que trata David Kubrin en «"Such an impertinently litigious lady", Hooke's "Great pretending" vs. Newton's *Principia* & Newton's and Halley's theory of comets», en *On the shoulders of giants*, Norman Thrower, ed., University of California Press, 1990.

81. David Kubrin se ha ocupado de la cosmogonía oculta de Newton en su «Newton and the cyclical cosmos: providence and the mechanical philosophy», *Journal of the History of Ideas*, 28, 1967, y en su conferencia de Cornell «Providence and the mechanical philosophy. The creation and dissolution of the world in Newtonian thought. A study of the relations of science and religion in seventeenth century England», Ithaca, 1968. Véase Isaac Newton, *Opticks or A treatise of the reflections, refractions, inflections & colours of light*, Dover, 1952.

82. Los comentarios sobre Toland se inspiran en Margaret C. Jacob, «John Toland and the Newtonian ideology», *Journal of the Warburg and Courtauld Institutes*, 22, 1969.

83. Janet y Colin Bord, *op. cit.* Véase también Thomas Hall, *Funebria Florae, The downfall of May games; wherein is set forth the rudeness, prophaneness, stealing, drinking, fighting, dancing, whoring, misrule, misspence of precious time...*, Londres, 1661.

84. Richard S. Westfall, *Never at rest, op. cit.*

85. *Ibíd.* Hubo correspondencia entre Locke y Newton, tras la muerte de Boyle, relativa a la porción que cada uno de ellos tenía de las recetas alquímicas secretas de Boyle; véase Isaac Newton, *Correspondence*.

86. Hans Peter Duerr, *op. cit.*

Capítulo 3

Tierra entera

1. G. L. Playfair y S. Hill, *The cycles of heaven* (1978), Avon, 1979.

2. Peter Tompkins y Christopher Bird, *The secret life of plants* (1973, 1974), Penguin Books, 1975.

3. Richard B. Frankel, «Magnetic guidance of organisms», *Ann, Rev. Biophys. Bioeng.*, 1984.

4. Michel Gauquelin, *The cosmic clocks* (1967), Granada, 1973.

5. Robin Baker, ed., *The mystery of migration*, Macdonald Futura, 1980.

6. Robert O. Becker y Gary Selden, *The body electric*, William Morrow, 1985.

7. Christopher Bird, *Divining* (1979), Macdonald y Jane, 1980.

8. James B. Breal, «The new biotechnology», *Frontiers of consciousness*, John White, ed., Avon, 1974.

9. Michael Shallis, *The electric shock book*, Souvenir Press, 1988.

10. Robert O. Becker y Gary Selden, *op. cit.*

11. Guy Lyon Playfair y Scott Hill, *op. cit.*

12. C. Maxwell Cade y Nona Coxhead, *The awakened mind* (1979), Element, 1987.

13. Robert O. Becker y Gady Selden, *op. cit.*

14. Lyall Watson, *Earthworks*, Hodder and Stoughton, 1986.

15. Rupert Sheldrake, *The presence of the past*, Collins, 1988.

16. Robert O. Becker y Gary Selden, *op. cit.*

17. Lyall Watson, *Supernature* (1973), Coronet, 1974.

18. Rupert Sheldrake, *op. cit.*

19. Rupert Sheldrake, *op. cit.*

20. Que incluyen, entre otros:

G. B. Schaut y M. A. Persinger, «Global geomagnetic activity during spontaneous paranormal experiences: a replication», *Perceptual and Motor Skills*, 61, 1985.

M. A. Persinger, «Geomagnetic factors in subjective telepathic, precognitive and postmortem experiences», *Journal* de la American Society of Psychic Research (ASPR), 82, julio de 1988.

21. M. A. Persinger, «Spontaneous telepathic experience from "Phantasms of the living" and low global geomagnetic activity», *Journal* de la ASPR, 81, enero de 1987.

22. M. A. Persinger, «Subjective telepathic experiences, geomagnetic activity and the ELF hypotheses», *PSI Research*, junio de 1985.

23. T. J. Teyler y P. DiScenna, «The topological anatomy of the hippocampus: a clue to its function», *Brain Research Bulletin*, vol. 12, 1984.

24. M. A. Persinger, junio de 1985, *op. cit.*

25. Andrija Puharich, *Beyond telepathy* (1962), Picador, 1973.

26. Lyall Watson, 1973, *op. cit.*

27. Robert O. Becker y Gary Selden, *op. cit.*

Capítulo 4

Transmisiones de monumentos

1. Rina Swentzell, «An understated sacredness», *MASS*, Universidad de Nuevo México.

2. W. B. Crow, *A history of magic, witchcraft and occultism*, Aquarian Press, 1968.

3. Nigel Pennick y Paul Devereux, *Lines on the landscape*, Hale, 1989.

4. Colin Renfrew, *Before civilization*, Cape, 1973.

5. A. Thom, *Megalithic sites in Britain*, OUP, 1967.

6. José Argüelles, *The Mayan factor*, Bear, 1987.

7. John Michell, *Megalithomania*, Thames and Hudson, 1982.

8. Keith Critchlow, *Time stands still*, Gordon Fraser, 1979.

9. John Glover, «Paths of shadow and light», *The Ley Hunter*, 84, invierno de 1979.

10. Martin Brennan, *The stars and the stones*, Thames and Hudson, 1983.

11. E. C. Krupp, *Echoes of the ancient skies*, Harper and Row, 1983.

12. *Ibíd.*

13. John Glover, en *The Ley Hunter*, 94, otoño de 1982.

14. Helen Woodley, «Where stones touch the sky», *Meyn Mamvro*, 4.

15. *Field monuments in the national park*, Brecon Beacons National Park Committee, 1983.

16. Aubrey Burl, *Stone circles of the British Isles*, Yale, 1976.

17. Nigel Pennick y Paul Devereux, *op. cit.*

18. Chris Kincaid, ed., *Chaco Roads Project*, Phase I, U. S. Bureau of Land Management, Albuquerque, 1983.

19. Se comenta a fondo en *Lines on the landscape, op. cit.*

20. Pierre Méreaux y el equipo KADATH, *Carnac - une porte vers l'inconnu*, Laffont, 1981.

21. John Michell, *The view over Atlantis*, Sago Press, 1969.

22. Paul Devereux, *Earth lights*, Turnstone, 1982.

23. William Pryce, *Mineralogia Cornubriensis*, 1778.

24. Michael Persinger y Gyslaine Lafrenière, *Space-time transients and unusual events*, Nelson Hall, 1977. (Y numerosos artículos de Persinger en *Perceptual and Motor Skills*.)

25. Paul Devereux, *op. cit.*

26. P. Devereux, P. McCartney y D. Robins, «Bringing UFOs down to earth», *New Scientist*, 1 de septiembre de 1983.

27. J. S. Derr y M. A. Persinger, «Luminous phenomena and earthquakes in southern Washington», *Experientia*, 42, 1986.

28. Paul Devereux, *Earth lights revelation*, Blandford, 1989. (Contiene una bibliografía extensa y actualizada sobre el tema y explica detalladamente la naturaleza del fenómeno y todos o la mayoría de los proyectos de investigación que hasta el momento han estudiado las luces.)

29. Paul Devereux, *Places of silence*, Blandford (en preparación).

30. *Ibíd.*

31. Don Robins, *Circles of silence*, Souvenir, 1985.

32. The Dragon Project Trust, Box 5, Brecon, Powys, Gales, Reino Unido.

33. Francis Hitching, *Earth magic*, Cassell, 1976.

34. Charles Brooker, «Magnetism and the standing stones», *New Scientist*, 13 de enero de 1983.

35. En una serie de artículos de Keith Stevenson (seudónimo: «Llowarch») en *The Cambrian News*.

36. Paul Devereux, *Places of power, op. cit.*

37. Pierre Méreaux, *op. cit.*

38. *Living with radiation*, NRPB, edición de 1981.

39. Don Robins, «The Dragon Project and the talking stones», *New Scientist*, 21 de octubre de 1982.

40. U. McL. Michie y D. C. Cooper, *Uranium in the old red sandstone of Orkney*, HMSO, 1979.

41. P. Lemesurier, *The Great Pyramid decoded*, Compton Press, 1977.

42. Se dan datos y cifras más completos en *Places of power*, *op. cit.*

43. Elizabeth Pepper y John Wilcock, *Magical and mystical sites* (1976), BCA, 1977.

44. John Barnatt, comentario personal (crónica completa en *Places of power*).

45. Brian Larkman, comentario personal (crónica completa en *Places of power*).

46. Jo May, comentario personal (crónica completa en *Places of power*).

47. «Radon mines», *Newsnight*, CNN, 22 de noviembre de 1987.

48. Marc Dem, *Mégalithes et routes secrètes de l'uranium*, Michel, 1977.

49. B. Merz, *Points of cosmic energy* (1983, 1985), C. W. Daniel, 1987.

50. J. G. Niehardt, *Black Elk speaks* (1932, 1959), Pocket Books, 1972.

51. Cynthia Newby Luce, «Brazilian spooklights», *Fortean Times*, 49, 1987, y en comunicación personal a Andy Roberts (director de *UFO Brigantia*), febrero de 1988, mostrada a Devereux.

Capítulo 5

Gaia otra vez

1. Michael Sayers, en entrevista con Paul Devereux, Nueva York, 1988.

2. G. W. Russell («AE»), «At the dawn of the Kaliyuga», *The Irish Theosophist*, octubre de 1983.

3. *Íd.*, «The awakening of the fires», *The Irish Theosophist*, enero-febrero de 1987.

4. Leslie Shepard, en la introducción a la edición de University Books (1965) de *The candle of vision*.

5. G. W. Russell («AE»), *Song and its fountains* (1932), en *The descent of gods – the mystical writings of G. W. Russell – AE*, Raghavan y Nandini Iyer, eds., Colin Smythe, 1988.

6. G. W. Russell («AE»), *The candle of vision* (1918), Colin Smythe, 1988.

7. *Ibíd.*

8. *Ibíd.*

9. *Ibíd.*

10. *Ibíd.*

11. *Song and its fountains*, *op. cit.*

12. *The candle of vision*, *op. cit.*

13. W. Y. Evans Wentz, *The fairy faith of Celtic countries* (1911), Colin Smythe, 1977.

14. *The candle of vision*, *op. cit.*

15. Whitley Strieber, *Communion*, Century Hutchinson, 1987.

16. Citado por Neville Braybrooke en «The vision of Teilhard de Char-

din», en *Teilhard de Chardin: pilgrim of the future*, N. Braybrooke, ed. (1964), Libra, 1965.

17. *Ibíd.*

18. *Ibíd.*

19. Pierre Teilhard de Chardin, *The phenomenon of man* (1955), Collins, 1959.

20. *Íd.*, *Human energy* (1962), Collins, 1969.

21. *Íd.* Charla en la embajada francesa en Pekín, 1945, citada en *The future of man* (1959), Fontana.

22. *Ibíd.*

23. *Ibíd.*

24. *The phenomenon of man*, *op. cit.*

25. Pierre Teilhard de Chardin en *Revue des Questions Scientifiques*, enero de 1947 (reimpresión en *The future of man*).

26. *Human energy*, *op. cit.*

27. *Ibíd.*

28. Pierre Teilhard de Chardin, 1947, reimpresión en *The future of man*.

29. Julian Huxley, en su introducción de 1958 a *The phenomenon of man*.

30. *The phenomenon of man*, *op. cit.*

31. Peter Russell, *The awakening Earth*, RKP, 1982.

32. J. E. Lovelock, «The independent practice of science», *CoEvolution Quarterly*, vol. 25, 1980.

33. *Time*, 2 de enero de 1989.

34. J. E. Lovelock, «Stand up for Gaia». (Transcripción de las Conferencias Schumacher 1988.) *Resurgence*, núm. 132, 1988.

35. *Ibíd.*

36. J. E. Lovelock, *The ages of Gaia*, W. W. Norton and Company, 1988.

37. Ed., «The evolving Gaia hypothesis», en *Proceedings of the Conference «Is the Earth a living organism?»* (1 al 6 de agosto de 1985) celebrada en la Universidad de Massachusetts, Amherst. Publicado por el National Audubon Expedition Institute, Sharon, Connecticut, 1985.

38. *Íd.*, «Gaia as seen through the atmosphere», *Atmospheric Environment*, 6, 1972.

39. *Íd.*, *Gaia: a new look at life on Earth*, Oxford University Press, 1979.

40. *Ibíd.*

41. *Ibíd.*

42. *Íd.*, 1988; debate en grupo en *GAIA, the thesis, the mechanisms and the implications*, P. Bunyard y E. Goldsmith, eds. Actas de la First Annual Camelford Conference on the Implications of the Gaia Hypothesis, Wadebridge Ecological Centre, Worthyvale Manor, Camelford, Cornualles.

43. *Íd.*, *The ages of Gaia*, *op. cit.*

44. *Ibíd.*

45. *Ibíd.*

46. J. Hutton, 1788. «Theory of the Earth; or an investigation of the laws observable in the composition, dissolution, and restoration of land upon the globe», *Royal Society of Edinburgh, Tr.*, 1. Citado en J. E. Lovelock «The Gaia hypothesis», en *GAIA, the thesis, the mechanisms and the implications*, *op. cit.*

47. J. E. Lovelock, *The ages of Gaia*, *op. cit.*

48. *Íd.*, «Geophysiology, the science of Gaia», presentado en la *American Geophysical Union Chapman Conference on the Gaia Hypothesis*, San Diego, California, marzo de 1988.

49. *Íd.*, «New views of the Earth», New Dimensions Foundation, entrevista en la radio, 10 de noviembre de 1988, San Francisco, California.

50. *Íd.*, *The ages of Gaia*, *op. cit.*

51. W. F. Doolittle, «Is nature really motherly?», *CoEvolution Quarterly*, vol. 29, 1981.

52. R. Dawkins, *The extended phenotype*, Freeman, 1982.

53. J. E. Lovelock, *The ages of Gaia*, *op. cit.*

54. *Ibíd.*

55. *Íd.*, debate en grupo sobre *GAIA, the thesis, the mechanisms and the implications*, *op. cit.*

56. *Íd.*, *The ages of Gaia*, *op. cit.*. En *New Scientist*, 18 de diciembre de 1986, Lovelock comentó que «Michael Whitfield, Andrew Watson y yo proponíamos que la desconcertante constancia de la temperatura de la Tierra desde que empezó la vida, a pesar de un incremento del 25 % en el "output" del Sol, era atribuible a la capacidad que tienen los organismos vivos de regular la cantidad de bióxido de carbono que hay en el aire. Al calentarse el Sol, los organismos eliminaban bióxido de carbono del aire con una eficiencia cada vez mayor, por lo que este gas es alrededor de mil veces menos abundante de lo que era al principio de la vida».

57. M. Lemonick, «Feeling the heat», *Time*, 2 de enero de 1989.

58. En 1961 Steele trabajó en calidad de ayudante de laboratorio en un proyecto de geoquímica atmosférica en el Scripps Institute of Oceanography de California, lugar de nacimiento de la teoría sobre el calentamiento producido por el «efecto invernadero». Steele medía el incremento de bióxido de carbono en el aire. Al entrevistarse con un periodista que visitó el laboratorio, Steele habló de la tendencia al calentamiento mundial y de la posibilidad de que los casquetes de hielo polar se derritieran. Sus superiores se enfadaron porque sus palabras alarmaron al periodista. Le dijeron que no volviera a decir nada sobre el asunto. Los tiempos han cambiado.

59. J. E. Lovelock, *The ages of Gaia*, *op. cit.*

60. *Íd.*, «Stand up for Gaia», *op. cit.*

61. *Íd.*, «New views of the Earth», *op. cit.*

62. *Íd.*, «Stand up for Gaia», *op. cit.*

63. *Íd.*, *The ages of Gaia*, *op. cit.*

64. *Íd.*, «New views of the Earth», *op. cit.*

65. L. Margulis, respuesta al artículo de Ford Doolittle titulado «Is nature really motherly?», *CoEvolution Quarterly*, vol. 29, 1981.

66. P. Boston, «Gaia: a new look at global ecology and evolution», presentado en la American Geophysical Union Chapman Conference on the Gaia Hypothesis, San Diego, California, marzo de 1988.

67. B. Swimme, *The universe is a green dragon*, Bear and Co., 1984. Citado en el ensayo de Thomas Berry titulado «Human presence to the Earth», en *Proceedings of the Conference «Is the Earth a living organism?»*, *op. cit.*

68. J. Swan, «Sacred places», *Shaman's drum*, invierno de 1986.
69. J. E. Lovelock, *The ages of Gaia*, *op. cit.*
70. *Íd.*, «New views of the Earth», *op. cit.*
71. *Íd.*, *The ages of Gaia*, *op. cit.* En la misma obra afirmó que «El verdadero conocimiento nunca puede obtenerse atribuyendo "propósito" a los fenómenos. Pero con la misma fuerza niego la idea de que los sistemas nunca sean más que la suma de sus partes».
72. *Ibíd.*
73. *Íd.*, «New views of the Earth», *op. cit.*
74. *Íd.*, *Gaia: a new look at life on Earth*, *op. cit.*
75. G. Bateson, «Pathologies of epistemology» (1972), *Steps to an ecology of mind*, Ballantine Books, 1974.
76. *Íd.*, «Form, substances and difference» (1972), *Steps to an ecology of mind*, *op. cit.*
77. La memoria del sistema dinámico es iluminada por lo que el teórico de los sistemas generales Eric Jantsch llamó «memoria de sistema holístico que aparece ya en el nivel de los sistemas de reacción química. El sistema "recuerda" las condiciones iniciales que hicieron que determinado fenómeno fuera posible, los comienzos de cada nueva estructura en su evolución no en detalles separables, sino en una secuencia de regímenes autoformativos holísticos». *The self-organizing universe*, Pergammon Press, 1980.
78. J. E. Lovelock, *The ages of Gaia*, *op. cit.*
79. *Ibíd.*
80. *Ibíd.*
81. *Ibíd.*
82. *Íd.*, *Gaia: a new look at life on Earth*, *op. cit.*
83. *Ibíd.*
84. G. Bateson, «Form, substance and difference», *op. cit.* Citado por Lovelock en *The ages of Gaia*, *op. cit.*

Capítulo 6

Hacia la mente de la Tierra

1. Peter Russell, *The awakening Earth*, RKP, 1982.
2. Timothy Leary, *Psychedelic prayers*, Poets Press, 1966.
3. Heinz R. Pagels, *The cosmic code* (1982), Bantam, 1983.
4. C. W. Smith, «High-sensitivity biosensor and weak environmental stimuli», *International Industrial Biotechnology*, abril-mayo de 1986.
5. Lyall Watson, *Supernature* (1973), Coronet, 1974.
6. Arnold Lieber, *The lunar effect* (1978), Corgi, 1979.
7. Stephen Skinner, *The living Earth manual of Feng Shui*, RKP, 1982.
8. H. E. Anderson y B. L. Reid, «Vicinal, long range and extremely long range effects on growth of sodium chloride crystals from aqueous solutions containig protein», *Applied Physics Communications*, 4 (2-3), 1984.
9. Raynor C. Johnson, *The light and the gate*, Hodder & Stoughton, 1964.

10. Itzhak Bentov, *Stalking the wild pendulum* (1977), Bantam, 1979.

11. J. T. Fraser, *Time – the familiar stranger*, 1987.

12. R. O. Becker y G. Selden, *The body electric*, William Morrow, 1985.

13. Véase, por ejemplo, Mircea Eliade, *Shamanism* (1951, 1964).

14. Lyall Watson, *Earthworks*, Hodder and Stoughton, 1986.

15. Michel Gauquelin, *The cosmic clocks* (1967), Granada, 1973.

16. Lyall Watson, 1986, *op. cit.*

17. J. Benveniste y otros, «Human basophil degranulation triggered by very dilute antiserum against IgE», *Nature*, 30 de junio de 1988.

18. J. Maddox, «When to believe the unbelievable», *ibíd.*

19. Michael Shallis, *The electric shock book*, Souvenir Press, 1988.

20. C. W. Smith, «Water – friend of foe?», *Laboratory Practice*, octubre de 1985.

21. Fred Alan Wolf, *Mind and the new physics* (1984), Heinemann, 1985.

22. Lyall Watson, 1986, *op. cit.*

23. Jerry Snider y Richard Daab, «The advocacy of Marcel Vogel», *Magical Blend*.

24. Chris Bird, «Latest from the front», *Journal* de la American Society of Dowsers, invierno de 1988.

25. Stephen Skinner, 1982, *op. cit.*

26. J. C. Cooper, *An illustrated encyclopaedia of traditional symbols*, Thames and Hudson, 1978.

27. K. Branigan, ed., *The atlas of archaeology*, Macdonald, 1982.

28. James Hersh, «Ancient Celtic incubation», *Sundance Community Dream Journal*, invierno de 1979.

29. Arlette Leroy-Gourham, «The flowers found with Shanidar IV, a Neanderthal burial in Iraq», *Science*, 7 de noviembre de 1975.

30. Doctor Paul Mankowicz mediante comunicación personal del profesor Bethe Hagens.

31. Jeff Gaines, citado por T. McKenna en *ReVision*, primavera de 1988.

32. Holger Kalweit, *Dreamtime and inner space*, Shambhala, 1988.

33. *Ibíd.*

34. Alberto Villoldo y Stanley Krippner, *Healing states*, Simon and Schuster, 1987.

35. Terence McKenna, «Hallucinogenic mushrooms and evolution», *ReVision*, vol. 10, 4, primavera de 1988.

36. Holger Kalweit, *op. cit.*

37. Paul Devereux, en *Places of power* (Blandford, Londres; en preparación), da detalles completos de los que se han identificado hasta el momento.

38. Véanse más comentarios sobre esto en *Places of power*, *op. cit.*

39. J. C. Cooper, 1978, *op. cit.*

40. Kevin McClure, *The evidence for visions of the Virgin Mary*, Aquarian Press, 1983.

41. Paul Devereux, *Earth lights revelation*, Blandford, 1989.

42. Francis Hitching, *The world atlas of mysteries*, Collins, 1978.

43. Michael Persinger y Gyslaine Lafrenière, *Space-time transients and unusual events*, Nelson-Hall, 1977. (También muchos ensayos desde los

años setenta hasta el presente escritos por Persinger y por Persinger y sus colaboradores, especialmente en *Perceptual and Motor Skills*.)

44. J. S. Derr y M. A. Persinger, «Luminous pehnomena and earthquakes in southern Washington», *Experientia*, 42, 1986.

45. M. A. Persinger y J. S. Derr, «Relations between UFO reports within the Uinta Basin and local seismicity», *Perceptual and Motor Skills*, 60, 1985.

46. Dan Mattsson, «UFOs in time and space», AFU, *Newsletter*, 27, 1985.

47. Dan Mattsson y M. A. Persinger, «Positive correlations between numbers of UFO reports and earthquake activity in Sweden», *Perceptual and Motor Skills*, 63, 1986.

48. *Earth lights revelation, op. cit.*

49. M. A. Persinger, «Clinical consequences of close proximity to UFO-related luminosities», *Perceptual and Motor Skills*, 56, 1983.

50. Brian T. Brady y Glen A. Rowell, «The laboratory investigation of the electrodynamics of rock fracture», *Nature*, 29 de mayo de 1986.

51. *Places of power, op. cit.*

52. Frank B. Salisbury, *The Utah UFO display*, Devin Adair, 1974.

53. Harley Rutledge, *Project identification*, Prentice Hall, 1981.

Índice

Colección Nueva Era

Títulos publicados

A. Gallotti

EL PODER MÁGICO DE LOS CRISTALES

Sus extraordinarias propiedades
energéticas y terapéuticas

Incluye un
CRISTAL DE
CUARZO

martínez roca

¡Libere las fuerzas benéficas de su cuerpo y mente!

Utilizados por los antiguos sacerdotes druidas y los monjes ti-
betanos desde los tiempos inmemoriales, resurge ahora el poder mágico de los cristales como una nueva y revolucionaria
técnica para vivir mejor que ha alcanzado gran éxito en los Estados Unidos y se proyecta a escala internacional.

● Cómo luchar contra el estrés ● Cómo curar los malestares
digestivos ● Cómo aliviar dolores ● Cómo combatir la depresión
● Cómo protegerse de las vibraciones negativas... Y también:
Ejercicios prácticos para resolver toda clase de problemas y utilizar el poder que emana del cristal.

Con cada ejemplar se entrega un auténtico cristal de cuarzo con
el que usted podrá realizar sus propios experimentos.

NUEVA ERA

Vivir en casa sana

"Dime dónde vives... y te diré lo que padeces." ¿Cómo reconocer la salubridad de una vivienda? Detección de anomalías. Medición cualitativa de las energías. Neutralización de las ondas nocivas. Las radiaciones cosmotelúricas y su influencia sobre los seres vivos.

MÁS ALLÁ de las PIRÁMIDES

Las energías sutiles

Tras el éxito de **El poder mágico de las pirámides**, y de la conmoción mundial que causó el descubrimiento de poderosas fuerzas energéticas en las estructuras piramidales, la investigación de estas extrañas energías ha continuado. Las energías sutiles, que así se llaman, tienen poderes tanto curativos como destructivos. Este libro es un resumen completo y puesto al día de estas energías: El poder de los cristales. Las energías telúricas. Biomagnetismo. Piramidología. Radiestesia. Fenómenos electromagnéticos...